반갑다 유치권,
즐겁다 NPL

반갑다 유치권, 즐겁다 NPL

매일경제신문사

고맙소! 유치권 많이 신고해 주어서…

처음 사냥꾼이 된 사람은 호랑이나 곰과 같은 큰 맹수를 만난다면 무서워 어쩔 줄 모르게 될 것이다.

그러다가 긴 세월동안 부단히 노력하고 경험을 쌓아서 유능하고 큰 사냥꾼이 되면, 그때는 오히려 맹수를 찾아다니고, 더 나아가 최고로 사나운 맹수를 잡는 것을 일생의 소망으로 여기게 된다.

실제로 근대에 있어서 우리나라의 사냥꾼들도 맹수의 왕인 한국 호랑이를 한 마리 잡아보는 것이 일생 최대의 소원이었다는 기록을 쉽게 접할 수 있다.

부동산경매를 처음 하는 사람들은 유치권이 무엇인지, 특수경매가 무엇인지 아예 모르고 시작한다. 어느 정도 부동산경매를 해 본 다음에는 유치권이 무엇인 줄 알게 되고, 유치권이라면 겁을 내서 피하게 되었다가 조금 더 고수가 되면 그때에는 스스로가 유치권을 해결하는 능력이 있었으면 좋겠다는 생각이 들기 시작한다.

그러나 대부분은 유치권을 해결하는 능력을 키우는 과정에서 포기하게 된다.

유치권에 대하여 배울만한 곳은 물론이고 제대로 가르쳐 줄 선생도 거의 없기 때문이다. 이론과 실제를 겸비하여 제대로 가르칠만한 사람이 없는 것도, 많은 사람들이 유치권 배우기를 포기하는 중요한 이유가 될 것이다.

그러다가 요행히 유치권을 제대로 배우고 익히게 되면, 다른 일반적인 경매는 재미가 없고 유치권이 신고된 물건만 찾으러 다니게 된다. 나는 3~4년 동안 서울과 부산에서 유치권에 대한 강의를 했고, 지금도 특수경매훈련단을 만들어서 전국을 무대로 답사를 다니고 있다. 우리 특수경매훈련단원들은 일반적인 경매에는 전혀 흥미가 없다. 오로지 유치권이 신고되어 있는 물건 등 특수경매에만 관심을 가지고, 또 이런 물건만 취급하려고 한다.

심지어는 경매법원에 신고되어 있는 물건 중에서도 유치권의 공사대금을 담보하는 금액이 적으면 오히려 불만을 나타낸다. 유치권이 신고된 금액이 클수록 더욱 더 많은 관심을 나타내고, 자신이 취급하려는 의욕도 더 높다는 것을 알 수 있다. 유치권이 신고된 금액이 클수록 일반인들이 기피하는 물건이고, 기피하면 할수록 경매에서는 유찰이 많게 되어 최저매각가격은 떨어지게 되므로 높은 이익을 기대할 수 있기 때문이다.

우리 속담에 "종을 부리려면 주인이 일을 알아야 한다." 라는 말이 있다. 주인이 일을 어떻게 하는지도 모르면서 종들에게 일을 시킨다는 것은 불가능하다는 뜻이다.

다른 말 같지만, 인터넷 사이트에서 '유치권'을 치면 많은 변호사들의 광고가 화려하게 장식하고 있는 것을 볼 수 있다. 한결 같이 변호사들께서는 유치권 소송을 해서 이겨 주겠다고 하고들 있다. 미안하지만 나는 이런 변호사들은 가급적

피하는 것이 좋다고 권고를 하고 있다.

부동산경매에서 현재 경매가 진행 중인 부동산의 점유를 이전 받는 방법은 두 가지가 있다. 부동산인도명령이라는 제도와 소위 명도소송이라고 불리는 건물인도청구소송이 있다. 인도명령의 인지대는 단 돈 1,000원에 불과하고 처리기간도 원칙적으로 즉시처리지만, 건물인도청구의 소는 인지대도 건물의 표준시가의 0.2% 정도이고, 소송기간도 1년이 모자라는 경우가 허다하다.

막상 수억 내지는 수십억원의 유치권이 걸려있는 소송을 한다면, 어떤 때는 법정의 분위기가 이길 것 같이 유리하게 느껴지기도 하고, 또 어떤 때는 법정의 분위기가 불리하게 돌아가서 유치권자에게 공사비용 전액을 물어주어 막대한 손해가 생기는 불안감이 들기도 한다. 이 때 소송당사자들이 받는 스트레스는 이루 말할 수가 없게 된다.

나는 명도소송을 해야 하는 경우에는 아예 경매에 응찰하지도 않는 것을 원칙으로 삼고 일을 하고 있다.

명도소송을 한다면 설령 내가 당사자라도 지레 속이 타서 죽을 것이 뻔하다는 사실을 알기 때문이다. 그런데 유치권이라는 보따리를 들고 변호사를 찾아간다면 서울에서 멀수록 변호사들께서는 으레 명도소송을 하라고 한다. 특히 부산권의 변호사들께서는 유치권의 "유"자만 들어가도 인도명령은 절대 안 된다고 으름장을 놓는 경우가 허다하게 많다.

시대의 흐름을 읽지 못한다고 보여지는 이런 변호사들께서는 소송이 얼마나 의뢰인에게 고통을 주는지 모르는 것으로 밖에 달리 해석할 수가 없다.

유치권에 대하여 알지 못하는 상태에서, 유치권이 신고된 물건의 경락인이 되면 쉽게 생길 수 있는 난관이므로 설령 유치권을 잘 아는 변호사에게 의뢰한다고 하여도, 낙찰인 자신이 어느 정도는 유치권에 대하여 알고 있는 것과 전혀 모르는 것은 그 결과에서 엄청난 차이가 난다. 주인이 일을 모르면 종을 부릴 수 없다는 옛말과 같은 것이다.

　다시 한 번 강조하지만 유치권자를 상대로 인도명령결정을 받을 수 없다고 판단되는 경우라면 그 물건은 포기하라. 그리고 인도명령결정을 받을 수 있다고 법리적으로 판단되는 물건만 응찰하는 것이 성공 확률을 높이는 길이다.

　돈에 대하여 욕심이 없는 사람은 없다.

　그러나 아직도 많은 사람들은 부동산투자는 운만 좋으면 대박이 터질 수 있고, 특별히 자기 자신은 운이 좋다고 생각한다. 하기야 사람만이 다니는 인도로 걸어가다가 차에 치어 죽은 억세게 운이 나쁜 사람도, 자신은 운이 좋은 별 아래 태어났다고 생각했을 것이다.

　지금은 운이 부동산투자에 대박으로 작용하는 여지는 거의 사라졌다. 국민소득이 100달러도 못되는 살림으로 빈곤에 허덕이고 경제관계의 법령이 제대로 만들어지지 못했을 때라면 엉뚱한 대박도 기대할 수 있을지 모르겠다. 하지만 지금과 같이 국민소득이 3만달러에 이르고 날이 갈수록 팍팍해지는 경제체제 아래서는 부동산은 물론 모든 투자가 웬만한 실력으로 무장해서는 대박을 기대하기가 어렵다.

　주식투자도 마찬가지가 아닌가? 그 회사에 대하여 정통한 지식과 경영상태 및 자산의 정보를 가지고 주식을 사지 않는다면 성공하기가 어렵다.

　부동산투자의 경우에도 기본적으로 평가능력과 예측능력이 없으면 투자의 성공이 어려울 것이고, 나아가 자신만의 노하우가 있어야 할 것이다. 하지만 평가능력과 예측능력이 있다고 해도 평균적인 수익 정도만 가능하지 대박을 노리기는 현실적으로 쉽지 않다.

　청년들이 군대에 입대하면 누구나 할 것 없이 보병, 기갑, 공병, 포병, 통신 등

주특기를 부여받고 훈련받으면서 연마한다. 그리고 군대 생활하는 기간 동안 이 주특기에 따라 근무를 하게 된다.

군대생활에 비교하여 부동산투자를 하려고 하는 당신에게 있어 주특기는 과연 무엇인지 생각해 볼 필요가 있다. 경기관총을 쏘는 주특기를 부여 받은 병사도 공용화기 훈련소에서 최소한 4주 동안은 훈련을 받아야 기관총을 다룰 수 있다. 그리고 해당 부대에 가서는 탄약수로 실탄을 옮기는 일을 하다가 적어도 1년이 지나야 총을 쏘는 사수가 될 수 있다. 경기관총을 쏘는 병사처럼 4주 동안 훈련소에서 먹고 자고 훈련 받은 것도 아니고, 탄약수로 부사수로 1년 동안 경험을 쌓은 것도 아니라면, 경기관총을 잘 다룰 수 없고 전투에서 적을 제압할 수도 없을 것이다.

겨우 2년도 머물러 있지 못하는 군대에서 조차도 이런 식으로 훈련을 하는데, 평생 동안 먹고 살 수 있는 돈을 벌고 나아가 대박을 꿈꾸며 유치권을 취급하겠다는 사람의 자세는 어떤 모습이라야 할까?

시대가 변하여 아무런 주특기도 없이, 그리고 아무런 기술과 지식도 없이 의욕만으로 부동산투자를 해서는 소득을 올리기는 커녕 손실을 감수해야 하는 시대에 우리는 서 있다.

만약 어느 누구나 부동산 투자를 하여 돈을 벌기를 원한다면, 나는 먼저 묻고 싶다. "부동산 투자에서 당신의 주특기는 무엇인가?"

여름을 기다리며 暇備齊에서

제1부 성공하기 위해 유치권 있는 물건에 투자하는 방법

제2부 성공하기 위해 NPL(담보부 부실채권)에 투자하는 방법

서론

본문을 읽기 전에 반드시 알고 있어야 할 사항

1. 유치권의 실체가 과연 무엇인가 분석하여 보자.

아무런 제약 없이 아무나 신고할 수 있는 유치권

유치권을 전문으로 취급하다 보니 이제는 유치권이 신고된 모양새만 보아도 어떤 유치권인지 그 성격을 금방 파악할 수 있다. 유치권에서 가장 큰 문제는 어느 누가 유치권신고를 해도 경매 법원에서는 무조건 받아줄 수밖에 없는 시스템으로 부동산경매가 진행되는데 있다.

만약 누구든지 실험을 해 보고 싶다면, 어떤 경매사건이든지 사건번호가 적힌 유치권신고서를 만들어서 경매를 진행하는 법원의 경매계로 등기우편으로 보내보라. 경매를 진행하는 법원의 경매계에서는 매각물건명세서를 만들면서 '유치권신고가 있으나 그 성립여부는 불명'이라고 기재하여 경매기일공고가 되고 있는 것이 지금의 형편이다. 유치권을 신고하는 사람에게 등기우편을 보낼 만큼의 돈이 없다면, 일반우편으로 우표를 붙여서 우체통에 넣어도 결과는 마찬가지다. '아무개가 유치권을 신고했는데 그 성립여부는 알 수 없다'고 매각물건명세서에 똑같이 기재된다. 쉽게 이야기하자면 어느 누구나 유치권을 아무런 제약 없이 신고할 수 있다는 말이다.

실제 지역의 부동산중개소에서 다른 사람들이 응찰할 수 없게 하려고 자신과는 전혀 상관이 없는 사람의 부동산이지만 허위로 공사대금을 담보하는 유치권이 있다고 신고했다고 치자. 이런 엉터리같은 유치권이 매각물건명세서에 버젓이 올라가서 전 국민이 모두 '이 부동산에는 유치권이 신고 되어 있으니 응찰하지 말아야겠다'고 판단하게 만든다. 요즘에는 개인들도 자신이 입찰하고 싶은 물건에 입맛대로 유치권을 신고하였다가, 자신에게 낙찰이 되면 같은 도장으로 유치권을 철회 신고하여 경락잔금대출을 받는 경우도 허다하다. 은행 등 금융기관에서는 유치권이 신고 되어 있는 상태에서는 경락잔대금 대출을 해주지 않으니, 유치권을 신고했다가 철회했다가 마음대로 휘두르고 있는 것이다.

이렇게 '아니면 그만이고 하는 식'으로 하다 보니 유치권이라는 시장은 상당히 흐려져 있으며, 덩달아 이런 터무니없는 유치권도 정리하지 못하는 법원의 신뢰도 또한 떨어지게 되는 것이다.

사리를 벗어난 유치권 신고

아파트나 연립주택, 빌라 등의 경매사건을 살펴보면 유난히 눈에 띄는 경우가 많이 있다. 다름아닌 주택임대차 보증금은 1,500만원에 불과한 사람이 집을 수리하는 공사대금 3,000만원을 받을 게 있다고 유치권을 신고한 케이스이다. 이런 경우 대부분 경매에 응찰하면서 유치권이라는 존재를 아예 무시해버리는 편이기는 하다. 하지만 이런 사건들의 내막을 파악하기에 앞서, 남의 집에 세를 얻는데 대부분 주머니를 전부 털어서 전세 보증금을 내는 것이 대부분 국민의 정서이고 형편임을 이해할 필요가 있다.

그런데 이에 반하여 전세 보증금은 1,500만원 밖에 걸지 못한 사람이 집을 수리하는 비용으로는 전세보증금의 두 배가 되는 돈을 유익비로 지급했다면 말이 되겠는가? 이렇게 사리를 벗어난 유치권은 성립될 수 없는 것이다.

유치권이 약 50억원이 신고된 토지가 경매에 나왔다.

이 토지는 2010년에 소유자가 바뀌었는데 바뀐 소유자와 공사계약을 하여 50억원의 공사대금을 담보하는 채권이 있어서 유치권을 신고했다는 것이다.

현장 사무실도 차려 놓았고 플랭카드도 화려하게 걸려 있으므로 제법 유치권의 냄새가 나는 것 같기는 했지만, 나는 인터넷으로 국립지리원에 들어가서 2010년과 현재의 항공사진을 비교해 보았다.

상당히 넓은 땅이지만 50억원에 이르는 공사를 했다면 토지의 변화가 상당할 것이라는 생각했고, 과연 무슨 공사를 얼마나 했는지 알고 싶었다.

그러나 막상 항공사진을 보니 토지의 지형과 시설물 등에서 2010년과는 변한 것이 전혀 없었다.

이런 경우는 전혀 공사를 하지 않고 유치권만 허위로 신고한 것으로 볼 수 있다.

나중에 확인하여 보았더니, 전 소유자가 이 토지를 다시 되찾으려고 다른 사람의 응찰을 방해하기 위한 목적에서 유치권권리신고를 한 것이었다.

요즘 우리는 세계 제일의 정보화된 국가에 살고 있다. IT(정보기술)는 예전에는 생각할 수 없었던 일들을 해결하여 주기도 한다. 잘 활용하여 내 편으로, 나의 기회로 만드는 것이 중요하다.

2. 본문의 전개 방식

가. 물건별 정리

이 책의 본문은 물건 별로 실제 상황대로 유치권투자에 성공한 실제 문건들을 정리하여 실었다. 따라서 아파트, 오피스텔, 건물, 근린생활시설, 점포의 세입자, 공장, 목욕탕, 숙박업소, 토지 등에서 부동산인도명령의 인용결정을 받은 사건과 일부는 판결을 받은 사건을 물건별로 실제 소송서류와 결정문, 판결문을 순서대로 나열하였다.

그러므로 바쁘게 이 책을 읽는 경우에는 필요한 부분을 쉽게 찾아서 인용할 수 있도록 만들었으며, 자신이 원하는 물건의 처리과정에서 쉽게 활용하여 공략할 수 있도록 집필하였다.

따라서 독자에게 바라는 점이 있다면, 물건의 종류별로 또 케이스에 따라 어떤 법리와 판례를 어떻게 적용하였는지 중점적으로 알고 이해하여 자신의 것으로 만들었으면 하는 것이다.

나. 문건의 정리에 대하여

경매소송의 각종 문서와 유치권소송의 각종문서를 전부 실제 재판사건과 똑같이 하려고 노력하였다. 그러나 독자들의 이해를 높이기 위한 목적이거나, 혹은 필요 없는 부분이 지면을 차지하는 것을 방지하기 위하여 일부는 편집하고 정리한 부분도 있음을 미리 밝혀둔다.

이 책을 읽는 독자들은 사건별로 법리적인 문제가 무엇인지를 반드시 파악해야 한다. 그래야 이해도 쉬울 것이며, 유치권을 해결하는 능력을 자신의 실력으로 만드는데 보탬이 될 것이다.

내가 이 책을 저술한 목적은 유치권 해결에 대한 자랑을 담아 무용담으로 떠벌리기 위한 것이 아니다. 또한 나의 능력을 과시하기 위한 목적도 결코 아니며, 유치권을 해결해 주는 해결사로써 영업을 위한 홍보차원도 결코 아니다.

우리나라에서 유치권이라는 제도는 반드시 개선되어야 하는 제도이고, 개선될 법령이 법제처의 심의를 거쳐 국회에 접수되었지만 몇 년 동안 계속 잠을 자고 있다. 그러는 사이에 허위 유치권으로 피해를 받는 사람들이 계속 늘어나고 있는 점이 안타까울 뿐이다.

이 책을 통해 독자들이 유치권의 해결에 대하여 조금이나마 자신을 갖게 되길 바라고, 아울러 큰 수익으로 연결되기를 기대한다.

제1부

성공하기 위해
유치권 있는 물건에
투자하는 방법

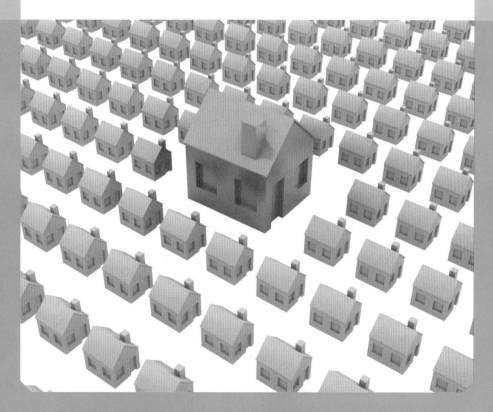

01

아파트 건설회사가 유치권을 주장한다면‥

1. 사건의 배경 및 해설

우리 사회에서, 특히 그 중에서도 서울에서 아파트라는 주거환경은 삶에 필수적인 것으로 인식되고 있는 것이 현실이다.

아파트가 경매로 나와서 입찰에 참가하고는 싶은데, 그 아파트를 건축한 회사에서 상당한 금액의 유치권을 신고했다면, 참여할 수 없는 안타까운 경우가 된다.

다음 유치권에 대한 공격과 방어 그리고 판결문을 통해 아파트를 건축한 회사가 유치권을 신고한 유사 사례에서 많은 도움을 받을 수 있을 것으로 생각된다.

서울중앙지방법원 2006 타경 38131 부동산 임의경매

(이 사건은 낙찰인이 자력으로 인도집행을 한 것을 유치권자가 손해배상을 청구한 것으로, 제시되는 판결문도 인도명령결정문이 아니라 유치권이 부존재하다는 서울 중앙법법원의 판결문이다.)

소재지

서울 동작구 사당동 ○○○외 1필지

동작 ○○○○○아파트 ○○동 ○층 ○○○호

면적

건물 : 전용 158.47㎡(47.937평) 분양면적 63평형

토지 : 대지권 미등기이나 감정가격에 포함 평가됨

감정평가금액 : 1,300,000,000원

최저매각가격 : 532,480,000원 (4회 유찰됨)

* 특이사항

1) ○○○○주식회사 (아파트를 건설한 수급인)

   공사대금 미수금으로 금338,477,913원(2004. 12. 15. 기준) 유치권 신고

2) 관리비 체납금 8,500,000원(2003년 4월분부터 2007년 9월분까지)

2. HISTORY

동작 ○○○○○아파트는 원래 ○○아파트가 있는 자리에 재건축조합을 결성하여 건축한 아파트다.

소유자는 약 2억원 정도의 건축비분담금을 납부하지 않은 상태에서 아파트가 완공되어 ○○○○에서는 약 2억원에 이르는 공사대금을 받지 못한 상태에서 경매가 진행되자 ○○○○에서는 이자를 포함하여 금338,477,913원을 공사대금의 채권으로 하여 유치권권리신고를 접수하였다.

입주가 시작된 지 4년이 지났으나 소유자가 이사를 들어오지 않아서 집은 빈집 상태였고, 공동관리비는 850만원이나 밀려 있었다.

경매에서는 감정가의 반도 안 되는 537,100,000원에 낙찰되었으며, 경매사건의 낙찰인은 유치권자를 상대로 해서가 아니라 아파트의 소유자를 상대로 부동산인도명령을 결정 받았다.

3. 문제를 불러온 낙찰인의 잘못된 자력(自力) 집행

낙찰인이 아파트의 전 소유자를 상대로 부동산인도명령을 결정 받았다면, 그 결정문으로 집행문을 부여 받아서 중앙법원 집행관실에 집행신청을 하고 적법한 집행을 하였어야 했다.

(실제로 낙찰인이 소유자를 상대로 인도명령결정을 받은 점은 아주 잘된 선택이고, 집행만 성공적으로 한다면 유치권은 실제로 해제되는 것과 같은 효과가 있는 것이다.)

그러나 낙찰인은 집행관실에 집행신청을 하는 대신에, 급한 마음으로 밀린 관리비를 전부 일시에 주겠다고 관리사무실 직원을 설득시켜 아파트의 문을 여는 현장을 참관하게 하였고, 열쇠쟁이를 불러서 아파트 문을 열고 그때부터 점유를 시작하였다.

낙찰인이 점유를 시작하였으니 유치권은 더 이상 주장할 수 없게 되었고, 어떻게 보면 자력으로 집행을 한 것이 잘한 일로 보일 수도 있다.

그러나 이 점은 낙찰인의 아주 잘못된 처신이었고, 낙찰인은 이런 행동으로 인하여 2년간에 걸친 세월 동안 피가 마르는 재판에 시달리게 되었다.

유치권이 신고되어 있다는 것은 아주 예민한 사항이므로 어느 누구라도 특별한 주의를 요한다는 점은 아주 상식적인 일이다.

3억원 이상의 공사대금을 받지 못하여 손해를 보는 유치권자가 아무런 반격도 하지 않을 것이라는 안이한 생각을 하는 것도 이해할 수 없는 점이다.

낙찰인은 두 사람으로, 둘이 공동으로 낙찰을 받았다. 그런데 빈 집을 인도 받게 되자 즉시 이 집을 매각하기로 하고 그 중에 한 사람은 배당금을 받고 동업에서 떨어져 나왔다.

그 후 이 사건 재건축아파트의 시공사인 ○○○○은 낙찰인이 유치권을 무시하고 자력으로 인도집행을 하여 유치권신고금액과 같은 금액의 손해를 입었으니 이를 배상하라고 법원에 소송을 제기하였다.

결국 낙찰인들은 이로부터 2년 동안 소송에 휘말리게 되었다.

낙찰인 두 사람 중에서 한 사람은 실제 형이 이름만 빌려서 낙찰을 받았고, 다른 한 사람은 제법 재산이 있는 사람이었다. ○○○○에서는 재산이 있는 사람이 살고 있는 50평대의 아파트에 가압류를 집행해 놓고 소송을 시작하였다.

용감하게 자력으로 인도집행을 하여 유치권을 해제한 사람도, 자신이 살고 있는 집에 4억원의 가압류가 집행되고 소송이 시작되자 겁쟁이가 되어서 어찌할 바를 모르고 벌벌 떠는 모습을 보였다.

4. ○○○○건설이 접수한 소장의 내용

여기서는 ○○○○이 소송을 제기한 내용만을 발췌하여 소개한다.

그 이유는 소장 자체에 필요 없는 말이 많았으며, 손해배상금의 청구 자체가 법리적으로 성립될 수 없는 점이 있었기 때문이다.

[민사집행법 제 91조 제 5항에는 매수인은 유치권자에게 그 유치권으로 담보하는 채권을 변제할 책임이 있다라고 규정하였다. 그러나 변제할 책임이 있다는 것은 돈을 줘야 할 의무를 나타내는 것은 아니다.

여기에서 '변제할 책임이 있다.'는 의미는 부동산상의 부담을 승계한다는 취지로서 인적채무까지 인수한다는 취지는 아니므로, 유치권자는 매수인에 대하여 그 피담보채권의 변제가 있을 때까지 유치목적물인 부동산의 인도를 거절할 수 있을 뿐이지 그 피담보채권의 변제를 청구할 수는 없다고 할 것이다.(대법원 95 다8713 공사대금청구사건)

우리 법에서 유치권제도는 무엇보다도 권리자에게 그 목적인 물건을 유치하여 계속 점유할 수 있는 대세적 권능을 인정한다(민법 제320조 제1항, 민사집행법 제91조 제5항 등 참조). 그리하여 소유권 등에 기하여 목적물을 인도받고자 하는 사람(물건의 점유는 대부분의 경우에 그 사용수익가치를 실현하는 전제가 된다)은 유치권자가 가지는 그 피담보채권을 만족시키는 등으로 유치권이 소멸하지 아니하는 한 그 인도를 받을 수 없으므로 실제로는 그 변제를 강요당하는 셈이 된다.

그와 같이 하여 유치권은 유치권자의 그 채권의 만족을 간접적으로 확보하려는 것이다.

그런데 우리 법상 저당권 등의 부동산담보권은 이른바 비점유담보로서, 그 권리자가 목적물을 점유함이 없이 설정되고 유지될 수 있고 실제로도 저당권자 등이 목적물을 점유하는 일은 매우 드물다. 따라서 어떠한 부동산에 저당권 또는 근저당권과 같이 담보권이 설정된 경우에도 그 설정 후에 제3자가 그 목적물을 점유함으로써 그 위에 유치권을 취득하게 될 수 있다.

이와 같이 저당권 등의 설정 후에 유치권이 성립한 경우에도 마찬가지로 유치권자는 그 저당권의 실행절차에서 목적물을 매수한 사람을 포함하여 목적물의 소유자 기타 권리자에 대하여 위와 같은 대세적인 인도거절권 등을 행사할 수 있다(대법원 2009. 1. 15. 선고 2008다70763 판결 등 참조).

대법원 2011.12.22. 선고 2011다84298 판결 유치권부존재확인]

위 판례를 적용하여 설명한다면 유치권자는 점유의 회복을 구할 수 있을 뿐이지, 낙찰인에게 직접 손해의 배상을 구할 수는 없는 것이므로 인적인 배상을 요구하여 낙찰인에게 직접 손해배상을 구하는 소송상의 청구는 어렵다고 할 것이다.

○○○○의 재판상 청구의 주요 골자는 다음과 같다.

1) 유치권자인 ○○○○이 유치권이라는 권리에 의하여 점유하고 있는 아파트에 대하여 낙찰인인 피고들은 ○○○○에 대한 인도명령결정이 아니고 전 소유자에 대한 인도명령결정을 받은 점은 민사집행법을 악용하여 교묘하게 저지른 불법이다.

2) 낙찰인은 집행관실에 집행신청을 접수하여 정당한 집행을 하여야 하나, 불법으로 낙찰인 자력으로 문을 열고 인도집행을 하여 ○○○○의 유치권을 무력하게 하는 불법을 저질렀다.

3) 낙찰인인 피고들이 저지른 불법행위로 인하여 원고인 ○○○○이 청구 금액과 같은 손해를 보니까, 낙찰인들은 연대하여 ○○○○의 손해를 배상할 책임이 있다는 취지였다.

5. 낙찰인이 ○○○○의 소장에 대한 답변 내용

답 변 서

사　건　2008 가단 271069 호 손해배상
원　고　○○○○주식회사
피　고　전 ○ 도외 1

위 사건에 대하여 피고 전○도는 다음과 같이 답변서를 제출합니다.

답 변 취 지

1. 원고의 청구를 기각한다.
2. 소송비용은 원고의 부담으로 한다.
라는 판결을 구합니다.

답 변 이 유

1. 원고의 청구는 피고 전○도에 한하여 사실과 다른 허위 주장입니다.

원고가 청구취지변경서를 통하여 주장하는 취지는 피고들이 이 사건 소장을 송달받은 후, 전광석화처럼 매도하여 원고의 점유이전금지가처분을 불능하게 하였다는 취지입니다.

그러나 피고 전○도는 본 소장을 송달 받은 사실이 없으므로 원고의 청구이유는 피고 전○도에 한하여 성립될 수 없는 주장으로 피고 전○도에 대한 원고의 청구는 기각되어야 할 것입니다.

실제 피고 전○도는 이 사건의 소장 등 일체의 관련문건을 2009. 3. 1. 송달받았음은 이미 소송기록으로 입증되는 것이므로 피고 전○도에 대한 원고의 주장과 청구는 이유 없음에 귀결된다고 할 것입니다.

2. 피고가 계쟁물건에 대하여 불법점유라는 원고의 주장에 대하여

가. 피고의 소유권에 기한 점유

피고는 계쟁부동산을 서울중앙지방법원으로부터 정당하게 매수인의 지위를 부여받은 원시취득자입니다. 소유권에 기한 점유가 불법점유라는 원고의 주장은 점유의 법리를 오해한 주장으로 기각되어야 합니다.

더욱이 피고는 경매법원으로부터 경락부동산인도명령을 결정받아 점유를 시작하였으므로 피고의 주장은 납득할 수 없습니다.

나. 집행관의 의한 인도집행절차가 생략되었으므로 불법점유라는 주장에 대하여

민사집행법 제 136조 제 6항에는 인도명령결정의 피신청인이 매수인에게 점유의 이전을 거부하는 경우에 집행관에게 인도집행을 위임할 수 있다. 라고 규정하였습니다.

그러나 이 사건의 경우, 집행법원의 현황조사명령에 따라 집행관이 보고한 점유관계조사서에는 소유자(채무자)가 전부 점유한다고 보고되었음을 알 수 있으며, 피고가 경락대금을 전부 납부하고 인도명령결정이 송달될 무렵에는 관리사무소에 확인한 결과 완전한 공가상태였으며, 공가상태로 채무자가 인도를 거부하지 않는 상태에서 피고가 집행법원의 경락부동산인도명령의 결정에 따라 소유권에 기한 점유를 하였다는 점이 불법점유라는 원고의 주장은 민사집행법의 법리를 오해한 주장으로 근거 없는 주장이라 할 것입니다.

다. 원고의 점유이전금지가처분의 집행불능은 피고와 무관합니다.

원고는 피고가 소유권을 승계인에게 이전하므로 점유이전금지가처분이 집행 불능 되었으므로 그 책임이 피고에게 있으며, 그런 이유로 피고가 불법점유를 하고 있다는 주장을 하고 있습니다.

그러나 피고에게는 엄연히 부동산의 소유권이 있으며, 소유권은 처분권한과 점유권한을 겸비하고 있는 물권임에는 원고로써도 이의가 없을 것입니다.

그렇다면 피고는 소유권에 기하여 부동산을 적법하게 처분한 것입니다.

(피고 전○도는 이미 부동산을 공유자인 피고 윤○진에게 그 지분을 전부 매각하였고 그 후 피고 윤○진이 소외 배○환에게 이 부동산 전부를 매각하였고, 원고의 점유이전금지가처분의 집행은 이미 배○환에게 부동산의 소유권이 이전된 후 원고의 신청에 의하여 집행된 것이므로 피고 전○도와는 전혀 무관한 것입니다.) 원고가 점유이전금지가처분을 신청하기 전에 소유권이 누구에게 있는지 확인하였어야 하는 것이 상식적인 법률행위임에도 불구하고, 점유이전금지가처분이 집행불능되었으므로 그 책임은 피고에게 있으며, 따라서 피고의 점유가 불법이라는 논리는 기차 시간에 늦게 도착한 사람이 기차가 출발한 것은 기차의 책임이라는 논리와 같은 억지라 하지 않을 수 없을 것입니다.

3. 유치권과 점유침탈이라는 원고의 주장에 대하여

가. 원고가 주장하는 유치권은 성립될 수 없습니다.

원고는 계쟁부동산의 전 소유자에 대하여 공사대금의 미수금채권이 있으므로 유치권이 있다는 주장을 하고 있습니다.

이런 원고의 주장대로라면 물권인 유치권과 채권과의 차이는 전혀 없다는 결론에 이르게 됩니다.

원고가 유치권을 주장하려면 계쟁부동산을 어떠한 형태로 누가 언제부터 점유를 하여 왔는지를 입증해야 할 것입니다.

경매개시결정에 따라 집행법원에 보고된 현황조사보고서 및 점유관계조사서, 임대차조사보고서에는 원고의 점유가 일체 나타나지 않고 있다는 점은 적어도 경매개시결정이 기입등기되어 압류의 처분금지효가 발생할 시점에서는 원고가 이 부동산을 점유하지 않았다는 증거가 되는 것이며, 이때에도 부동산을 점유하지 않았다면 원고가 주장하는 유치권은 성립될 수 없는 것입니다.(대법원 2005다22688사건 참조)

피고는 2008. 5. 20. 경락부동산인도명령결정에 기하여 부동산을 인도받을 당시에도 원고가 이 부동산을 점유하지 않았으므로 아파트단지의 관리소직원이 이를 확인하였고 시건장치를 해제하는데도 참관한 것입니다.

사실이 이와 같다면 원고는 점유도 없이 유치권을 주장하므로 유치권에 관한 법리를 오해하고 있으며, 유치물이 없는 상태에서 유치권을 주장할 수 없다는 당연한 논리를 거부하는 것으로 원고의 주장은 일고의 가치도 없는 것입니다.

피고는 원고에게 원고가 어떻게 이 부동산을 배타적, 독점적으로 점유하였는지를 물어 보고 싶으며 유치권에 기한 점유를 정리한 판례인 대법원 95다8713 사건과 비교하여 원고 스스로 유치권자로서 점유하고 있었는지 판단하여야 할 것입니다.

 (대법은 95 다 8713 공사대금사건의 판례를 통하여 점유란 사회통념상 그 사람의 사실적 지배에 속한다고 보여 지는 객관적인 관계, 물권과 사람과의 시간적, 공간적 관계와 본권과의 관계. 타인지배의 배제 가능성을 고려하여 사회적 관념에 따라 합목적적으로 판단하여야 한다고 점유의 요지를 판단하였습니다.)

원고는 단지 채권 이외에는 점유의 본권도 없으며, 이 부동산 주변의 아파트관리사무소, 부동산사무소 등에서 어느 누구도 원고의 점유를 인식한 사람이 없었으며 원고회사의 직원 누구도 이 부동산을 점유한 사람이 없으므로 원고가 이 부동산을 점유하였다는 주장은 결국 점유의 법리를 오해하였음에 기인하는 것이며, 원고는 이 부동산을 점유한 사실이 없습니다.

점유한 사실이 없다면 원고에게 유치권이 성립될 여지가 없는 것입니다.

나. 점유를 침탈당했다는 원고의 주장에 대하여

원고는 피고에 의하여 점유를 침탈 하였다고 주장하며, 이에 따라 점유회복불능에 따른 손해의 배상을 구하고 있습니다.

그러나 원고는 피고에게 점유를 침탈당하였다면 최소한 원고의 직원 중 누가, 언제, 피고 중 누구에게로부터, 어떻게 점유를 침탈당했는지를 설명해야 할 것입니다.

원고는 점유에 대한 입증도 하지 못하며, 점유를 침탈당했다는 점에 대한 입증도 하지 않으면서 점유이전금지가처분이 집행불능되었으므로 피고가 불법점유를 하고 있다는 주장은 논리적으로도, 법리적으로도 성립될 수 없는 주장을 하고 있는 것입니다.

다. 유치권자의 선관의무에 대하여

설령 원고에게 유치권이 있다하여도 이미 원고는 유치권이 소멸되었다고 할 것입니다.

피고는 이 사건 부동산의 소유권을 취득한 후, 이 아파트의 최초 입주 시부터 원고가 소유권을 취득하는 날까지의 모든 관리비를 첨부한 영수증과 같이 아파트관리사무소에 납부하였습니다.

점유를 주장하는 원고는 단 한 번의 관리비도 납부한 사실이 없습니다.

민법 제 324조 제 1항은 유치권자는 선량한 관리자로써의 의무를 다하여야 한다. 고 규정된 반면 점유를 주장하는 원고가 5년 가까운 세월의 관리비를 단 한 번도 납부하지 않았다는 점은 선량한 관리자로써의 의무를 도외시하였다는 자백으로 받아들여야 할 것입니다.

라. 소 결

원고는 배타적이며 독점적으로 계쟁부동산을 점유한 사실도 없으며, 유치권자로써의 선관의무를 이행한 사실도 없이 단지 열쇠를 5년간 보유하고 있었다는 이유로 유치권을 주장하고 있는 것입니다.

원고는 점유한 사실이 없으므로, 점유를 침탈당한 사실도 없음이 명백하면서 유치권자로서의 권리를 주장하고 있습니다.

이는 원고가 유치권의 법리를 오해한 주장으로 원고의 청구는 당연히 철회하여야 할 것입니다.

4. 원고의 청구는 사실적으로도 법리적으로도 옳지 않습니다.

가. 점유를 침탈당하므로 유치권을 상실하는 손해라는 주장에 대하여

원고는 피고들에게 점유를 침탈당하였으므로 유치권을 상실하는 손해를 입었으므로 이를 배상하여야 한다고 주장하고 있습니다.

그러나 이러한 원고의 주장은 법리적으로도 납득하기 어려운 주장입니다.

1993. 3. 26. 선고한 대법원 91 다 14116 손해배상의 판결요지에 의하면 "도급인인 대

지 소유자가 건축공사가 진척 중 대지를 제 3자에게 매도하여 매수인이 임의로 기성부분을 철거한 경우 수급인의 공사대금채권은 존속한다."고 판시하였습니다.

위 판례에 의하여 판단한다면 원고의 소외 장○림에 대한 채권은 소멸되지 않고 그대로 원고에게 귀속되어 있으므로 원고가 피고를 상대로 손해배상을 청구할 이유는 없는 것입니다.

나. 원고의 인적채무의 승계 요구는 적법하지 못합니다.

민사집행법 제 91조 제 5항은 경락인은 유치권자에게 그 유치권으로 담보하는 채권을 변제할 책임이 있다'는 의미는 부동산상의 부담을 승계한다는 취지로써 인적채무까지 인수한다는 취지는 아니므로, '유치권자는 경락인에 대하여 그 피담보채권의 변제가 있을 때가지 유치목적물인 부동산의 인도를 거절할 수 있을 뿐이고 그 피담보채권의 변제를 청구할 수는 없다'고 대법원 95다 8713 공사대금의 판결요지에 나타나 있습니다.

그렇다면 원고는 유치권자로써 부동산의 인도를 거절할 수 있을 뿐이지 소외 장○림에 대한 채권을 피고에게 청구할 권리, 즉 인적채무의 승계를 요구할 권리는 없는 것입니다.

5. 적법하지 못한 원고의 피고 전○도에 대한 청구

피고 전○도는 피고 윤○진에게 원고가 점유이전금지가처분의 집행불능을 당하기 이전에 이미 그 지분을 전부 매각하였으므로, 원고는 이 부동산 전부의 소유자인 피고 윤○진에게 소송으로 청구를 하여야 옳을 것임에도 불구하고, 피고 전○도가 재산이 있다는 이유로 소유의 주택에 대한 가압류를 집행하고 소송으로 손해배상을 청구하는 것은 납득할 수 없는 소송의 남용인 것입니다.

6. 결 어

원고의 청구는 전부 점유이전금지가처분을 피고들이 송달받은 후 소유권과 점유를 이전하므로 점유이전금지가처분을 집행불능이 되게 하였고, 원고가 시건장치를 보유하여 점유하고 있는데 피고가 임의로 이를 해제하였다는 등, 전부 법리에 맞지 않는 주장을 기초로 하여 소송상의 청구를 하고 있는 것입니다.

원고의 청구는 기각되어야 합니다.

원고는 사실상 점유도 하지 않았으며, 원고가 점유하였다는 증거는 어디에도 없습니다.
이 사건의 원고의 청구는 원고 스스로 자신에게 유치권이 부존재한다는 사실을 엄연히 알고 있으면서 떼를 쓰는 데에 불과한 것이므로 원고의 청구는 기각되어야 합니다.

원고는 원고가 주장하는 점유이전금지가처분집행 이전에 이미 또 다른 피고에게 소유권과 점유권을 이전한 피고 전○도에 대한 청구는 원고의 소장을 인용하여도 아무런 정당한 이유가 될 수 없으므로 피고 전○도에 대한 원고의 청구는 기각되어야 하는 것입니다.
피고 전○도는 이 사건 소송에 대하여 조속한 심리와 판결을 하여 주셔서 피고의 재산상의 손실이 없기를 바라는 바입니다.

입 증 방 법

1. (을 제1호 증) 아파트관리사무소 및 부동산중개인의 확인서 사본 1
2. (을 제2호 증) 최초 입주 시부터 약 5년간 아파트관리비 납부영수증사본 1

2009. 3. .

위 피고   전 ○ 도

서울 중앙지방법원 민사 제 142 단독 귀중

6. 재판의 진행

○○○○은 낙찰인에게 경매브로커라고 비난하며 준비서면을 접수하자, 피고가 된 낙찰인도 준비서면을 제출하였다.

준 비 서 면

사　건　　2009 가합 48461 손해배상

원　고　　○○○○(주)

피　고　　전 ○ 도외 1

위 사건에 대하여 피고는 다음과 같이 반박준비서면을 제출합니다.

다　　음

1. 원고는 소송도의를 지키시기를 권고합니다.

가. 피고가 경매브로커라는 점에 대하여

원고는 항소이유서를 통하여 피고들이 경매브로커라고 지칭하며 비난하였습니다.

원고의 이러한 진술은 단순히 소송을 유리하게 이끌어가기 위하여 사실이 아니며 상대방을 비하하는 악의에 찬 진술이라고 판단되며 과연 소송에서 이러한 비례를 범하여도 되는 것인지 묻고 싶은 것입니다.

나. 자금 흐름으로 알 수 있는 부동산취득과정

피고들이 원고의 주장대로 경매브로커인지의 여부는 피고들의 거래금융기관을 통한 자금의 흐름으로 언제든지 파악할 수 있는 사안입니다.

원고의 주장대로 피고들이 경매브로커였다면 소외 배○환의 자금이 피고들이 부동산을 취득할 때에 사용되었을 것이며,

원고의 주장과 달리 피고가 직접 이를 매입하였다면 피고들의 금융의 흐름을 통하여 각각의 부동산취득과정을 밝힐 수 있을 것임은 현재의 금융체제에서는 자명한 사실입니다.

원고의 주장과 같이 피고들이 경매브로커로서 소외 배○환의 대리인으로 아파트를 매입하여 주었다면 피고들이 공동으로 소유권을 취득한 이유를 원고의 대리인은 적시하여야 할 것입니다.

피고는 금융기관으로부터 아파트 구입자금의 흐름을 법정에 제공하는 대신 원고의 대리인은 이 부분에 대한 항소이유의 철회와 피고들에 대하여 사과를 하여야 할 것입니다.

목적을 달성하기 위하여 수단과 방법을 가리지 않는 행태는 적어도 신성한 법정에서는 사라져야 할 것입니다.

2. 원고가 주장하는 점유에 대하여

가. 유치권의 요건이 열쇠의 일부를 5년간 보관하면 된다는 논리는 동의할 수 없는 주장입니다.

원고는 열쇠의 일부를 5년간에 걸쳐서 소유하고 있었으므로 유치권이 성립한다는 취지의 주장을 하고 있습니다.

(원고는 아파트 현관의 카드키를 소유하지 못하여 출입이 불가능하므로 열쇠 전부를 소유하였다고 볼 수 없습니다.)

원고의 주장대로 한다면 열쇠를 보유하고 있었으므로 점유를 하고 있었다는 것인데, 현관을 출입하는 카드키가 없어서 현관을 출입할 수 없는 자가 어떻게 현관을 통과하여 아파트에 출입하여 점유를 할 수 있다는 것인지를 판단하여야 할 것입니다.

나. 방치와 점유는 엄연히 다른 용어입니다.

원고의 주장은 계쟁 아파트에 대하여 가처분을 집행하고 5년간 방치하였다는 것이 현실적으로 옳다고 할 것입니다.

피고는 이 아파트를 낙찰 받기 전에 주변을 전부 조사하여

1) 과연 원고가 이 아파트를 사실적으로 지배하고 있는지?

2) 객관적으로 원고가 이 아파트를 점유하고 있다는 주변의 인식이 있는지?

3) 시간적으로 원고가 이 아파트의 공간을 지배하는 개관성이 있는지?

4) 원고가 배타적 독점적으로 이 아파트를 지배하고 있는지?

이 점들을 조사하기 위하여 피고는 관리사무소, 인근의 부동산 슈퍼마켓, 미장원까지 면밀히 탐문을 하며 객관적으로 조사한 바 있었습니다.

이때 피고가 얻은 대답은 원고는 점유를 주장할 만큼의 점유는커녕 단 한 번도 출입한 사실조차 없음이 밝혀졌습니다.

(현관 키가 없으므로 출입하고자 하여도 불가능하기도 합니다.)

따라서 원고는 계쟁부동산을 점유하고 있었다고 주장하지 말고 방치하고 있었다고 고백하는 것이 옳을 것입니다.

다. 원고는 집행관의 현황조사보고서의 역할을 왜곡하고 있습니다.

피고가 조사한 바로는 이 아파트는 공가상태였으며, 이 사실은 아파트 관리사무소의 직원들도 명백히 공가상태였고 원고 측에서는 아무런 점유행위가 없었음을 명백히 확인하여 주었습니다.

이는 집행관의 현황조사보고서 중 점유관계조사서와 일치하는 것이며, 집행관의 현황조사보고서는 거의 법정진술과 유사한 효력이 있다고 판단하여야 하는 것이므로 원고는 점유를 인정받을 수 없는 것입니다.

모든 부동산경매의 응찰자들이 집행법원에서 열람 가능한 집행관의 현황조사보고서에 의존하여 점유의 유무와 권리관계 등을 검토하는 현실에 비하여 원고는 집행관의 현황조사보고서가 단지 형식적인 것이다. 라는 취지의 아전인수격인 해석을 하고 있는 것입니다.

라. 소 결

위의 사실로 비추어 볼 때, 원고가 열쇠의 일부를 소유하고 있으므로 점유를 추정할 수 있다는 취지의 주장은, 원고 스스로 점유를 하지 않고 있으면서 오직 피고들을 비난하기 위한 주장에 불과하다고 할 것입니다.

따라서 점유가 없는 유치권은 성립될 수 없으므로 유치권을 주장하여 손해배상을 구하는 원고의 청구는 기각되어야 할 것입니다.

3. 피고에 의한 점유의 침탈이라는 원고의 주장에 대하여

가. 원고가 주장하는 점유의 침탈

원고가 내세우는 점유의 침탈은 피고가 소유자에 대하여 인도명령결정을 받았으나 집행관을 통하여 인도받지 않았으므로 점유를 침탈당했다는 주장과 피고가 경매브로커로써 소외 배○환에게 아파트를 빨리 넘겨주기 위하여 불법으로 점유를 침탈했다는 주장으로 볼 수 있습니다.

원고와 같이 우리나라에서 거의 첫 번째에 들어가는 건설업체가 피고와 같은 개인에게 아파트의 점유를 침탈당했다는 점은 참으로 객관적으로는 인식이 곤란한 경우일 것입니다.

나. 피고의 점유인도에 대하여

원고는 피고가 집행관에게 위임하여 인도명령결정문에 의한 집행을 하지 않고 피고가 시건장치를 해제하고 점유를 개시하였으므로 불법으로 점유를 침탈당하였다는 주장을 하고 있습니다.

민사집행법 제 136조 제 6항에는 인도명령결정의 피신청인이 매수인에게 점유의 이전을 거부하는 경우에 집행관에게 인도집행을 위임할 수 있다. 라고 규정하고 있습니다.

이 아파트는 원고는 물론이고 전 소유자인 소외 장○림도 점유하지 않았으며 첫 입주자들이 입주한 이후 5년 동안 관리비를 전혀 납부하지 않은 완전한 공가상태로 매수인에게 점유의 이전을 거부하는 점유자가 전혀 없었던 것입니다.

민사집행법 제 136조에는 공가상태에 까지 집행관에게 위임해야 한다고 규정되어 있지 않는 것입니다.

따라서 집행관에 의한 인도집행을 하지 않았으므로 불법으로 점유를 침탈했다는 원고의 주장은 원고 자신의 독자적인 견해에 불과한 것으로 받아들일 수 없는 것입니다.

다. 관리사무소 직원이 피고의 아파트 인도 시에 참관했다는 점은 원고의 점유부재를 증명하는 것입니다

원고는 마치 점유를 하고 있다가 점유를 피고에게 침탈당했다고 항소이유서를 통하여 진술하고 있습니다.

피고는 경락부동산인도명령결정에 기하여 부동산을 인도받을 당시에도 원고가 이 부동산을 점유하지 않았다는 점을 아파트 단지의 관리소 관제실장 김○수와 삼일부동산 대표 조○현에게 확인 받았으며, 피고가 이 아파트의 시건장치를 해제하고 점유를 개시할 때, 관리사무소의 직원이 참관하여 지켜본 것입니다.

만약 원고의 주장대로 원고가 이 아파트를 점유한다는 것이 사실이라면 관리사무소의 직원이 피고에 의한 아파트의 점유인도 현장을 참관할 수 없었을 것이며, 오히려 원고가 유치권자로 점유하고 있음을 피고에게 얘기하며 피고의 점유인도를 막았을 것입니다.

관리사무소 직원은 이 아파트를 원고가 점유하고 있는 것이 아니라 5년 동안에 걸쳐서 빈 집이므로 경매절차의 매수인이 당연히 아파트를 인도하여야 되는 것이라는 인식으로 피고의 아파트의 점유인도를 참관한 것입니다.

결국 원고의 점유주장은 사실이 아닌 것으로 귀결되는 것입니다.

라. 점유 및 점유침탈을 입증하지 못하는 원고

피고는 원심에서 2회에 걸쳐서 원고 중에 어느 누가 점유를 하고 있었으며, 누가 어떻게 점유를 침탈당했는지 제시할 것을 요구하였으나, 원고는 시건장치의 일부만 소유하고 있다는 주장만 되풀이 할 뿐, 원고 스스로 점유의 증거와 점유침탈에 대한 증거를 제시하지 못하고 있습니다. 이 점은 원고 스스로 점유를 하지 않았으며, 점유를 침탈당하지 않았다는 자백과 같은 것입니다.

마. 소 결

원고는 점유를 침탈당했다는 주장을 정당화하기 위한 수단으로 피고를 경매브로커로 몰아 세우며 마치 원고가 정당한 점유를 하고 있었던 것으로 진술하고 있으나 이는 전적으로 사실이 아닌 것입니다.

원고는 법률적으로 인정받을 만한 점유를 한 사실도 없으며, 피고에게 점유를 침탈당한 사실도 없는 것입니다.

피고는 원고가 소외 장○림과의 공사대금채권관계는 알 수 없으나, 점유를 내세워 유치권을 주장하는 것은 유치권의 법리를 오해한 주장으로 기각되어야 할 것입니다.

4. 원고가 전소유자에게 유치권을 주장할 수 있는 채권의 존재 여부

원고가 제출한 모든 증거에서 이 사건 아파트의 전 소유자인 소외 장○림과 공사대금을 담보하는 채권을 입증할 아무런 자료도 없습니다.

원고는 소외 동작우성아파트재건축조합과 공사도급계약을 체결하였고 공사대금을 담보하는 채권도 소외 장○림에게 있는 것이 아니고 소외 조합에 존재하는 것입니다.

따라서 피고 윤○진과 소외 배○환을 상대로 하는 토지대금에 대한 소송에서 소외 조합이 승소하였다면 원고는 공사대금을 변제 받을 것을 인정하면서, 실제 직접 채권, 채무관계가 아닌 소외 장○림에 대하여 공사대금을 담보하는 채권이 있다는 취지로 유치권을 주장하는 것은 신의칙에 위배되는 청구로 간주될 것입니다.

5. 결 어

가. 원고는 피고를 억지로 경매브로커로 만들어 가면서 점유를 침탈당했다고, 여기에 따른 손해배상을 구하고 있으나, 피고의 진술과 같이 원고는 애초부터 점유를 한 사실도 없으므로, 점유를 침탈당한 사실 역시도 있을 수 없는 것입니다.

점유가 부재하다면 유치권 역시도 성립할 수 없음이 법리적으로 명확하므로 이 사건 원고의 청구는 기각되어야 할 것입니다.

나. 원고는 이 아파트의 전 소유자인 소외 장○림에 대하여 분양계약을 하거나 공사도급계약을 체결한 사실도 없으므로 소외인에 대하여 공사대금을 담보하는 채권이 없음에도 불구하고 유치권을 주장하여 피고에게 소를 제기하는 것은 신의칙에 위배되는 것입니다.

위와 같이 원고가 피고에게 손해배상을 구할 아무런 이유가 없음에도 불구하고 원고는 억지의 소송을 제기하는 것은 국내굴지의 재벌기업이 일반서민에 대하여 지나치게 소송권을 남용하는 행위라고 할 것입니다.

원고의 청구는 기각되어야 할 것입니다.

2009.   11.   .

위   피고   전○도

서울 중앙지방법원 귀중

7. 법원의 판단

이 사건에 대하여 서울중앙지방법원에서 판결한 판결문은 다음과 같다.

낙찰인이 승소를 한 것이며, ○○○○은 1심 판결에 대하여 서울고등법원 2009 나 9318호 손해배상사건으로 항소를 제기하였으나 항소심도 2010. 3. 17. 기각되어 원심판결이 확정되었다.

제 1심 판결문의 원문을 전부 보기로 한다.

서 울 중 앙 지 방 법 원
제 4 7 민 사 부
판   결

사 건	2009가합48461 건물명도
원 고	○○○○ 주식회사
피 고	1. A
	2. B
변 론 종 결	2009. 8. 11.
판 결 선 고	2009. 9. 3.

주   문

1. 원고의 피고들에 대한 청구를 모두 기각한다.

2. 소송비용은 원고가 부담한다.

청 구 취 지

피고들은 연대하여 원고에게 477,010,806원 및 이 사건 청구취지 및 원인변경신청서 부본 송달 다음 날부터 다 갚는 날까지 연 20%의 비율로 계산한 돈을 지급하라.

이 유

1. 기초사실

가. C아파트 신축 과정

1) D은 서울 동작구 E에 있는 F아파트 12동 306호를 소유하다가, F아파트재건축조합(이하 '이 사건 조합'이라 한다)이 결성되어 재건축사업이 시행되자, 이 사건 조합에 가입하고 1999. 11. 6. 위 부동산 소유권을 위 조합에 신탁하였다.

2) D은 2000. 5. 경 조합원으로서 이 사건 조합과 사이에, 추가적인 분담금을 납부하고 서울 동작구 E, G 양 지상에 신축될 C아파트 제 105동 702호(이하 '이 사건 아파트'라 한다)를 분양받기로 하는 계약을 체결하였다.

3) 이 사건 조합은 1999. 10. 14. 원고 회사와 사이에 신축 아파트에 대한 재건축사업 계약을 체결하였고, 원고 회사는 서울 동작구 E, G 양 지상에 C아파트를 건립하였다.

나. 이 사건 아파트에 관한 D 명의의 소유권 보존등기 등

1) 원고 회사는 2003. 4. 28. 이 사건 조합에 대한 저당권설정등기 청구권 등에 기하여 위 조합을 대위하여 이 사건 아파트의 전유부분에 관하여 D 명의의 소유권보존등기를 마쳤다(한편, 이 사건 아파트에 관한 대지권등기는 마쳐지지 않았다.)

2) 이 사건 아파트에 관하여 2006. 6. 27. 서울중앙지방법원 접수 제28536호로 1999. 4. 10. 설정계약을 원인으로 하여 채권최고액 210,960,000원, 채무자 주식회사 서광

크레션, 근저당권자 기술신용보증기금인 근저당권설정등기가 마쳐졌다.

다. 피고들의 이 사건 아파트 소유권 취득 및 점유 개시

1) 기술신용보증기금의 임의경매 신청에 의하여 개시된 이 사건 아파트에 관한 서울중앙지방법원 H 부동산경매사건에서 피고들은 최고가매수신고인으로서 매각허가결정을 받아 2008. 5. 8. 매각대금을 완납하였다.

2) 피고인들은 D을 상대로 인도명령을 신청하여 2008. 5. 15. 서울중앙지방법원으로부터 인도명령을 받았다.

3) 피고들은 2008. 5. 16. 이 시건 아파트에 가서 열쇠업자를 통해 열쇠를 교체하고 내부에 들어가 위아파트를 점유하기 시작하였다(이하 '이 사건 점유 개시'라 한다).

라. 피고들의 이 사건 아파트 매각

피고들은 2008. 5. 19. 이사건 아파트에 관하여 소유권이전등기(각 1/2 지분)를 마쳤고, 피고 B는 2008. 7. 30. 이 사건 아파트 중 2/1 지분을 피고 A 에게 매도하고 2008. 8. 12. 소유권이전등기를 마쳤으며, 피고 A은 2008. 8. 1. J에게 이 사건 아파트를 매도하고 2008. 8. 19. 소유권이전등기를 마쳤다.

마. D의 미납 분담금 등

1) 한편, 이사건 아파트의 대지권에 해당하는 서울 동작구 E 대 35108.5㎡ 중 35119.6분의 60.232 지분 및G 대 11.1㎡ 중 35119.6분의 60.232 지분은 이 사건 조합 소유로 남아 있는데, 위 조합은 D으로부터 분담금을 납부 받지 못하였음을 이유로 위 대지권등기를 거부하고 있다.

2) 2008. 7. 18. 현재 D이 이 사건 조합에 납부하지 아니한 분담금은 228,531,315원이고, 그 연체 이자를 합한 금액은 477,061,806원이다.

[인정근거] 다툼 없는 사실,

갑 제2, 3, 7, 9, 10호 증, 을가 제1, 3, 4, 5호 증의 각 기재,

변론 전체의 취지

2. 원고의 주장

원고는 이 사건 조합에 대한[1] 477,061,806원 상당의 공사대금채권을 피담보채권으로 하여 열쇠를 소지하고 유치권행사안내문을 부착하는 등의 방법으로 이 사건 아파트를 점유하며 유치권을 행사하고 있었는데, 피고들은 임의로 열쇠를 교체하는 등 불법적으로 이 사건 점유 개시를 하여 원고의 점유를 침탈한 후 위 아파트를 즉시 처분하였다.

---

1) 원고는 2008. 7. 28.자 소장에서는 D에 대하여 공사대금채권이 있다는 취지로 주장한 바 있으나, 2009. 3. 9.자 및 2009. 6. 23.자 각 준비서면에서 명확하게 D이 아니라 이 사건 조합에 대하여 D의 분담금에 해당하는 금액의 공사대금채권이 있다고 주장하였다.

따라서 피고들은 민법 제204조 제1항, 제760조 제1항, 제750조에 따라 원고에게 위 477,061,806원 상당의 손해를 배상할 책임이 있다.

3. 판단

가. 원고의 이 사건 아파트에 대한 점유(유치권 행사) 여부

먼저, 피고들의 이 시건 점유 개시 당시 원고가 이 사건 아파트를 점유하고 있었는지 살피건대, 을 가 제2호 증의 1, 2, 을 가 제4호 증의 각 기재 갑 제 5호 증의 1, 2, 3, 4, 5의 각 영상 및 변론 전체의 취지를 종합하여 인정되는 여러 사정, 특히
① 이 사건 점유개시 당시 위 아파트의 대문에는 비밀번호 입력을 통해 개방할 수 있는 소위 번호 키가 설치되어 있어, 원고가 소지하고 있다고 주장하는 열쇠를 이용하여서는 위 대문을 열수 없는 것으로 보이는 점, 위 각 영상에는 촬영 일시가 나타나 있지 아니하여, 그것만으로는 원고가 피고들의 이 사건 점유개시 이전에 유치권행사안내문을 부착하였다

고 보기 어려운 점,

② 한편, 위 아파트에 관한 서울중앙지방법원 H 부동산임의경매사건에서 작성된 부동산 현황조사보고서에는 2005. 11. 16. 및11. 22. 현재 "채무자(소유자)"가 점유하고 있다는 취지로 기재되어 있는 점,

③ 나아가 위 임의경매사건의 매각물건명세서에는 '원고로 부터 공사대금 등에 대한 미수금으로 338,477,913원 (2004. 12. 15. 기준)의 유치권 신고가 있으나, 그 성립 여부는 불분명하다.'라는 내용이 기재되어 있는 점,

④ 서울중앙지방법원 I 사건에서 이 사건 점유개시 직전인 2008. 5.월 5. 피고들의 인도명령 신청이 인용된 점 등을 종합적으로 고려하면, 원고의 위 주장 사실에 부합하는 듯한 갑 제4호 증의 1, 2, 갑 제 11호 증의 2의 각 기재, 갑 제5호 증의 1, 2, 3, 4, 5의 각 영상은 믿기 어렵거나, 그것만으로는 위와 같은 아파트 점유 사실을 인정하기 부족하고, 달리 이를인정할 증거가 없다. 따라서 피고들의 이 사건 점유 개시 당시 원고가 이 사건 아파트에 관한 유치권을 행사하고 있었다는 위 주장은 더 살필 필요 없이 이유 없다.

나. 원고의 477,061,806원 상당의 손해 발생 여부

다음으로, 피고들에 의해 원고의 점유가 침탈되었다고 가정하더라고, 원고가 D이 납부하지 아니한 분담금 빚 그 지연이자인 477,061,806원 상당의 손해를 입었는지 보건대 민법 제204조 제1항은 "점유자가 점유의 침탈을 당한 때에는 그 물건의 반환 및 손해의 배상을 청구할 수 있다."라고 규정하고 있는바, 여기에서의 손해배상의 범위는 침탈로 인한 손해로서 전 점유자가 침탈로 인해 지출하여야 했던 비용(대체물의 임차비용 등) 또는 침탈로 인한 사용이익의 상실분을 기초로 산정하여야 한다.

그런데 이 시건 점유 개시 이후 원고가위 477,061,806원 상당의 공사대금 내지 분담금 채권을 상실하였다고 볼 만한 아무런 사정이 없는 점, 이사건 조합도 D으로부터 분담금을 납부 받지 못하였음을 이유로 피고들 및J에 대해 대지권등기를 거부하고 있는 점 등을 고려하면, 갑 제7호증의 기재만으로는 원고가 위 477,061,806원 상당의 손해를 입었다 고 보기 부족하고, 달리 이를 인정할 아무런 증거가 없다(물론 원고는 피고들의 공동불법행위를 이유로 민법 제750조, 제760조 제1항에 근거해서도 손해배상을 구하나, 공사대금 채권의 존속 등 위와 같은 사정을 고려하면, 이에 의하더라도 원고가 위 477,061,806원상당의 손해를 입었다고 보기는 어렵다).

다. 소결론

따라서 원고는 피고들의 이 사건 점유 개시 당시 이 사건 아파트를 점유하고 있었다고 보기 어려워 유치권자라고 할 수 없고, D이 미납한 분담금 및 연체이자의 합계인 477,061,806원 상당의 손해가 원고에게 발생하였다고 볼 수도 없으므로, 결국 원고의 위 주장은 어느 모로 보나 이유 없다.

4. 결론

그렇다면, 원고의 피고들에 대한 이 시건 청구는 모두 이유 없어 기각하기로 하여, 주문과 같이 판결한다.

재 판 장   판사   이   림

판사   우 동 균

판사   이 주 연

8. 낙찰인에 대한 수익 평가

'무식한 도깨비는 부적도 무서워하지 않는다'는 말이 있다.

이 사건을 저지른 낙찰인 두 사람은 내게서 유치권을 배우고 있는 중에 이 사건 아파트를 낙찰 받았다.

당시 부동산경매에서 13억원에 감정평가된 사당동 ○○○○아파트 63평형은 지금은 시세가 9억원을 조금 넘고 있다.

그렇다 해도 4억원이나 값이 싸게 매입을 한 것은 사실이므로 무식하게 저지른 사건이 오히려 도움이 되었다고 해야 할 것이다.

4억원이라는 돈은 결코 작은 것이 아니다. 부부가 맞벌이를 하면서 한 사람 몫의 임금을 10년 이상 저축해야 되는 돈이 아닌가?

만약 집이 필요한 사람이 이런 경매를 했다면 대박을 터뜨린 것이라고 해야 할 것이다. 아파트가 필요한 사람에게 도움이 되었으면 좋겠다.

이 사건에서 사용된 판례

대법원 2005. 8. 19. 선고 2005다22688 판결 건물명도 등

【판시사항】

채무자 소유의 부동산에 강제경매개시결정의 기입등기가 경료되어 압류의 효력이 발생한 이후에 채무자가 부동산에 관한 공사대금 채권자에게 그 점유를 이전함으로써 유치권을 취득하게 한 경우, 점유자가 유치권을 내세워 경매절차의 매수인에게 대항할 수 있는지 여부(소극)

【판결요지】

채무자 소유의 건물 등 부동산에 강제경매개시결정의 기입등기가 경료되어 압류의 효력이 발생한 이후에 채무자가 위 부동산에 관한 공사대금 채권자에게 그 점유를 이전함으로써 그로 하여

금 유치권을 취득하게 한 경우, 그와 같은 점유의 이전은 목적물의 교환가치를 감소시킬 우려가 있는 처분행위에 해당하여 민사집행법 제92조 제1항, 제83조 제4항에 따른 압류의 처분금지효에 저촉되므로 점유자로서는 위 유치권을 내세워 그 부동산에 관한 경매절차의 매수인에게 대항할 수 없다.

【참조조문】 민사집행법 제83조 제4항, 제91조 제5항, 제92조 제1항

【원고,피상고인】 안○진 (소송대리인 법무법인 정성 담당변호사 강명진 외 2인)

【피고(선정당사자),상고인】 공○용

【원심판결】 서울고법 2005. 3. 30. 선고 2004나58453 판결

【주문】 상고를 기각한다. 상고비용은 피고(선성낭사자)가 부담한다.

【이유】

1. 피고(선정당사자)의 상고이유에 대하여 본다.

채무자 소유의 건물 등 부동산에 강제경매개시결정의 기입등기가 경료되어 압류의 효력이 발생한 이후에 채무자가 위 부동산에 관한 공사대금 채권자에게 그 점유를 이전함으로써 그로 하여금 유치권을 취득하게 한 경우, 그와 같은 점유의 이전은 목적물의 교환가치를 감소시킬 우려가 있는 처분행위에 해당하여 민사집행법 제92조 제1항, 제83조 제4항에 따른 압류의 처분금지효에 저촉되므로 점유자로서는 위 유치권을 내세워 그 부동산에 관한 경매절차의 매수인에게 대항할 수 없다 할 것이다 .

원심은 그 채택 증거를 종합하여, 선정자 양○원을 제외한 나머지 선정자들이 주식회사 평산기계공업 소유의 이 사건 공장건물들의 신축공사로 인한 공사대금채권을 가지고 있던 중 평산기계공업의 채권자인 권○옥의 신청에 기한 2002. 5. 6.자 강제경매개시결정에 따라 같은 해 5. 13. 이

사건 공장건물들 및 그 부지 등에 관하여 강제경매개시결정의 기입등기가 경료된 이후 위 선정자들이 위 공장건물들 중 선정자 양○원이 임차하고 있던 이 사건 건물 및 부지 부분에 대하여는 위 선정자에 대한 평산기계공업의 점유물반환청구권을 양도받음으로써 2003. 4. 30.경부터 위 선정자를 통한 간접점유를 시작하고, 나머지 공장건물들 및 부지에 대하여는 늦어도 경비원을 고용하여 출입자들을 통제하기 시작한 2003. 5. 23.경부터 평산기계공업으로부터 그 점유를 이전받아 직접점유를 시작한 사실을 인정한 다음, 선정자들은 위 강제경매개시결정의 기입등기에 따른 압류의 처분금지효에 저촉되는 위 점유이전에 기한 유치권의 취득으로써 위 경매절차의 매수인인 원고에 대하여 대항할 수 없다는 이유를 들어, 선정자들에 대하여 이 사건 건물 및 부지의 인도와 아울러 이 사건 공장건물들의 전체 부지 지상에 설치한 판시 컨테이너의 철거와, 원고가 위 경매절차에서 이 사건 건물 및 부지의 소유권을 취득한 2003. 9. 25.부터 그 인도 완료시까지 점유에 따른 차임 상당의 손해배상을 각 구하는 원고의 청구를 인용하였는바, 위와 같은 원심의 판단은 앞서 본 법리 및 기록에 비추어 정당하고, 거기에 상고이유에서 주장하는 것처럼 유치권의 성립과 효력, 부동산의 강제경매개시결정에 따른 처분금지의 효력, 점유 및 재산권 등에 관한 법리오해와 사실오인, 심리미진 등의 위법이 있다고 할 수 없다.

피고(선정당사자)가 위 유치권에 기한 대항력의 근거 중 하나로 적시하는 민사집행법 제91조 제5항에서는 유치권의 경우 매수인이 그 부담을 인수한다고 하는 인수주의를 채택하고 있으나, 여기서 매수인이 인수하는 유치권이라고 하는 것은 원칙적으로 경매절차의 압류채권자에게 대항할 수 있는 것이라고 보아야 할 것인데, 이 사건의 경우처럼 경매부동산의 압류 당시에는 이를 점유하지 아니하여 유치권을 취득하지 못한 상태에 있다가 압류 이후에 경매부동산에 관한 기존의 채권을 담보할 목적으로 뒤늦게 채무자로부터 그 점유를 이전받음으로써 유치권을 취득하게 된 경우에는 위 법리에 비추어 이로써 경매절차의 매수인에게 대항할 수 없다고 보아야 할 것이므로, 이 부분 상고이유의 주장도 받아들일 수 없다.

한편, 민법상 점유는 유치권의 성립요건이자 존속요건으로서, 유치권의 성립에 있어서 채권과 점유 사이의 견련관계를 요하지 아니한다 하여 점유 없이도 유치권이 성립하는 것을 의미하는 것은 아니므로, 이와 달리 위 공사대금채권이 변제기에 도달한 이상 위 점유를 취득하기 전에 이미 유치권이 성립한 것으로 보아야 한다는 취지의 상고이유의 주장 역시 이유 없어 받아들이지 아니한다.

2. 선정자 양○원은 소송기록접수통지서를 송달받고도 적법한 상고이유서 제출기간 내에 상고이유서를 제출하지 아니하였고, 위 선정자가 제출한 상고장에도 상고이유의 기재가 없다(당사자 선정서는 상고이유서 제출기간 도과 후에 제출되었다).

3. 결 론

그러므로 상고를 기각하고, 상고비용은 패소자가 부담하는 것으로 하여 관여 대법관의 일치된 의견으로 주문과 같이 판결한다.

대법관 박재윤(재판장) 이용우(주심) 이규홍 양승태

(저자 주)

위 판례는 유치권에 관하여서는 새로운 합리적인 판단을 할 수 있게 한 판례이므로, 유치권을 공부하는 사람들은 외우다시피 하여 머릿속 깊숙이 입력해야 할 것이다.

02

아파트 하도급업체가
주장하고 점유하는 유치권

1. 1억 7,000만원을 사기 당하고 찾아온 사연이 안타까웠다.

　나를 찾아와서 공부한 회원 중에는, NPL의 모조품이라고 할 만한 엉터리 채권 투자로 수십억원을 사기친 박모에게 휘말려 투자의 명목으로 편취당한 사람이 몇 명 있다. 그들은 전 재산은 물론이고 빚을 내어서까지 투자했고, 모두 날렸다.

　가난한 소시민이 전 재산에 보태서 빚을 내어서까지 투자라는 명목으로 돈을 넣었는데, 사기를 당하여 단 한 푼도 건지지 못하고 날려버리게 되었단다. 과연 그 심정이 어떻겠는가?

　내가 보기에도 조금 실성한 기가 있어 보이기까지 했을 정도로 안타까워서 유치권이 신고되어 있는 물건을 중심으로 작은 부동산 몇 개를 낙찰 받게 도와주었단다. 또한 신고된 유치권자들에 대하여서는 전부 인도명령신청을 인용 받을 수 있도록 도와 주었다.

　돈이 생기는 일은 아니었지만, 재산이 불어나고 날이 갈수록 밝아지는 제자들의 모습을 보고 있으면 나도 행복한 마음으로 변해간다.

이번에 살펴 볼 사건은 그 중의 한 사례이다.

2. 앞이 확 터지고, 집은 좋은데 유치권은 어쩌나?

2014 타경 10530

서울특별시 금천구 시흥동 000-0, 00캐슬 4층 ○○○호

대지권 35.27㎡, 건물 59.48㎡

유치권신고 : 지○산업으로부터 140,950,000원의 유치권 권리신고 있음

　　　　　　수급인 청○나이스 건설로부터 2,055,000,000원의 유치권신고 있으나

　　　　　　철회하였음.

감정평가금액은 2억 7,500만원

두 번 유찰되어 최저 매각가격은 1억 4,080만원

낙찰가는 1억 7,890만원

이 아파트는 재건축으로 지은 집인데, 앞이 남향으로 확 트여 있고 조용하며 공기 또한 맑은 곳이다.

지난 번 최저매각가격 보다 조금 더 높은 가격으로 매수신고를 했고, 겨우 낙찰받았다. 이제는 유치권자만 내보내면 된다.

부동산 인도명령 신청

사　건　2014 타경 10530 부동산임의경매

신 청 인　정　○　식
　　　　　부산시 해운대구

피신청인　주식회사 지○산업
　　　　　안산시 상록구 부곡동 60-1
　　　　　대표이사 이 ○ 덕

신 청 취 지

피신청인은 별지목록기재부동산의 점유를 풀고 신청인에게 인도하라는 취지의 결정을 하여 주시기 바랍니다.

신 청 이 유

1. 피신청인은 적법한 점유를 한 사실이 없습니다.

이 사건의 집행기록에 의하면 2014년 05월 20일 09시 32분 귀원 소속 집행관이 집행법원의 현황조사명령에 따라 별지목록기재부동산의 점유관계와 임대차관계를 조사한 보고서에는 임차인 이○례가 본건 전부를 차임 50만원에 2012. 12. 11.부터 점유. 사용하고 있다고 기재되어 있습니다.

임차인 이○례가 별지목록기재부동산의 전부를 점유.사용하고 있음이 확인되므로 유치권을 주장하는 피신청인은 점유할 수 있는 부분이 전혀 없다는 점에 대하여서는 누구나 판단할 수 있습니다.

피신청인이 주장하는 유치권은 점유를 인정받을 수 없으므로 성립될 수 없습니다.

피신청인은 실제 점유하지 않고 있으면서 허위의 유치권을 주장하므로 신청인에게 위해를 가하려는 의도가 명백하므로 피신청인에 대한 인도명령신청이 불가피하다고 할 것입니다.

2. 피신청인이 주장하는 유치권은 성립될 수 없습니다.

가. 피신청인이 접수한 유치권권리신고서에는 적법한 채권이 없습니다.

피신청인이 집행법원에 접수한 유치권권리신고서에는 도급인 진○재건축조합과 수급인 유한회사 청○종합건설과 정○영과의 공사도급계약서만 있을 뿐이지 피신청인의 공사대금이 담보하는 채권에 대하여서는 아무런 기재가 없음을 알 수 있습니다.

피신청인이 별지목록기재부동산에 대한 채권을 입증할 수 없는 것입니다.

특히 공사도급계약서에는 수급인으로 이 사건 별지목록기재부동산의 소유권자인 정○영도 공동으로 기재되어 있으므로 실제 공사업자는 이사건 별지목록기재부동산의 소유자인 정○영입니다.

피신청인이 주장하는 공사대금을 담보하는 채권의 존재는 찾을 수 없으므로 피신청인에게는 채권의 성립과 유치권의 성립이 모두 입증이 불가능하다고할 것입니다.

피신청인의 유치권 주장은 성립될 수 없는 것입니다.

나. 신의칙에 어긋나는 피신청인의 유치권신고

피신청인은 집행법원에 제출한 문서에 의하면 이 사건 아파트 501호를 대물변제하는 것으로 소유자 진우재건축조합과 문서를 작성한 것으로 보입니다.

그러나 이 사건 401호인 별지목록기재부동산에 대하여 먼저 경매개시결정이 되자, 아무런 채권이나 권리도 없이 불법하게도 유치권권리신고를 하였습니다.

3. 결 어

피신청인은 유치권과는 전혀 상관이 없는 자이며, 공사대금을 담보하는 채권을 입증할 아무런 근거도 없이 허위의 유치권을 신고하였습니다.
이사건 신청인의 경락부동산인도명령신청은 인용되어야 합니다.

2015. 4.   .

위 신청인(매수인) 정 ○ 식

서울 남부지방법원 경매9계 귀중

3. 이유 없는 인도명령기각결정으로 즉시항고

이 사건의 인도명령신청은 아무런 이유의 설명도 없이 기각되었다.

대부분 서울시내에 소재한 법원에서는 매수인의 인도명령신청에 대하여 아무런 이유의 설시도 없이 '신청인의 이 사건 신청은 이유 없으므로 이를 기각한다.'라는 결정을 내리는 경우가 드물다. 하지만 이 사건의 인도명령신청은 무조건 기각되었다는 불편한 마음이 들만큼 이유 없이 기각 당하였다.

매수인의 입장에서는 유치권 신고인이 변호사를 선임하여 답변서를 제출하였기에 변호사의 입김으로 인도명령이 기각 당한 것으로 여기게 되었다.

실제 유치권 신고인이 선임한 변호사는 경락인에게 전화를 걸어 절대 인도명령이 인용되지 않을 것이라고 으름장을 놓기도 한다.

경락인은 지체 없이 인도명령 기각결정에 대하여 즉시 항고를 제기하였다.

경락인이 제기한 항고의 이유가 어떤 법리에 의하여 어떤 판례로 항고를 제기한 것인지, 그 항고이유를 살펴보자.

즉 시 항 고 장

사　　건　　2015 타인 125 부동산인도명령
　　　　　　　(원 사건 2014 타경 10530 부동산임의경매)

항 고 인　　정 ○ 식
　　　　　　　부산시 해운대구

서울남부지방법원 동원 2015 타인 125 경락부동산인도명령사건에 관하여 경매법원은 2015. 6. 2. 이를 기각하는 결정이 있었으나 신청인은 이에 불복하여 항고를 제기합니다.

신 청 취 지

원 결정을 취소하고 항고인의 부동산인도명령신청을 인용한다.

는 취지의 결정을 하여 주시기 바랍니다.(원 결정은 2015. 6. 8. 송달 받았습니다.)

신 청 이 유

1. 항고인은 원 결정의 의도를 도무지 알 수 없습니다.

원 결정은 아무런 설명 없이 신청인(항고인)의 신청은 이유가 없으므로 이를 기각한다. 라고 하였습니다.

원 결정이 이렇다면 이를 기각할 이유에 대하여 정당한 설시가 있어야 할 것입니다.

가령 피신청인이 실제 점유를 하지 않고 있다든가,

아니면 피신청인은 유치권이 존재한다든가 하는 명백한 설시도 없이 무조건 이유 없다고 기각한 점에 대하여서는 이유가 불비한 결정을 하였다는 비난에서 결코 자유스러울 수 없을 것입니다.

원 결정은 파기되어야 합니다.

2. 원 결정이 피신청인의 유치권을 인정하였다면 중대한 법리오해입니다.

가. 피신청인에게 유치권이 존재할 수 없는 이유

1) 피신청인은 부동산 소유권자에게 유치권을 담보하는 채권이 없습니다.

　　이 사건 부동산의 소유권자는 정○영이 분명합니다.

　　피신청인이 유치권을 신고하고 본 신청사건에 답변서를 제출하면서 피신청인 자신이 유치권자라고 제시한 모든 증거는 피신청인과 청○나이스건설과의 재하도급업자로써의 거래관계를 나타낸 것일 뿐, 실제 부동산의 소유권자와는 아무런 관계가 없음을 알 수 있습니다.

　　또한 피신청인과 재하도급계약으로 거래관계가 있다는 원 수급자인 청○나이스건설은 공사대금을 담보하는 채권 금2,055,512,527원으로 유치권을 신고한다고 2014. 8. 29. 집행법원에 유치권신고서를 접수하였으나, 일주일 후인 2014. 9. 5. 집행법원에 인감증명을 첨부한 유치권포기신고서를 접수하므로 유치권자가 아님이 분명하게 되었습니다.

원 수급인이 유치권포기신고서를 집행법원에 제출하므로 유치권은 존재할 수 없으며(대법원 1980. 7. 22. 선고 80다1174 가옥명도사건 참조), 원 수급인과의 거래관계만 있을 뿐 이 사건 경매물건에 관하여 생긴 채권이 없는 피신청인에게는 별도의 유치권이 성립할 수 없습니다.

만약 원 결정이 피신청인의 유치권을 인정하였음에 기인하였다면 이는 유치권의 법리를 오해한 결정이므로 취소되어야 합니다.

2) 피신청인은 적법한 점유를 하지 않았으므로 유치물이 없습니다.

이 사건의 집행기록에 의하면 2014년 05월 20일 09시 32분 귀원 소속 집행관이 집행법원의 현황조사명령에 따라 별지목록기재부동산의 점유관계와 임대차관계를 조사한 보고서에는 임차인 이○례가 본건 전부를 차임 50만원에 2012. 12. 11.부터 점유. 사용하고 있다고 기재되어 있습니다.

임차인 이○례가 별지목록기재부동산의 전부를 점유. 사용하고 있음이 확인되었으므로 유치권을 주장하는 피신청인이 이 사건 부동산을 점유할 수 있는 부분이 전혀 없다는 점에 대하여서는 어느 누구도 이의를 제기할 수 없을 것입니다.

이○례는 현황조사 및 임대차조사를 위하여 출장한 집행관에게 매월 50만원의 차임을 지급하고 임차하여 거주한다고 임의로 진술하였을 뿐더러 진술조서에 서명 날인하였으며,

집행관은 이○례의 진술에 따라 임대차조사보고서 및 점유관계조사서를 작성

하여 경매법원에 이를 보고하였으며, 경매법원은 집행관의 현황조사보고서에 따라 매각물건명세서를 작성하고 이를 공고하였음은 집행기록에 나타난 바와 같습니다.

경매법원에서 공고한 매각물건명세서는 인터넷은 물론 경매법원에서도 열람하게 하므로 위 이○례의 임차사실은 명백한 것으로 전국에 경매사건의 매각공고와 더불어 공포된 것입니다.

피신청인은 애초 이 사건 아파트의 501호에 대한 대물변제를 이유로 소유권을 주장하는

문건을 집행법원에 제출하였다가, 아무런 정당한 이유 없이 이 사건 아파트인 401호를 유치, 점유하고 있다는 취지의 주장은 명백히 신의칙에 위배되는 것입니다.

만약 원 결정이 이에 동조하여 피신청인의 점유를 인정한다면, 경매법원에서 집행관에게 명령하여 집행관이 제출한 현황조사보고서를 무시하였다는 점과 경매법원이 작성하여 공고한 매각물건명세서 자체도 경매법원에서 적법하고 정당한 문서로 인정하지 못하는 치명적인 오류를 범하게 됩니다.
그렇다면 피신청인의 점유는 인정받을 수 없으며, 인정되어서는 아니 되는 것입니다.

3. 적법한 결정을 하여주시기 바랍니다.

신청인인 항고인은 물론 모든 국민은 경매법원에서 열람하게 하고 공고하는 매각물건명세서를 절대적인 신뢰의 대상으로 보고 매각물건명세서의 내용에 의하여 유치권의 존부를 판단하게 됩니다.

이 사건과 같이 경매법원에서 작성한 매각물건명세서를 경매법원 자신이 무시하고 인도명령 신청사건에서 매각물건명세서와 상이한 결정을 내린다면 우리 법원의 신뢰는 막대한 타격을 받게 될 것입니다.
원 결정을 파기하고 다시 정당한 판단에 의한 결정을 하여 주시기 바랍니다.

2015. 6. .
위 항고인 정 ○ 식

서울 남부지방법원 귀중

대법원 1980.7.22. 선고 80다1174 판결 가옥명도

【판시사항】

유치권의 포기로 볼 수 있다고 한 사례

【판결요지】

피고의 아버지인 소외인이 회사에 대한 채권을 확보하기 위하여 회사 소유의 부동산을 피고로 하여금 점유 사용하게 하고 있다가 아무 조건 없이 위 부동산을 명도해 주기로 약정하였다면 이는 유치권자가 유치권을 포기한 것이라고 할 것이므로 그 약정된 명도 기일 이후의 점유는 위 소외인으로서도 적법한 권원 없는 점유이다.

【참조조문】 민법 제320조

【원심판결】 서울고등법원 1980.4.3. 선고 79나2395 판결

【주 문】

상고를 기각한다.
상고비용은 피고의 부담으로 한다.

【이 유】

피고 소송대리인의 상고이유를 판단한다.

증거의 취사판단과 사실의 인정은 원심 법관의 전권에 속하는 사항이라고 할 것인 바, 원심 판결 이유에 의하면, 원심은 그 거시의 여러증거에 의하여, 피고의 아버지인 소외 이○석은 1976.5.26 소외 한신산업 주식회사와 간에 서울 관악구 대방동 41 은성 아파트 3동 총건평 1,851평의 신축내장 공사도급 계약을 체결하고 그 해 10.말경까지 그 공사를 완성시켰으나 공사 잔대금 9,413,000원을 변제받지 못하였고, 위 이○석은 그 무렵부터 위 아파트 3동 중의 일부인 이 사건 부동산을 점유하고 있다가 그의 딸인 피고에게 이를 점유 사용케 하고 있었는데, 소외 회사는 1977.12.5 위 이○석에게 액면 금 9,413,000원, 발행일 1977.10.30 지급기일 1977.12.5로 한 약속어음을 작성하고 (이를테면 발행일을 소급 기재한 셈이다) 그에 첨부하여 같은 날자에 즉시 강제집행을 수락하는 취지의 공정증서를 작성 교부하였으며, 한편 위 이○석은 같은 날자인 1977.12.5 이 사건 아파트를 1978.1. 말까지 아무 조건 없이 명도하고 이사

하겠다는 내용의 서면을 작성, 위 회사에 교부하였고, 그 익일 채권자 이○남, 채무자 위 회사 간의 부동산 강제경매신청사건의 강제경매 절차에서 배당요구를 하여 1978.6.17 위 어음금 중 금 1,348,826원을 배당받았던 사실, 이 사건 부동산은 1976.11.18 위 소외 회사 명의로 보존등기가 거쳐졌다가 주식회사 한일은행을 거쳐 원고 앞으로 소유권이전 등기가 넘겨졌던 사실 등을 인정하고 나서 피고의 유치권 주장에 대한 판단으로서, 위 인정사실에 의하면 피고는 당초 위 이○석이 위 소외 회사에 대한 채권을 확보하기 위하여 그 소외인의 의사에 따라 그 부동산을 점유 사용하고 있는 것이라 하더라도 위 이○석이 아무 조건 없이 명도를 약정한 1978.1.말 이래의 점유는 위 이○석으로서도 적법한 권원 없는 점유로 변하였다고 하겠으니, 결국 피고는 원고에게 그 부동산을 명도할 의무가 있다라고 판단하고 있는 바, 기록에 비추어 보니, 원심의 위와 같은 사실인정은 정당하고 거기에 채증법칙위반이나 심리미진으로 인하여 사실을 오인한 위법사유 없으며, 그 판단도 정당하고 거기에 유치권포기의 법리오해 등 소론 적시와 같은 법리오해의 위법사유 없다. (유치권자가 유치권을 포기하는 경우 그 의사표시만으로써는 효력이 발생하지 아니한다는 논지주장은 부당하며, 독자적 견해에 불과하다).

그리고 기록을 살펴보아도 원심이 피고의 변론재개신청을 받아들이지 아니한 조치에는 소론과 같은 위법이 있다고 할 수 없다.

논지는 모두 이유없어 이 상고는 기각하기로 하고 상고비용은 패소자의 부담으로 하여 관여법관의 일치된 의견으로 주문과 같이 판결한다.

대법관 안병수(재판장) 주재황 유태흥

4. 항고를 받아들인 결정문

서 울 남 부 지 방 법 원
제 1 민 사 부
결   정

사   건   2015라157 부동산인도명령

신청인, 항고인   정 ○ 식
                  부산 해운대구

피신청인, 상대방   주식회사 지○산업
                  안산시 상록구
                  대표자 사내이사 이 ○ 덕

제 1 심 결 정   서울남부지방법원 2015. 6. 2.자 2015타인125 결정

주   문

1. 제1심 결정을 취소한다.

2. 피신청인은 신청인에게 별지 목록 기재 부동산을 인도하라.

이 유

1. 인정사실

기록에 의하면 다음의 사실을 인정할 수 있다.

가. 한국주택금융공사의 업무수탁기관 주식회사 국민은행은 2015. 3. 11. 서울남부지방법원 2014타경10530호로 별지 목록 기재 부동산(이하 '이 사건 부동산'이라 한다)에 관하여 부동산임의경매 신청을 하여 2014. 5. 7. 경매개시결정을 받았고, 2014. 5. 11. 이 부동산에 관하여 임의경매개시결정 기입등기가 마쳐졌다(이하 ' 이 시건 경매절차'라한다). 신청인은 이 사건 경매절차에서 2015. 3. 11. 매각허가결정을 받아 2015. 4. 15. 그 매각대금을 완납하였다.

나. 피신청인은 이 사건 경매절차에서, 자신은 2012. 1. 5. 유한회사 청○나이스건설(이하'청○건설'이라 한다)로부터 서울 금천구 시흥동 960-6 진우빌라연립주택 12세대를 철거하고 아파트를 신축하는 공사 중 창호 및 잡철공사를 하도급받아 공사를 하였고 위 아파트 신축공사는 2012. 7. 31. 준공되었으나 그 공사대금 145,095,000원을 지급받지 못하였으므로 위 신축 아파트 중 한 세대인 이 사건 부동산에 관하여 유치권을 행사하기 위해 청호건설의 승낙하에 이 사건 부동산을 점유하고 있다고 주장하며, 2014. 5. 27. 유치권신고를 하였다.

다. 한편 피신청인은 이 사건 경매절차에서 이○례를 유치권자인 피신청인의

라. 점유보조자로서 신고한다는 취지의 보정서를 2014. 11. 26. 제출하였다(이하 위 보정서를 '이 사건 보정서'라 한다).

마. 신청인은 2015. 4. 22. 위 법원 2015타기125호로 피신청인에 대하여 부동산인도명령을 신청하였으나, 위 법원은 2015. 6. 2. 위 신청을 기각하는 이 사건 제1심 결정을 하였다.

2. 판단

가. 관련 법리

(1) 부동산 인도명령신청에 있어서 신청인은 상대방의 점유사실만 소명하면 족하고, 그 점유가 신청인에게 대항할 수 있는 권원에 의한 것임은 이를 주장하는 상대방이 소명하여야 한다(대법원 2012. 5. 25.자 2012마388 결정).

(2) 한편 채무자 소유의 건물 등 부동산에 강제경매개시결정의 기입등기가 경료되어 압류의 효력이 발생한 이후에 채무자가 위 부동산에 관한 공사대금 채권자에게 그 점유를 이전함으로써 그로 하여금 유치권을 취득하게 한 경우, 그와 같은 점유의 이전은 목적물의 교환가치를 감소시킬 우려가 있는 처분행위에 해당하여 민사집행법 제92조 제1항, 제 83조 제4항에 따른 압류의 처분금지효에 저촉되므로 점유자로서는 위 유치권을 내세워 그 부동산에 관한경매절차의 매수인에게 대항할 수 없다(대법원 2005. 8. 19. 선고 2005다22688 판결 참조)

위와 같은 법리는부동산 임의경매의 경우에도 마찬가지로 적용된다고 할 것이다.

나. 피신청인이 임의경매개시결정 기입등기 전부터 점유하고 있었는지 여부

(1) 피신청인이 이 사건 임의경매개시결정 기입등기가 마쳐진 2014. 5. 11. 이전에도 유치권자로서 이 사건 부동산 점유하고 있었는지 여부를 살펴본다.

(2) 피신청인은 유치권 행사를 위해 피신청인 회사의 감사인 차○경과 그와 동거하던 계모 이○례를2012. 11. 17.부터 현재까지 이 사건부동산에 거주하도록 하였는데, 이 사건 경매절차에서 이○례가 임차인으로 잘못 조사되어 있었으므로 이를 바로 잡고자 2014. 11. 26. 이○례를 피신청인의 점유보조자로 신고하는 이 사건 보정서를 제출하였다고 주장한다.

기록에 의하면, 차○경이 피신청인 회사의 감사이고(다만 차○경이 언제부터 감사로 재직하였는지를 알 수 있는 자료는 없다), 이○례 가 차○경의 계모인 사실은 인정할 수 있으나, 2014. 5. 11. 이번부터 이○례가 피신청인의 점유보조자로서 이 사건 부동산을 점유하고 있었다는 사실은 이를 인정할 자료가 없다.

오히려 2014. 5. 29.자 이 사건 부동산 현황조사보고서의 기재에 의하면, 이○례가 2012. 12. 11. 이 시건 부동산에 전입한 이래 위 현황조사시점인 2014. 5. 20.까지도 임차인으로서 위 부동산을 점유하고 있었으며, 위 임대차의 차임은 월 50만원이나 임대차계약서의 확정일자는 미상인 사실을 인정할 수 있으므로, 이 사건 임의경매개시 결정 기입등기가 마쳐진 2014. 5. 11.까지도 이○례는 임차인으로서 이 사건 부동산을 점유하고 있었을 뿐임을 알 수 있다.

또한 이○례의 주민등록표등본에 의하면, 차○경은 2015. 4. 30.에야 이 사건 부동산에 동거인으로서 전입한 사실을 인정할 수 있는바, 차○경이 2012. 11. 17. 부터 이○례와 동거하였다는 피신청인의 주장은 받아들일 수 없고, 나아가 피신청인이 이 사건 보정서를 제출한 2014. 11. 26.경에도 차○경은 이○례와 동거하지 않고 있었음을 알 수 있다.

(3) 따라서 피신청인이 유치권 행사를 위해 점유보조자 이○례의 점유를 통하여 이 사건 임의경매개시결정 기입등기 이전부터 이 사건 부동산을 점유하고 있었다고 보기 어려우므로 피신청인은 유치권을 내세워 매수인인 신청인에게 대항할 수 없다.

3. 결론

그렇다면 신청인의 이 사건 신청은 이유 있어 이를 인용하여야 할 것이나, 제1심 결정은 이와 결론을 달리하여 부당하므로 이를 취소하고 피신청인에게 이 사건 부동산의 인도를 명하기로 하여 주문과 같이 결정한다.

2015. 7. 22.

재 판 장   판 사   김 익 현
판 사   이 의 진
판 사   이 차 웅

수익형 오피스텔에
덕지덕지 앉은 유치권 180억원

1. 대한민국에서 가장 큰 유치권을 풀어야지

2007년 6월 말 경에 안산 상록수 역(한대앞 역) 앞에 있는 오피스텔 200세대가 경매에 나왔다.

수원지방법원 안산지원 2004 타경 18661 부동산임의경매 사건이다.

나는 이 사건의 현장을 누리아카데미 회원들과 같이 답사하면서 유치권자들이 사용하고 있는 1층 사무실로 들어섰다.

이 오피스텔에는 14개 업체에서 무려 180억원의 유치권이 신고 되어 있었는데, 나는 유치권의 상세한 신고내역을 알고 싶었던 것이다.

재미있는 사실은 유치권자들이 점유하고 있는 사무실 책꽂이에는 유치권에 대하여 내가 쓴 책이 꽂혀 있었는데, 이들은 막상 그 책의 저자인 나에게 오히려 유치권을 가르치려 들었다.

가서 보니 유치권을 주장하는 사람들 치고는 제법 규모가 있고 체계적으로 보일만큼 점유를 하고 있었다. 180억원이라는 규모의 유치권 신고액은 유치권신고 금액으로는 우리나라에서 가장 많은 금액일 것이라는 생각이 들었다. 또 이 나라에서 가장 큰 금액의 유치권을 상대해 본다는 점을 생각하니 가슴이 저려왔다.

나는 유치권자들이 제법 그럴듯하게 잔득 붙여 놓은 현수막을 일일이 촬영했다. 그리고, 밖에 나와서 답사에 참여한 거의 30명 정도에 이르는 누리아카데미 회원들을 모아놓고 이 오피스텔에는 유치권이 성립될 수 없으며, 그 이유가 무엇인지에 대하여 즉석에서 우리가 같이 살펴본 바에 의거하여 설명을 하였다.

2. 현수막으로도 판단할 수 있는 유치권의 부존재함

아무리 유치권에 대한 대가라고 할지라도, 갑자기 유치권자 사무실에 들러보고 달랑 현수막 몇 장 붙여 놓은 것을 보고 어떻게 유치권이 성립되지 않는 지 알 수 있다는 말인가? 의아해 할 지 모르겠지만 유치권에 대한 답은 유치권자가 법원에 접수한 유치권권리신고서에서 찾아야 하며, 그 다음은 현장에서 찾아야 하는 법이다. 현장에는 대부분 답이 있게 마련이다.

이 사건은 2004년 5월 27일 경매가 신청되었고, 2005년 6월 3일 오피스텔의 등기부에 경매개시결정이 기입등기되었다.

경매개시결정이 등기부에 올라가게 되면 그때부터 민사집행법 83조에 의한 압류의 처분금지효력이 발생하게 된다. 이게 무슨 말인가 하면, 법원에서 압류를 해놨기 때문에 압류의 효력이 발생할 때부터는 점유의 이전을 포함하여 임대, 저당, 매매, 양도 등의 모든 처분행위를 일체 할 수 없는 효력이 시작된다는 뜻이다.(대법원 2005년 8월19일 선고 2005다 22688사건 판례에 의함)

그런데 여기 ○○오피스텔의 유치권자 아저씨들은 현수막에다 당당하게 "우리는 2004년 8월 24일부터 유치권에 기하여 점유를 하고 있다"라고 써 붙여 놓은 것이다.

하기야 이때에는 대법원 2005다 22688사건 판례도 나오기 전이므로 있을 수 있는 일일 것이다.

2004년 6월 3일부터 압류의 처분금지효가 발생하는데 그때부터 두 달 하고도 20일이 지나서 점유를 하면서 유치권을 주장하는 모순을 그냥 나타낸 것이 아니라, 스스로 현수막에다 크게 써 붙인 것이다.

이것을 다른 말로 번역하면 우리는 유치권이 없소이다. 하는 말과 같은 뜻이다.

나는 채권자를 찾아가서 유치권에 관한 기록을 보게 되었는데, 하필이면 이때부터 1년 반 동안이나 경매가 변경되었다.

3. 부동산적인 측면에서의 평가

유치권을 제 아무리 잘 없앤다 하더라도 유치권이 없어진 뒤에 해당 부동산이 돈이 되어야지, 그렇지 못하다면 아무짝에 쓸모없는 일이다. 게다가 유치권도 빨리 없애야 효과적인 것이다.

이 오피스텔은 지하철 4호선 한대앞 역까지는 걸어서 5분 정도 되는, 전철역세권임에는 틀림없다.

오피스텔의 실내 높이가 3미터50센치 정도로 복층으로 만들 수 있게 되어 있으므로 입주자들은 면적을 넉넉하게 사용할 수 있어 좋아할 것이고, 게다가 대학도 가까이 있으므로 수요는 충분하다. 월세 수준은 보증금 500만원에 45만원 정도는 쉽게 나오는 상황이다.

앞으로는 시세가 더 오르겠지만 지금 당장에도 매매가격이 세대 당 7,000만원 정도로 보면 될 것이다.

그런데 아무리 좋고 아무리 돈이 남으면 뭐하나?

경매가 진행이 안 되는데… 경매진행이 안 되는 이유도 법정관리를 받고 있는 상황을 벗어나기 위한 것이라는데, 경매가 시작된 지 4년이 지나서 기업회생을 하겠다고 하는 것이 마치 쇼 같지만 그것까지는 내가 관여할 수 없는 일이다.

한참 잊고 지내던 중 드디어 2008년 12월 안산지원에서 경매를 하게 되었다.

4. 40만원 아끼려다가 5,000만원 날린 친구들

나는 이 오피스텔 200 세대 중에서, 유치권자들이 점유를 확장하지 않은 120 세대에 응찰할 준비를 했다.

그런데 이 눈치를 차린 회원들이 하나 둘씩 내게 와서 60개를 가져가고, 나는 상호저축은행과 연계된 업체와 60개에 응찰하도록 하였다.

그런데 입찰결과가 정말로 기가 막혔다.

나는 최저매각가격에서 2%인 4~50만원만 올려서 응찰하라고 지시를 했고, 70개는 내가 시킨 대로 하여 최고가매수신고인이 되었는데, 나머지 50개는 4~50만원이 아까운 사람들이 최저매각가격 그대로 응찰하는 덕분에 당당하게 2 등을 하여 결국 매수에 실패한 것이다.

소탐대실이라는 말이 있다. 작은 것을 탐하다가 큰 것을 잃는다는 말이 그대로 적용되어 40만원 아끼려다가 5,000만원씩 벌 수 있는 기회를 놓치고 만 것이다. 50개면 자그마치 25억원을 벌 기회를 놓친 것이다.

나는 이런 경우 소름이 끼치는 것을 느낀다.

대체 어떻게 된 사람들이 4~50만원을 아끼려다 5,000만원을 벌지 못한다는 말인가?

두말할 것도 없이 나가는 돈은 아깝고, 5,000만원을 벌어들일 확신이 없는 것이다. 이런 사람들과는 확실하게 거리를 두어야 한다.

아깝지만 이미 놓친 열차다. 누군가 놓친 첫사랑이 아름답다고 하지 않았던가?

5. 인도명령신청서 1,000장을 썼다.

나는 지금까지 인도명령결정문을 약 2,000장 정도를 받아 보았다.

그 중에서도 1,000장은 여기 오피스텔의 경매에서 받게 된 것이다.

전부 74개를 낙찰 받아서 평균 14명에 이르는 유치권을 신고한 공사업자라고 하는 자들에게 인도명령을 결정 받으니, 1,000개를 넘는 인도명령신청서를 쓸 수밖에 없는 것이다.

지금까지 법원에서 인도명령결정을 받으면서 공사를 했는지의 여부도 모른채로 인도명령을 신청하고 결정을 받은 곳도 이곳이 유일하다.

만약에 법원에서 인도명령을 신청하여 인용되어 결정 받지 못하고 유치권부존재확인 청구 및 명도소송(건물인도청구소송)을 한다면, 시간도 엄청나게 걸리고 비용도 만만치 않을 것이다.

그러므로 나는 인도명령을 받지 못하고 명도소송에서 다투어야 할 만큼의 사건은 아예 손을 대지 않는 것이 방침이다.

다행히 유치권을 주장하는 자들이 유치권의 원리도 모르고 중대한 실수를 저지른 것을 미리 법원의 경매기록을 통해 알고 있었으므로, 내가 신청한 인도명령신청은 아주 순탄하게 인용 결정이 되었다.(인용:법원에서 신청인의 신청을 그대로 인정하여 받아 주는 것을 말한다.)

인도명령신청서는 독자 여러분이 인도명령신청을 할 때에 요긴할 것이므로 그 전부를 수록한다.

경락부동산 인도명령신청

사　건　2004 타경 18661 부동산임의경매　물건번호 51

신 청 인　주식회사 삼일○앤씨
　　　　　부산시 연제구 거제동

피신청인　주식회사 계 ○
　　　　　경기도 화성시 정남면 발산리

신 청 취 지

1. 피신청인은 신청인에게 별지목록기재 부동산의 점유를 풀고 이를 신청인에게 인도하라.
는 취지의 결정을 구합니다.

신 청 이 유

1. 사실관계

신청인은 별지목록기재부동산이 귀원 2004 타경 18661 부동산임의경매사건 진행 중 매각허
가결정을 받고 잔대금을 납부한 정당한 원시취득자입니다.
피신청인은 이사건 경매목적물에 대하여 유치권을 신고하였다고 주장하며 신청인에게 점유의
이전을 완강히 거부하고 있습니다.

그러나 피신청인의 유치권은 다음과 같은 사유로 성립할 수 없습니다.

2. 피신청인 주식회사 계○에게 유치권이 성립될 수 없는 이유

가. 피신청인의 유치권에 기한 점유주장은 불법입니다.

피신청인은 스스로 법원에 제출한 유치권권리신고를 통하여 1층38호, 39호 및 5층 506
호를 대물변제 받았으며 이 물건들을 점유하고 있다고 진술하였습니다.

신청인은 피신청인이 공사대금으로 대물변제를 받았다는 부분에 대하여서는 유치권의 존
재여부 및 대물변제 예약의 완료 등에 관하여 논하지 않겠습니다.

그러나 피신청인은 2005. 8. 10. 접수한 공동유치권행사신고를 통하여 신청인이 매각허
가결정을 받은 물건번호 51번(306호)에 대하여 2004. 8. 20. 자로 점유한다는 취지의 변
경신고서를 제출하였습니다.

대체 우리나라의 민법 중, 유치권을 확장하여 점유한다는 논리가 대체 어디서 나온 것인지
신청인은 이해할 수 없는 부분이며, 결국 피신청인은 아무런 점유의 권원 없이 불법으로
점유한다는 취지로 판단하여야 할 것입니다.

피신청인의 이러한 행위는 민법 제320조 제 2항에서 규정한 바와 같이 불법점유는 유치
권이 성립될 수 없으므로 신청인이 매수한 물건에 대하여서는 피신청인에게 유치권이 성
립될 수 없는 것입니다.

나. 피신청인의 점유주장은 압류의 처분금지효에 저촉됩니다.

2004. 8. 20.부터 공동으로 점유한다는 채권단의 주장 및 2005. 10. 4.부터 점유를 개
시하였다는 피신청인의 진술은 2004. 5. 24. 경매개시결정이 기입등기되므로 압류의 처
분금지효가 발생한 이후 점유를 개시하였다는 주장이며 이는 스스로 불법점유를 인정한
것이므로 이점 역시 불법점유자에게는 유치권이 성립될 수 없는 것입니다.

(대법원이 2005. 8. 19.선고한 2005 다 22688 사건에서는 압류의 처분금지효 발생 이후의 점유를 이전받아 유치권을 주장하는 경우, 공시를 원칙으로하는 담보법의 질서를 교란시키고 목적물의 교환가치를 감소시키므로 민법 제 320조 2항을 유추적용하여 불법점유로 규정하였습니다.)

다. 유치권이라는 미명아래 행해지는 피신청인의 불법행위

피신청인은 진정한 유치권자가 아니며, 자신이 대물변제 받지 아니한 물건에 대하여서도 돈을 받고 합의서를 작성하여 유치권을 포기하는 문서를 법원에 제출하는 등 불법행위를 하는가 하면, 유치권을 빙자하여 50세대를 매입하여 임대한 가정주부를 폭력배를 고용하여 세입자를 쫓아내는 방법으로 자살에 이르게 하는 등, 유치권을 빙자하여 온갖 불법행위를 저지르고 있습니다.

라. 태연하게 자행하는 불법점유와 권리남용

피신청인은 지하 주자장 1, 2, 3층 및 지하 전기시설, 전기시설 일체를 점유한다고 점유부분을 명기하여 유치권권리신고를 하였습니다.
이는 피신청인 스스로 유치권이 없으므로 인도집행을 당할 것이라는 전제 아래 이 부동산의 매수인에게 고통을 주기 위한 방편으로 지하주차장, 전기시설의 점유를 주장하는 것입니다.
그러나 피신청인은 소유자에게 경매개시결정 이전에 지하층 전부의 점유를 이전 받았다는 아무런 증거도 제시하지 않았습니다.

피신청인은 경매절차에서 이 부동산의 매수인들에게는 엄청난 고통을 주려고 획책한 반면, 피신청인에게는 지하주자장과 전기시설을 점유하므로 얻는 이득은 아무것도 없습니다.
대한민국 민법 제 2조 제 2항에는 권리는 남용할 수 없다라고 규정한 반면 피신청인은 집행법원에 대하여 당당하게 권리의 남용을 선포하는 것과 같은 불법행위를 자행하고 있습니다.

3. 결 어

피신청인은 유치권의 법리를 오해하여 유치권권리신고를 추가신고 내지는 확장신고를 하는
한편, 채권단을 형성하여 공동점유를 하고 있다고 주장하고 있습니다.
이는 위법된 점유이므로 피신청인에게는 유치권이 성립할 수 없다고 할 것입니다.
특히 지하층 전부를 아무런 점유권원 없이 소유자의 동의 없이 권리남용을 위배하며 점유하고
있다는 취지의 주장은 성립될 수 없습니다.

피신청인은 민사집행법 제 91조 제 5항에서 규정한 유치권자가 아님은 명백하므로 피신청인
을 심문하시어 민사집행법 제 136조 제 1항에 의거하여 피신청인에게 인도명령을 결정하시
어 귀원 소속 집행관으로 하여금 별지목록기재부동산에서 피신청인의 점유를 풀고 신청인에
게 인도하라는 취지의 명령을 하여 주시기 바랍니다.

2009. 1.   .

위 신청인   주식회사 삼일○앤씨
이사 최 ○ 옥

수원지방법원 안산지원 귀중

경락부동산 인도명령신청

사　건　2004 타경 18661 부동산임의경매 물건번호 51

신 청 인　주식회사 삼일○앤씨
　　　　　부산시 연제구 거제동

피신청인　주식회사 호○건설주식회사
　　　　　서울특별시 영등포구 신길동

신 청 취 지

1. 피신청인은 신청인에게 별지목록기재 부동산을 인도하라.
는 취지의 결정을 구합니다.

신 청 이 유

1. 사실관계

신청인은 별지목록기재부동산이 귀원 2004 타경 18661 부동산임의경매사건 진행 중 매각허가결정을 받고 잔대금을 납부한 정당한 원시취득자입니다.
피신청인은 이사건 경매목적물에 대하여 유치권을 신고하였다고 주장하며 신청인에게 점유의 이전을 완강히 거부하고 있습니다.

그러나 피신청인의 유치권은 다음과 같은 사유로 성립할 수 없습니다.

2. 피신청인 호○건설주식회사에게 유치권이 성립될 수 없는 이유

집행기록을 살펴보면 피신청인 호○건설주식회사는 경매개시결정이 기입등기되어 압류의 처분금지효가 발생한 이후인 2004. 9. 1.부터 두건의 물건에 대하여 점유를 개시한다고 유치권신고서를 통하여 진술하였으나, 피신청인이 점유하고 있던 부분은 대물변제 받은 303호 한 물건에 불과하므로 인정될 수 없는 것이며, 이후 2007. 7. 12. 접수된 유치권변경신고서를 통하여 추가로 유치권을 확장한다는 위법된 취지의 추가신고를 하였습니다.

피신청인의 유치권확장의 주장은 유치권의 법리를 오해한 주장입니다.

우리나라의 민법 중, 유치권을 확장하여 점유한다는 논리가 대체 어디서 나온 것인지 신청인은 이해할 수 없는 부분이며, 결국 피신청인은 아무런 점유의 권원 없이 불법으로 점유한다는 취지로 판단하여야 할 것입니다.

특히 2004. 5. 24. 별지목록기재부동산이 경매개시결정이 기입등기되어 압류의 처분금지효가 발생한 이후, 채무자가 부동산에 관한 공사대금채권자에게 점유를 이전하여 유치권의 취득을 주장한다면 이는 민법 제320조 제 2항에 규정한 불법점유라고 유추하여 해석해야 할 것입니다.(2005. 8. 19. 선고대법원 2005다 22688판결 건물명도 등)

3. 결 어

피신청인은 유치권의 법리를 오해하여 유치권권리신고를 추가신고 내지는 확장신고를 하는 한편, 채권단을 형성하여 공동점유를 하고 있다고 주장하고 있습니다.

이는 위법된 점유이므로 피신청인에게는 유치권이 성립할 수 없다고 할 것입니다.

피신청인은 민사집행법 제 91조 제 5항에서 규정한 유치권자가 아님은 명백하므로 피신청인을 심문하시어 민사집행법 제 136조 제 1항에 의거하여 피신청인에게 인도명령을 결정하시어 귀원 소속 집행관으로 하여금 별지목록기재부동산에서 피신청인의 점유를 풀고 신청인에게 인도하라는 취지의 명령을 하여 주시기 바랍니다.

2009.   1.   .

위 신청인 주식회사 삼일○앤씨

이사 최 ○ 옥

수원지방법원 안산지원 귀중

[경매개시결정이 기입등기된 후 공사를 공사업자에 대한 인도명령신청]

경락부동산 인도명령신청

사   건   2004 타경 18661 부동산임의경매 물건번호 51

신 청 인   주식회사 삼일○앤씨
           부산시 연제구 거제동

피신청인   주식회사 대○이앤지
           안산시 단원구 원곡동

신 청 취 지

1. 피신청인은 신청인에게 별지목록기재 부동산을 인도하라.

는 취지의 결정을 구합니다.

신 청 이 유

1. 사 실 관 계

신청인은 별지목록기재부동산이 귀원 2004 타경 18661 부동산임의경매사건 진행 중 매각허가결정을 받고 잔대금을 납부한 정당한 원시취득자입니다.

피신청인은 이사건 경매목적물에 대하여 유치권을 신고하였다고 주장하며 신청인에게 점유의 이전을 완강히 거부하고 있습니다.

그러나 피신청인의 유치권은 다음과 같은 사유로 성립할 수 없습니다.

2. 피신청인 주식회사 대○이앤지에게 유치권이 성립될 수 없는 이유

가. 불 법 점 유

피신청인 주식회사 대○이앤지는 대물변제를 받은 5개호의 물건에 대하여 유치권을 신고하였으나 2007. 6. 25. 유치권변경, 확장신고를 통하여 매수인이 매각허가결정을 받은 물건을 포함하여 210개의 물건에 대하여 추가로 유치권을 확장한다는 취지의 신고를 하였습니다.

피신청인의 유치권 주장의 결론은 불법점유를 집행법원에 통보하여 유치권의 성립을 주장하는 법리에 어긋난 억지인 것입니다.

나. 채권과 유치물과의 견련관계가 없음

피신청인 주식회사 대○이앤지의 공사부분은 이 건물의 2층 수영장 등 스포츠시설에 대한 공사이므로 신청인이 매각허가결정을 받은 오피스텔과는 전혀 별개의 물건으로 신청인에 대하여서는 민법 제 320 조 제 1항에 규정한 그 물건에 관하여 생긴 채권이 아닌 것입니다. 즉 피신청의 유치권 신고는 채권의 견련관계가 없으므로 유치권을 주장할 수 없는 것입니다.

다. 압류의 처분금지효에 저촉

피신청인의 공사도급계약서는 2004. 7. 월에 작성된 것으로 2004. 5. 24. 경매개시결정이 기입등기되어 압류의 처분금지효가 발생한 이후에 공사를 하였음이 피신청인이 제출한 공사도급계약서의 기재로 명확하므로 2006. 8. 25. 선고한 대법원 2006 다 22050 토지인도청구사건의 판례와 정면 위배되는 주장이며, 피신청인 주식회사 대○이앤지의 유치권 주장은 목적물의 교환가치를 감소시킬 우려만 있는 주장이며, 불법점유가 명확하므로 유치권의 성립을 다툴 여지조차 없는 것입니다.

3. 결 어

피신청인은 유치권의 법리를 오해하여 유치권권리신고를 추가신고 내지는 확장신고를 하는 한편, 채권단을 형성하여 공동점유를 하고 있다고 주장하고 있습니다.
이는 위법된 점유이므로 피신청인에게는 유치권이 성립할 수 없다고 할 것입니다.
피신청인은 압류의 처분금지효가 저촉된 이후에 공사를 하였다고 자인하고 있으며, 공사를 하였다고 신고한 부분도 신청인은 물론 건물전체에 관하여 생긴 채권이 아니므로 본 경매사건과 아무런 견련관계가 있을 수 없습니다.
피신성인은 민사십행법 제 91조 제 5항에서 규정한 유치권자가 아님은 명백하므로 피신청인을 심문하시어 민사집행법 제 136조 제 1항에 의거하여 피신청인에게 인도명령을 결정하시어 귀원 소속 집행관으로 하여금 별지목록기재부동산에서 피신청인의 점유를 풀고 신청인에게 인도하라는 취지의 명령을 하여 주시기 바랍니다.

2009. 1.   .
위 신청인 주식회사 삼일○앤씨
이사 최 ○ 옥

수원지방법원 안산지원 귀중

판례 소개

대법원 2006.8.25. 선고 2006다22050 판결 토지인도

【판시사항】

채무자 소유의 부동산에 경매개시결정의 기입등기가 경료되어 압류의 효력이 발생한 후에 부동산의 점유를 이전받아 유치권을 취득한 채권자가 그 기입등기의 경료사실을 과실 없이 알지 못하였다는 사정을 내세워 그 유치권으로 경매절차의 매수인에게 대항할 수 있는지 여부(소극)

【판결요지】

채무자 소유의 부동산에 경매개시결정의 기입등기가 경료되어 압류의 효력이 발생한 이후에 채권자가 채무자로부터 위 부동산의 점유를 이전받고 이에 관한 공사 등을 시행함으로써 채무자에 대한 공사대금채권 및 이를 피담보채권으로 한 유치권을 취득한 경우, 이러한 점유의 이전은 목적물의 교환가치를 감소시킬 우려가 있는 처분행위에 해당하여 민사집행법 제92조 제1항, 제83조 제4항에 따른 압류의 처분금지효에 저촉되므로, 위와 같은 경위로 부동산을 점유한 채권자로서는 위 유치권을 내세워 그 부동산에 관한 경매절차의 매수인에게 대항할 수 없고, 이 경우 위 부동산에 경매개시결정의 기입등기가 경료되어 있음을 채권자가 알았는지 여부 또는 이를 알지 못한 것에 관하여 과실이 있는지 여부 등은 채권자가 그 유치권을 매수인에게 대항할 수 없다는 결론에 아무런 영향을 미치지 못한다.

【참조조문】 민사집행법 제83조 제4항, 제91조 제5항, 제92조 제1항

【참조판례】 대법원 2005. 8. 19. 선고 2005다22688 판결

【원심판결】 부산고법 2006. 3. 10. 선고 2005나473 판결

【주 문】

상고를 기각한다. 상고비용은 피고가 부담한다.

【이 유】

상고이유를 판단한다.

채무자 소유의 부동산에 경매개시결정의 기입등기가 경료 되어 압류의 효력이 발생한 이후에 채권자가 채무자로부터 위 부동산의 점유를 이전받고 이에 관한 공사 등을 시행함으로써 채무자에 대한 공사대금채권 및 이를 피담보채권으로 한 유치권을 취득한 경우, 이러한 점유의 이전은 목적물의 교환가치를 감소시킬 우려가 있는 처분행위에 해당하여 민사집행법 제92조 제1항, 제83조 제4항에 따른 압류의 처분금지효에 저촉되므로, 위와 같은 경위로 부동산을 점유한 채권자로서는 위 유치권을 내세워 그 부동산에 관한 경매절차의 매수인에게 대항할 수 없고 (대법원 2005. 8. 19. 선고 2005다22688 판결 참조), 이 경우 위 부동산에 경매개시결정의 기입등기가 경료되어 있음을 채권자가 알았는지 여부 또는 이를 알지 못한 것에 관하여 과실이 있는지 여부 등은 채권자가 그 유치권을 경락인에게 대항할 수 없다는 결론에 아무런 영향을 미치지 못한다고 하겠다.

원심이 원고의 이 사건 부동산에 관한 인도청구 등에 대하여 피고가 유치권 항변을 할 수 없다고 판단한 것은 위와 같은 법리에 따른 것으로서 정당하고, 이와는 다른 견해를 전제로 한 상고이유의 주장은 받아들일 수 없다.

그러므로 상고를 기각하기로 하여 관여 법관의 일치된 의견으로 주문과 같이 판결한다.

대법관 박시환(재판장) 김용담 박일환 김능환(주심)

경락부동산 인도명령신청

사　건　2004 타경 18661 부동산임의경매 물건번호 51

신 청 인　주식회사 삼일○앤씨
　　　　　부산시 연제구 거제동

피신청인　주식회사 다○건사
　　　　　서울시 은평구 수색동

신 청 취 지

1. 피신청인은 신청인에게 별지목록기재 부동산을 인도하라.
는 취지의 결정을 구합니다.

신 청 이 유

1. 사실관계

신청인은 별지목록기재부동산이 귀원 2004 타경 18661 부동산임의경매사건 진행 중 매각허가결정을 받고 잔대금을 납부한 정당한 원시취득자입니다.
피신청인은 이사건 경매목적물에 대하여 유치권을 신고하였다고 주장하며 신청인에게 점유의 이전을 완강히 거부하고 있습니다.
그러나 피신청인의 유치권은 다음과 같은 사유로 성립할 수 없습니다.

2. 피신청인 주식회사 다○건사에게 유치권이 성립될 수 없는 이유

가. 점유에 대하여

피신청인들은 점유를 주장하는 부분과 현실적으로 점유하고 있는 부분이 존재하지 않습니다. 즉 유치권이 점유를 필수로 하는 법정담보물권인 점을 간과하고 채권자 공동으로 상가 46호 오피스텔 175호실을 추가하여 공동으로 점유한다는 법리에 맞지 않는 주장을 하고 있습니다.

피신청인들의 주장은 유치물이 없는 상태에서 유치권을 신고하였다는 결론에 이르게 됩니다. 이러한 피신청인들의 주장은 유치권과 채권을 혼동하거나, 유치권의 법리를 오해한 주장이므로 이들에게 유치권이 성립할 이유가 존재하지 않는다고 할 것이며, 피신청인들의 유치권주장은 일고의 가치도 없다고 할 것입니다.

나. 공사도급계약서의 변조

피신청인 다○건사의 공사계약서는 그 자체가 계약일자를 2002. 8. 19.에서 2003. 8. 19일로 임의로 변조한 허위공사계약서로 판단되므로 11억여 원의 공사대금채권이 존재한다는 주장 역시 사실로 인정받기 어려울 것이며 상가 1세대를 대물변제 받음으로 이미 공사대금의 채권은 소멸되었다고 볼 것입니다.

다. 압류의 처분금지효에 저촉

피신청인은 2004. 10. 20. 일부터 점유를 개시하였다는 취지의 주장이 피신청인이 제출한 유치권권리신고서에 명확히 기재된 반면 이 사건 집행관의 현황조사보고서에는 피신청인의 점유에 관한 보고는 일체 없음을 알 수 있습니다.

피신청인은 유치권권리신고만 하였을 뿐이지 유치권 성립을 위한 점유는 하지 않았음이 명확합니다.

3. 결 어

피신청인은 유치권의 법리를 오해하여 유치권권리신고를 추가신고 내지는 확장신고를 하는 한편, 채권단을 형성하여 공동점유를 하고 있다고 주장하고 있습니다.

이는 위법된 점유이므로 피신청인에게는 유치권이 성립할 수 없다고 할 것입니다.

피신청인은 압류의 처분금지효가 저촉된 이후에 점유를 하였다고 자인하고 있으며, 공사계약의 일자까지 변조된 계약서를 제출한 반면, 집행관의 현황조사보고서에는 피신청인의 점유부분에 대한 보고는 없었습니다.

피신청인은 민사집행법 제 91조 제 5항에서 규정한 유치권자가 아님은 명백하므로 피신청인을 심문하시어 민사집행법 제 136조 제 1항에 의거하여 피신청인에게 인도명령을 결정하시어 귀원 소속 집행관으로 하여금 별지목록기재부동산에서 피신청인의 점유를 풀고 신청인에게 인도하라는 취지의 명령을 하여 주시기 바랍니다.

2009. 1.   .

위 신청인   주식회사 삼일○앤씨

이사 최 ○ 옥

수원지방법원 안산지원 귀중

경락부동산 인도명령신청

사　　건　2004 타경 18661 부동산임의경매 물건번호 51

신 청 인　주식회사 삼일○앤씨
　　　　　부산시 연제구 거제동

피신청인　성○건재 대표 권○옥
　　　　　서울시 서초구 방배동

신 청 취 지

1. 피신청인은 신청인에게 별지목록기재 부동산을 인도하라.
는 취지의 결정을 구합니다.

신 청 이 유

1. 사실관계

신청인은 별지목록기재부동산이 귀원 2004 타경 18661 부동산임의경매사건 진행 중 매각허가결정을 받고 잔대금을 납부한 정당한 원시취득자입니다.

피신청인은 이사건 경매목적물에 대하여 유치권을 신고하였다고 주장하며 신청인에게 점유의 이전을 완강히 거부하고 있습니다.

그러나 피신청인의 유치권은 다음과 같은 사유로 성립할 수 없습니다.

2. 피신청인 성○건재에게 유치권이 성립될 수 없는 이유

가. 점유에 대하여

피신청인들은 점유를 주장하는 부분과 현실적으로 점유하고 있는 부분이 존재하지 않습니다. 즉 유치권이 점유를 필수로 하는 법정담보물권인 점을 간과하고 채권자 공동으로 상가 46호 오피스텔 175호실을 추가하여 공동으로 점유한다는 법리에 맞지 않는 주장을 하고 있습니다.

피신청인들의 주장은 유치물이 없는 상태에서 유치권을 신고하였다는 결론에 이르게 됩니다. 이러한 피신청인들의 주장은 유치권과 채권을 혼동하거나, 유치권의 법리를 오해한 주장이므로 이들에게 유치권이 성립할 이유가 존재하지 않는다고 할 것이며, 피신청인들의 유치권주장은 일고의 가치도 없다고 할 것입니다.

나. 적법한 공사대금의 채권에 대한 견해

피신청인 성○건재는 도배 장판 등 인테리어공사를 하고 공사대금을 지급받지 못하였다고 주장합니다.

그러나 경매개시결정 당시 이 건물은 복층공사가 한참이었음을 신청외 바○디자인과 주식회사 거○지의 유치권권리신고서를 보아서 알 수 있습니다.

도배, 장판 등 인테리어공사는 복층 공사를 마치고 하여야 하는 것이 정상적인 공사의 순서이며, 도배장판 공사가 미비하다고 하여 준공검사 및 건물 사용승인을 받지 못하는 것이 아닙니다.

피신청인 성○건재는 2004. 4. 10. 공사를 마무리 지었다는 주장과는 달리 2005. 5. 24. 경매개시결정의 기입등기로 압류의 처분금지효가 발생한 이후까지도 공사를 계속하였음이 경험칙상 옳다고 할 것입니다.

3. 결 어

피신청인은 유치권의 법리를 오해하여 유치권권리신고를 추가신고 내지는 확장신고를 하는 한편, 채권단을 형성하여 공동점유를 하고 있다고 주장하고 있습니다.

이는 위법된 점유이므로 피신청인에게는 유치권이 성립할 수 없다고 할 것입니다.

피신청인은 압류의 처분금지효가 저촉된 이후에 공사를 하였다고 추정되고 있으며, 점유에 대한 흔적은 집행관의 현황보고서는 물론 피신청인 스스로도 명확히 주장하지 못하고 있습니다.

피신청인은 민사집행법 제 91조 제 5항에서 규정한 유치권자가 아님은 명백하므로 피신청인을 심문하시어 민사집행법 제 136조 제 1항에 의거하여 피신청인에게 인도명령을 결정하시어 귀원 소속 집행관으로 하여금 별지목록기재부동산에서 피신청인의 점유를 풀고 신청인에게 인도하라는 취지의 명령을 하여 주시기 바랍니다.

2009. 1.   .

위 신청인 주식회사 삼일○앤씨
이사 최 ○ 옥

수원지방법원 안산지원 귀중

경락부동산 인도명령신청

사　건　2004 타경 18661 부동산임의경매 물건번호 51

신 청 인　주식회사 삼일○앤씨
　　　　　부산시 연제구 거제동

피신청인　에스○피 종합건설 주식회사
　　　　　경기도 안산시 단원구 고잔동

신 청 취 지

1. 피신청인은 신청인에게 별지목록기재 부동산을 인도하라.
는 취지의 결정을 구합니다.

신 청 이 유

1. 사실관계

신청인은 별지목록기재부동산이 귀원 2004 타경 18661 부동산임의경매사건 진행 중 매각허가결정을 받고 잔대금을 납부한 정당한 원시취득자입니다.
피신청인은 이사건 경매목적물에 대하여 유치권을 신고하였다고 주장하며 신청인에게 점유의 이전을 완강히 거부하고 있습니다.

그러나 피신청인의 유치권은 다음과 같은 사유로 성립할 수 없습니다.

2. 피신청인 에스○피종합건설주식회사에 유치권이 성립될 수 없는 이유

가. 정 황 증 거

피신청인 에스○피 종합건설주식회사의 대표이사인 신청외 윤○석은 이 경매사건의 원인 중 하나인 2, 3번 근저당권설정사건의 채무자입니다. 결국 이 사건은 피신청인의 대표이 사인 채무자가 채무를 변제할 의무를 이행하지 않으므로 경매에 까지 이르게 된 것입니다. 또한 피신청인 에스ㅇ피 종합건설주식회사가 채무자로써 상당한 대금을 대출 받아 공사대 금에 충당하였음은 경험칙으로 보아 충분히 인정될 수 있으므로, 채무자가 대표이사로써 대출금을 수령하고, 그 법인은 또 유치권을 신고한다는 것은 신의칙에 위배된다는 민법의 정신을 떠나 상식적으로도 있을 수 없는 주장인 것입니다.

나. 간 접 증 거

이 사건이 경매개시결정이 된 것은 2004. 5. 19일임에 반하여 피신청 인 에스○피종합건 설주식회사가 유치권권리신고를 접수한 날은 2005. 11월입니다.

경매개시결정이 되고 난 후 1년 6개월이 지나 유치권권리신고를 하였음이 역수로 계산하 여도 분명하므로, 최소한 피신청인 8 에스○피 종합건설주식회사는 유치권이 존재하지 않 음을 알고 있었으며 유치권을 신고할 의사도 없었음이 입증되는 것입니다.

보통의 경매사건은 경매개시결정이 된 후 1년을 넘지 않는 기간에 배당절차까지 전부 마 쳐진다는 점을 감안한다면, 통상의 경우 경매가 끝났을 시점에 유치권이 있다고 신고하는 것은 피신청인 에스○피종합건설의 유치권권리신고는 유치권을 주장하는 것이 아니라 유 치권을 빙자하여 경매진행절차의 진행을 방해하기 위한 방편이었다고 판단하여야 할 것 입니다.

다. 직 접 증 거

집행기록 어느 부분에도 피신청인 8 에스○피 종합건설주식회사가 물건을 점유한 사실을 찾을 수 없습니다.

뿐만 아니라 피신청인 에스○피 종합건설주식회사 스스로도 어떤 유치물을 유치하고 있는지 주장하는 바가 전혀 없습니다.

다시 말씀드린다면 점유물은 전혀 없이 유치권을 주장하고 있는 것입니다.

실제로 십여 명의 유치권신고인들이 주장하는 바 이외에는 피신청인 에스ㅇ피 종합건설주식회사가 점유를 주장할 부분조차 존재할 수 없는 형편이기도 합니다.

결국 피신청인의 주장은 민법 제 320조 제 1항에서 규정과는 달리 점유물도 없이 유치권을 신고한 결론에 이르게 되므로 피신청인의 유치권권리신고는 유치권과는 별개로 그 성립여부는 알 수 없으나 단순한 채권의 신고로 판단하여야 할 것입니다.

피신청인은 점유를 주장하는 부분과 현실적으로 점유하고 있는 부분이 존재하지 않습니다.

즉 유치권이 점유를 필수로 하는 법정담보물권인 점을 간과하고 채권자 공동으로 상가 46호 오피스텔 175호실을 추가하여 공동으로 점유한다는 법리에 맞지 않는 주장을 하고 있습니다.

피신청인의 주장은 유치물이 없는 상태에서 유치권을 신고하였다는 결론에 이르게 됩니다.

이러한 피신청인의 주장은 유치권과 채권을 혼동하거나, 유치권의 법리를 오해한 주장이므로 이들에게 유치권이 성립할 이유가 존재하지 않는다고 할 것이며, 피신청인의 유치권 주장은 일고의 가치도 없다고 할 것입니다.

3. 결 어

피신청인은 유치권의 법리를 오해하여 유치권권리신고를 추가신고 내지는 확장신고를 하는 한편, 채권단을 형성하여 공동점유를 하고 있다고 주장하고 있습니다.

이는 위법된 점유이므로 피신청인에게는 유치권이 성립할 수 없다고 할 것입니다.

피신청인은 압류의 처분금지효가 저촉된 이후에 공사를 하였다고 추정되고 있으며, 점유에 대한 흔적은 집행관의 현황보고서는 물론 피신청인 스스로도 명확히 주장하지 못하고 있습니다.

피신청인은 민사집행법 제 91조 제 5항에서 규정한 유치권자가 아님은 명백하므로 피신청인을 심문하시어 민사집행법 제 136조 제 1항에 의거하여 피신청인에게 인도명령을 결정하시어 귀원 소속 집행관으로 하여금 별지목록기재부동산에서 피신청인의 점유를 풀고 신청인에게 인도하라는 취지의 명령을 하여 주시기 바랍니다.

2009. 1.   .

위 신청인   주식회사 삼일○앤씨

이사 최 ○ 옥

수원지방법원 안산지원 귀중

경락부동산 인도명령신청

사   건   2004 타경 18661 부동산임의경매 물건번호 51

신 청 인   주식회사 삼일○앤씨

부산시 연제구 거제동

피신청인   주식회사 바○종합디자인

서울시 서초구 서초동

신 청 취 지

1. 피신청인은 신청인에게 별지목록기재 부동산을 인도하라.
는 취지의 결정을 구합니다.

신 청 이 유

1. 사실관계

신청인은 별지목록기재부동산이 귀원 2004 타경 18661 부동산임의경매사건 진행 중 매각허
가결정을 받고 잔대금을 납부한 정당한 원시취득자입니다.
피신청인은 이사건 경매목적물에 대하여 유치권을 신고하였다고 주장하며 신청인에게 점유의
이전을 완강히 거부하고 있습니다.
그러나 피신청인의 유치권은 다음과 같은 사유로 성립할 수 없습니다.

2. 피신청인 주식회사 바○종합디자인이 유치권이 성립될 수 없는 이유

가. 압류의 효력발생 후 공사시작

집행기록을 보면 피신청인 바○디자인은 경매개시결정 이후인 2004. 6. 10.에 2층 스포
츠센타의 공사계약을 하였음이 스스로 신고한 유치권권리신고서로 명확합니다.(공사계약
서의 날짜는 7월입니다)이러한 주장은 현재의 모든 판례는 압류의 처분금지효가 발생한 이후
에 공사를 하였거나 점유를 이전 받은 경우 유치권의 성립을 부정하므로, 피신청인의 주장
은 유치권이 존재하지 않는다는 취지의 자백과 동일하다고 할 수 있을 것입니다.
 (대법원 2005 다22688 건물명도 2006 다22050사건의 판례)

나. 채권과 유치물과의 견련관계가 없음

피신청인 주식회사 바○종합디자인의 공사부분은 이 건물의 2층 수영장 등 스포츠시설에

대한 공사이므로 신청인이 매각허가결정을 받은 오피스텔과는 전혀 별개의 물건으로 신청인에 대하여서는 민법 제 320 조 제 1항에 규정한 그 물건에 관하여 생긴 채권이 아닌 것입니다.

즉 피신청의 유치권 신고는 채권의 견련관계가 없으므로 유치권을 주장할 수 없는 것입니다.

3. 결 어

피신청인은 유치권의 법리를 오해하여 유치권권리신고를 추가신고 내지는 확장신고를 하는 한편, 채권단을 형성하여 공동점유를 하고 있다고 주장하고 있습니다.

이는 위법된 점유이므로 피신청인에게는 유치권이 성립할 수 없다고 할 것입니다.

피신청인은 압류의 처분금지효가 저촉된 이후에 공사를 하였다고 자인하고 있으며, 공사를 하였다고 신고한 부분도 신청인은 물론 건물전체에 관하여 생긴 채권이 아니므로 본 경매사건과 아무런 견련관계가 있을 수 없습니다.

피신청인은 민사집행법 제 91조 제 5항에서 규정한 유치권자가 아님은 명백하므로 피신청인을 심문하시어 민사집행법 제 136조 제 1항에 의거하여 피신청인에게 인도명령을 결정하시어 귀원 소속 집행관으로 하여금 별지목록기재부동산에서 피신청인의 점유를 풀고 신청인에게 인도하라는 취지의 명령을 하여 주시기 바랍니다.

2009. 1.   .

위 신청인   주식회사 삼일○앤씨
이사 최 ○ 옥

수원지방법원 안산지원 귀중

경락부동산 인도명령신청

사　건　2004 타경 18661 부동산임의경매 물건번호 51

신 청 인　주식회사 삼일○앤씨
　　　　　　부산시 연제구 거제동

피신청인　주식회사 거 ○ 지
　　　　　　서울시 서초구 방배동

신 청 취 지

1. 피신청인은 신청인에게 별지목록기재 부동산을 인도하라.
는 취지의 결정을 구합니다.

신 청 이 유

1. 사실관계

신청인은 별지목록기재부동산이 귀원 2004 타경 18661 부동산임의경매사건 진행 중 매각허가결정을 받고 잔대금을 납부한 정당한 원시취득자입니다.

피신청인은 이사건 경매목적물에 대하여 유치권을 신고하였다고 주장하며 신청인에게 점유의 이전을 완강히 거부하고 있습니다.

그러나 피신청인의 유치권은 다음과 같은 사유로 성립할 수 없습니다.

2. 피신청인 주식회사 거○지에게 유치권이 성립될 수 없는 이유

가. 압류 후 공사시작

피신청인 주식회사 거○지도 역시 압류의 처분금지효가 시작된 이후 공사를 하였음이 피신청인 자신이 제출한 유치권권리신고서를 통하여 분명히 알 수 있으며,(공사의 준공일이 계약상 2004. 6. 10.) 이는 2006. 8. 25. 선고한 대법원 2006 다 22050 토지인도청구사건의 판례와 정면 위배되는 주장이며, 피신청인 주식회사 거○지의 유치권주장은 목적물의 교환가치를 감소시킬 우려만 있는 주장이며, 불법점유가 명확하므로 유치권의 성립 여지조차 없는 것입니다.

나. 채권과 유치물과의 견련관계가 없음

더불어 일부 오피스텔에 대하여 복층공사를 한 것으로 건물자체를 유익하게 하여 유익비의 채권이 있는 것은 아닙니다.
주식회사 거○지의 공사대금에 기한 유치권의 신고는 민법 제 320조에서 규정한 그 물건에 관하여 생긴 채권으로 인정하기도 곤란하며 적법한 점유를 하지 않았으므로 유치권의 성립이 인정될 수 없는 것입니다.

3. 결 어

피신청인은 유치권의 법리를 오해하여 유치권권리신고를 추가신고 내지는 확장신고를 하는한편, 채권단을 형성하여 공동점유를 하고 있다고 주장하고 있습니다.
이는 위법된 점유이므로 피신청인에게는 유치권이 성립할 수 없다고 할 것입니다.
피신청인은 압류의 처분금지효가 저촉된 이후에 공사를 하였다고 자인하고 있으며, 공사를 하였다고 신고한 부분도 신청인은 물론 건물전체에 관하여 생긴 채권이 아니므로 본 경매사건과 아무런 견련관계가 있을 수 없습니다.

피신청인은 민사집행법 제 91조 제 5항에서 규정한 유치권자가 아님은 명백하므로 피신청인을 심문하시어 민사집행법 제 136조 제 1항에 의거하여 피신청인에게 인도명령을 결정하시어 귀원 소속 집행관으로 하여금 별지목록기재부동산에서 피신청인의 점유를 풀고 신청인에게 인도하라는 취지의 명령을 하여 주시기 바랍니다.

2009.   1.   .

위 신청인   주식회사 삼일○앤씨

이사 최 ○ 옥

수원지방법원 안산지원 귀중

경락부동산 인도명령신청

사   건   2004 타경 18661 부동산임의경매 물건번호 51

신 청 인   주식회사 삼일○앤씨

부산시 연제구 거제동

피신청인   주식회사 임○토건

경기도 의왕시 삼동

신 청 취 지

1. 피신청인은 신청인에게 별지목록기재 부동산을 인도하라.

는 취지의 결정을 구합니다.

신 청 이 유

1. 사실관계

신청인은 별지목록기재부동산이 귀원 2004 타경 18661 부동산임의경매사건 진행 중 매각허가결정을 받고 잔대금을 납부한 정당한 원시취득자입니다.

피신청인은 이사건 경매목적물에 대하여 유치권을 신고하였다고 주장하며 신청인에게 점유의 이전을 완강히 거부하고 있습니다.

그러나 피신청인의 유치권은 다음과 같은 사유로 성립할 수 없습니다.

2. 피신청인 주식회사 임○토건이 유치권이 성립될 수 없는 이유

피신청인 임○토건의 경우 건물기초공사인 토공사와 가시설공사를 담당하였다고 스스로 진술하고 있으며, 공사가 끝난 후 무려 1년9개월여가 지난 후에도 공사대금을 지급받지 못하여 유치권신고 상당액의 공사대금을 담보하는 채권이 있다는 점은 공사현장의 관례로 보아 매우 희귀한 일로 피신청인의 주장의 신빙성이 결여되었다고 할 것입니다.

특히 피신청인 임○토건의 건설공사 하도급계약서를 살펴보면 2002. 8. 21. 사업자등록을 하여 사업을 시작하였으나, 건설공사의 착공일은 2002. 6.월로 되어 있음을 발견할 수 있습니다.

피신청인 임○토건의 하도급계약서는 변조되었던지 혹은 정상이 아닌 계약서로 피신청인의 공사사실까지도 충분히 의혹을 가질 수 있는 부분이라 하겠습니다.

피신청인은 신청인이 매수한 물건에 대하여서는 합법적인 점유를 취득하였다는 어떠한 증거도 제시하지 못하고 있습니다.

따라서 피신청인이 유치권을 주장한다는 것은 유치권의 법리를 오해한 주장임이 명백하므로 피신청인의 유치권주장은 이유가 없는 것입니다.

3. 결 어

피신청인은 유치권의 법리를 오해하여 유치권권리신고를 추가신고 내지는 확장신고를 하는 한편, 채권단을 형성하여 공동점유를 하고 있다고 주장하고 있습니다.

이는 위법된 점유이므로 피신청인에게는 유치권이 성립할 수 없다고 할 것입니다.

피신청인은 민사집행법 제 91조 제 5항에서 규정한 유치권자가 아님은 명백하므로 피신청인을 심문하시어 민사집행법 제 136조 제 1항에 의거하여 피신청인에게 인도명령을 결정하시어 귀원 소속 집행관으로 하여금 별지목록기재부동산에서 피신청인의 점유를 풀고 신청인에게 인도하라는 취지의 명령을 하여 주시기 바랍니다.

2009.   1.   .

위 신청인   주식회사 삼일○앤씨

이사 최 ○ 옥

수원지방법원 안산지원 귀중

6. 치열한 인도명령의 공방

나는 70세대를 전부 인도명령신청을 하였고, 심문기일이 정해져 인도명령심문 절차를 갖게 되었다.

14명이나 되는 유치권자들도 떼를 지어서 몰려왔다.

인도명령의 심문절차는 인도명령이 결정될지의 여부가 판가름 나는 자리이므로 대단히 긴장하지 않을 수 없었다.

심문절차를 설명하기 전에 나는 인도명령에 대한 준비서면을 경매법원에 제출했는데, 잠시 이해를 돕기 위해 내가 제출한 준비서면을 보는 것이 좋을 듯하다.

준 비 서 면

사　　건　2004 타경 18661 부동산강제경매
신 청 인　주식회사　삼일○앤씨

피신청인 1	주식회사 계○	피신청인 2	호 ○건설주식회사
피신청인 3	○도 에너지	피신청인 4	주식회사 대○이앤지
피신청인 5	다○건사	피신청인 6	권○옥,　최○일
피신청인 7	성○토건 주식회사	피신청인 8	에○피 종합건설주식회사
피신청인 9	마○영	피신청인10	바○디 자 인
피신청인11	주식회사 ○지	피신청인12	디자인○원

위 사건에 대하여 2004. 9. 9. 귀원에 유치권권리신고를 접수한 주식회사 계○을 비롯한 피신청인들에게는 매수인이 매수한 물건에 대하여서는 다음과 같은 사유로 유치권이 존재할 수 없으므로 피신청인들의 유치권권리를 배제하여 주시어서 신청인인 매수인이 이에 대한 인도집행 등에 불이익을 당하지 않도록 하여 주시기 바랍니다.

다　음

1. 피신청인 주식회사 계○에게 유치권이 성립될 수 없는 이유

가. 피신청인의 유치권에 기한 점유주장은 불법입니다.

피신청인은 스스로 법원에 제출한 유치권권리신고를 통하여 1층38호, 39호 및 5층 506호를 대물변제 받았으며 이 물건들을 점유하고 있다고 진술하였습니다.

신청인은 피신청인이 공사대금으로 대물변제를 받았다는 부분에 대하여서는 유치권의 존재여부 및 대물변제 예약의 완료 등에 관하여 논하지 않겠습니다.

그러나 피신청인은 2007. 6. 25. 접수한 유치권변경신고를 통하여 신청인이 매각허가결정을 받은 물건번호 80번(421호)에 대하여 2005. 10. 4. 자로 점유한다는 취지의 변경신고서를 제출하였습니다.

대체 우리나라의 민법 중, 유치권을 확장하여 점유한다는 논리가 대체 어디서 나온 것인지 신청인은 이해할 수 없는 부분이며, 결국 피신청인은 아무런 점유의 권원 없이 불법으로 점유한다는 취지로 판단하여야 할 것입니다.

피신청인의 이러한 행위는 민법 제320조 제 2항에서 규정한 바와 같이 불법점유는 유치권이 성립될 수 없으므로 신청인이 매수한 물건번호 80번에 대하여서는 피신청인에게 유치권이 성립될 수 없는 것입니다.

나. 피신청인의 점유주장은 압류의 처분금지효에 저촉됩니다.

2005. 10. 4.부터 점유를 개시하였다는 피신청인의 주장은 2004. 5. 24. 경매개시결정이 기입등기되므로 압류의 처분금지효가 발생한 이후 점유를 개시하였다는 주장이며 이는 스스로 불법점유를 인정한 것이므로 이점 역시 불법점유자에게는 유치권이 성립될 수 없는 것입니다.

다. 유치권이라는 미명아래 행해지는 피신청인의 불법행위

피신청인은 진정한 유치권자가 아니며, 자신이 대물변제 받지 아니한 물건에 대하여서도

돈을 받고 합의서를 작성하여 유치권을 포기하는 문서를 법원에 제출하는 등 불법행위를 하는가 하면, 유치권을 빙자하여 50세대를 매입하여 임대한 가정주부를 폭력배를 고용하여 세입자를 쫓아내는 방법으로 자살에 이르게 하는 등, 유치권을 빙자하여 온갖 불법행위를 저지르고 있습니다.

2. 피신청인 2 호○건설주식회사와 피신청인 3○도○에너지 및 피 신청인 4 주식회사 대○이앤지의 유치권 부존재 이유

가. 피신청인 2호○건설주식회사는 경매개시결정이 기입등기된 이후인 2004. 9. 1.부터 두 건의 물건에 대하여 점유를 개시한다고 유치권신고를 통하여 진술하였으나, 피신청인이 점유하고 있던 부분은 대물변제 받은 303호 한 물건에 불과하므로 인정될 수 없는 것이며, 이후 2007. 7. 12. 접수된 유치권변경신고서를 통하여 추가로 유치권을 확장한다는 위법된 취지의 추가신고를 하였습니다.

나. 피신청인 3○도○에너지 역시 2004. 9. 21.부터 점유를 개시한다고 유치권신고서를 통하여 진술하였음은 집행기록상 분명합니다.

그러나 ○도에너지 역시 118호와 417호를 대물변제 받아서 점유를 개시하였다고 추정할 수 있으나 나머지 부동산에 관하여서는 점유가 수반되지 않았으므로 적법한 유치물이 없는 상태에서 유치권을 신고하였다고 할 것이므로 매수인인 신청인에게 매각허가결정이 된 물건에 대하여서는 유치권의 성립여부를 논할 수 없을 것입니다.

다. 피신청인 4 주식회사 대○이앤지도 대물변제를 받은 5개호의 물건에 대하여 유치권을 신고하였으나 2007. 6. 25. 유치권변경, 확장신고를 통하여 매수인이 매각허가결정을 받은 물건을 포함하여 144개의 물건에 대하여 추가로 유치권을 확장한다는 취지로, 집행법원에 통보하여 유치권을 주장하는 어처구니없는 억지를 부리고 있는 것입니다.

특히 피신청인 4 주식회사 대○이앤지의 공사부분은 이 건물의 2층 수영장 등 스포츠시설에 대한 공사이므로 신청인이 매각허가결정을 받은 오피스텔과는 전혀 별개의 물건으로 신청인에 대하여서는 민법 제 320 조 제 1항에 규정한 채권의 견련관계가 없으므로 유치권을 주장할 수 없는 것입니다.

또 피신청인의 공사도급계약서는 2004. 7. 월에 작성된 것으로 2004. 5. 24. 경매개시 결정이 기입등기되어 압류의 처분금지효가 발생한 이후에 공사를 하였음이 명확하므로 2006. 8. 25. 선고한 대법원 2006 다 22050 토지인도청구사건의 판례와 정면 위배되는 주장이며, 피신청인4 주식회사 대○이앤지의 유치권주장은 목적물의 교환가치를 감소시킬 우려만 있는 주장이며, 불법점유가 명확하므로 유치권의 성립 여지조차 없는 것입니다.

라. 소 결

이들의 행위는 유치권의 법리를 오해하므로 기인되었다고 판단하여야 하며, 경매개시결정으로 인하여 압류의 처분금지효가 시작된 이후에 억지로 점유를 개시함에 대하여 대법원의 판례는 민법 제 320조 2항을 원용하여 불법점유라고 규정하고 있으므로 피신청인 2, 3, 4,에 대하여서는 유치권이 성립될 수 없는 것입니다.

3. 피신청인10 바○디자인, 피신청인11 주식회사 거○지의 유치권 부존재 이유

가. 집행기록을 보면 피신청인10 바○디자인은 경매개시결정 이후인 2004. 6. 10.에 2층 스포츠센타의 공사계약을 하였음이 스스로 신고한 유치권권리신고서로 명확합니다.

이러한 주장은 현재의 모든 판례는 압류의 처분금지효가 발생한 이후의 공사를 하였거나 점유를 이전 받은 경우 유치권의 성립을 부정하므로, 피신청인의 주장은 유치권이 존재하지 않는다는 취지의 자백과 동일하다고 할 수 있을 것입니다.

나. 피신청인11 주식회사 거○지도 역시 압류의 처분금지효가 시작된 이후 공사를 하였음이 유치권권리신고서를 통하여 분명히 알 수 있으며,(공사의 준공일이 계약서상 2004. 6. 10.) 더불어 일부 오피스텔에 대하여 복층공사를 한 것으로 건물자체를 유익하게 하여 유익비의 채권이 있는 것은 아닙니다.

결국 이들의 주장은 그 물건에 관하여 생긴 채권으로 인정하기도 곤란하며 적법한 점유를 하지 않았으므로 유치권의 성립이 인정될 수 없는 것입니다.

4. 결 어

유치권을 주장하는 피신청인들의 주장취지와는 달리 이들은 유치물이 없이 유치권을 주장하였다는 결론을 갖게 됨은 이들이 주장한 유치권권리신고서를 통하여 명백히 알 수 있습니다.

적어도 신청인이 매수한 부분에 대하여서 이들이 경매개시결정이 기입등기되므로 압류의 효력이 발생하기 전에 피신청인들이 점유를 취득하였다는 흔적은 찾을 수 없습니다.

그러므로 피신청인들의 유치권권리신고는 피신청인들이 유치권의 법리를 오해하였음에 기인했음을 스스로 부인할 수 없을 것입니다.

더 나아가 피신청인들은 이미 경매개시결정으로 경매가 진행 중임에도 공사를 진행하였다는 취지의 주장을 하고 있음은 참으로 놀라지 않을 수 없는 대목입니다.

2005. 6. 10. 접수한 데코스포텔 협력업체 채권단협의회 회장 최ㅇ일이 건물점유신고서에 의하면 2004. 8. 24.부터 채권단협의회를 구성하여 전 건물을 점유, 관리하고 있다는 신고를 하였습니다.

피신청인들은 법정담보물권인 유치권이 법률적인 정함에 아무런 제한 없이 피신청인들 임의로 확장되거나 축소된다는 판단을 하여, 경매개시결정이 되어 압류의 처분금지효가 진행되는 중에도 피신청인들 임의로 점유를 확장하는 불법을 저질렀습니다.

이는 민법 제 320조제2항에서 규정한 불법점유가 명확하며, 동조는 불법점유자에게는 유치권이 성립될 수 없다는 규정을 확실히 하였습니다.

피신청인들은 대물변제 등의 방법으로 피신청인들의 공사대금을 이미 지급 받았으며 건설기본법에 의하여서도 이들은 유치권을 주장할 수급인의 위치에 있지 못한 반면, 스스로 취득하지도 못한 유치권을 빙자하여 폭력을 휘둘러 전 재산을 들여 임대사업을 목적으로 오피스텔을 분양받은 수분양자의 임차인을 내쫓는 방법으로 결국은 수분양자를 자살하도록 궁지에 몰아넣는 용서 받을 수 없는 악행을 저지르고도 아직도 유치권을 주장하며 신청인의 매수부동산에 대한 인도를 거절하고 있음은 심히 유감스러운 일이며 피신청인들에게 법의 준엄함과 유치권의 법리를 제대로 알 수 있게 하여야 하며, 우리의 법은 불법행위로부터 국민을 보호한다는 정신을 저들도 알아야 할 것입니다.

아울러 피신청인들의 위법행위로 선량한 신청인이 법률적인 절차에서 추호의 불이익도 당해서는 안 되겠다는 취지로 매수인은 준비서면을 제출하지 않을 수 없는 것입니다.

2009. 1.   .

위 신청인   주식회사 삼일○앤씨

이사 최 ○ 옥

수원지방법원 안산지원 귀중

[또 다른 형태의 준비서면]

준 비 서 면

사　건　　2009 타기 71 경락부동산인도명령

　　　　　　원사건 2004 타경 18661 부동산강제경매 물건번호 51

신 청 인　　주식회사 삼일○앤씨

피신청인　　주식회사 대○이엔지

위 사건에 대하여 신청인은 다음과 같이 준비서면을 제출합니다.

다　　　　음

1. 피신청인이 과연 어떤 공사를 하였는지 대하여

피신청인은 집행법원에 유치권권리신고를 하면서 집행기록에서 보는 바와 같이 건설공사하도 급계약서에 기재된 계약일자는 2002. 12. 10.입니다.

반면 피신청인의 법인설립등기일은 2003. 4. 3.임이 법인등기부를 보면 알 수 있습니다.

이는 피신청인의 주장과는 달리 피신청인은 기계, 설비, 닥트 등의 공사는 한 사실이 없다는 점이 입증이 되는 것으로 피신청인은 수영장공사를 압류의 처분금지효가 발생한 이후에 진행 하였다고 판단할 수밖에 없는 것입니다.

피신청인도 2009 타기 816호 부동산인도명령사건의 준비서면을 통하여 피신청인 스스로 경 매개시결정 이후에 공사를 진행하였음을 인정하고 있습니다.

사실이 위와 같으므로 피신청인은 압류의 처분금지효가 발생한 이후의 공사대금을 담보하는 채권이 발생한 것으로 집행법원에 유치권을 신고하였다는 결론에 이르게 됩니다.

2. 피신청인의 점유에 대하여

피신청인은 채권단협의회의 일원으로 여타 유치권을 신고한 14명과 더불어 점유를 확장하 였음은 채권단신고서에 2004. 8. 20. 피신청인의 대표이사 송○호가 감사로 선임되었고, 2004. 9월경 점유를 확장하였다는 취지의 유치권권리신고서를 제출하였음으로 판단한다면, 피신청인이 에스○피종합건설의 간접점유자로써 점유를 확장하였다는 취지의 주장은 이들이 서로 통정하여 신청인의 인도집행을 피하기 위한 방책의 변명에 불과하며 자신을 합리화시키 기 위한 주장에 지나지 않는 것입니다.

3. 결   어

피신청인은 2002. 12. 10. 공사하도급계약을 체결하면서 공사의 시작은 2002. 6월부터 하 였고, 법인의 설립은 2003. 4. 3.일자로 하였다는 취지의 공사도급계약서를 집행법원에 제출 하면서 과연 피신청인의 거꾸로 가는 주장을 믿어야 하며, 피신청인이 공사를 하였는지에 대하여 의구심이 없을 수 없는 것입니다.

더욱이 피신청인의 주장에 따른다 해도 피신청인은 경매개시결정이 기입등기되어 압류의 처분금지효가 발생한 이후 점유를 이전 받고 이에 관한 공사등을 시행하므로써, 채무자에 대한 공사대금채권 및 이를 피담보채권으로 한 유치권을 취득한 경우 이러한 점유의 이전은 목적물의 교환가치를 감소시킬 우려가 있는 처분행위에 해당하여 민사집행법 제 92조 제1항, 제 83조 제 4항에 따른 압류의 처분금지효에 저촉되므로 위와 같은 경위로 부동산을 점유한 채권자로서는 이 유치권을 내세워 그 부동산에 관한 경매절차의 매수인에게 대항할 수 없다고 판시한 대법원 2006. 8. 25. 선고한 2006 다22050 판결에 비추어 본다면 피신청인의 주장은 유치권이 성립될 수 없는 것입니다.

또한 피신청인도 채권단협의회와 더불어 유치권을 확장한다는 취지로 압류의 처분금지효 이후 점유를 확장하였음이 명백하므로 피신청인에 대한 유치권은 부존재하므로, 피신청인을 민사집행법 제 91조 제 5항의 유치권자로 판단하여서는 아니 될 것입니다.

따라서 피신청인에게는 민사집행법 제 136조에 의한 인도명령이 결정되어야 할 것입니다.

2009.   3.   .

위 신청인   주식회사 삼일○앤씨

이사 최 ○ 옥

수원지방법원 안산지원 민사신청과 귀중

치열한 법리논쟁의 준비서면이므로 일부만 발췌하여 실었으나, 이 준비서면을 발췌한 것만으로도 진정한 유치권이 성립되려면 어떻게 하는 것인지를 파악할 수 있을 것이다.

인도명령의 심문과정에서 우리 낙찰인의 강력한 주장인 점유를 고무줄처럼 확장하는 것이 과연 옳은가 하는 부분에 대하여서는 담당판사 또한 있을 수 없는 불법이라고 규정하였다.

유치권에서 점유를 불법으로 하였다면 민법 제320조 제2항에 의거하여 유치권은 소멸한다. 민법 제320조 제 2항은 '점유가 불법인 경우에는 유치권이 성립될 수 없다.' 라고 명백하게 규정하고 있기 때문이다.

결국 73세대에 13여 명에 이르는 유치권자들에게는 전부 인도명령이 결정되었고, 나는 한꺼번에 유치권자에 대한 인도명령결정문만 무려 1,000장을 받게 되었다.

7. 정리과정

나는 허위 유치권자들은 별로 좋아하지 않는다. 또 이런 사람들과 친하게 지내고 싶은 생각도 전혀 없다.

나 뿐만이 아니라 아마도 대부분 허위 유치권자들을 좋아하지 않을 것이다. 그러나 개중에는 실제 공사를 하고 공사대금을 받지 못하고 손해를 입은 사람들도 있게 마련이다. 그러므로 인도명령을 결정 받았다고 해서 무조건 집행하는 것이 결코 바람직하지는 않다.

유치권자들 13~4명에게 전부 인도명령을 받은 이유가 있다. 가령 303호를 집행하는데 A라는 유치권자에게는 결정문을 받았지만, 집행관이 가서보니 B가 점유를 하고 있는 경우까지 염두에 두었기 때문이다.

그렇다 해도 어느 정도 인정해 둘 것은 두어야 하는 법이다. 따라서 인도명령을 받은 후 합의가 되는 것은 합의를 하도록 하였고, 집행이 불가피한 경우에는 집행을 할 수밖에 없었다.

이 오피스텔을 파는 우리 회원들도 싸게는 5,500만원씩 매각한 사람도 있으며,

8,000만원에 부가세를 별도로 받은 사람들이 있는 등, 각자의 능력대로 재주껏 매각했다. 또한 일부는 월세를 주고 가지고 있는 사람도 있으며, 2,000만원에 낙찰 받은 오피스텔을 5,000만원에 전세를 주고 있는 사람도 있다.

지금까지 오피스텔의 공사대금 유치권을 없애는 경우를, 내가 법원에 제출한 실제의 서류로 설명해 보았다.

지금은 이 오피스텔의 시세가 최저 8,500만원에서 1억 2~3,000만원에 이르고 있다. 유치권을 이용하여 성공적인 투자를 한 케이스다.

이러니 부동산경매사건에서 유치권을 신고한 사람들에 대하여 우리는 진지하고도 깊은 감사를 드려야 할 것이라는 생각이 든다.

목욕탕의 유치권을
너무 간단하게 없앴다.

수원 팔달구 우만동 ○○아파트 지하상가 약 500평(실평수)의 ○○목욕탕은 감정평가액만 26억 3,300만원이었다.

그런데 소위 유치권자라고 하는 고마운 분들이 무려 19억 6,000만원의 유치권을 신고하여 최저매각가격이 5억원 정도로 떨어져도, 일반인들은 그놈의 유치권 때문에 별로 관심이 없었다.

나는 이 목욕탕을 둘러보기로 했는데, 출입문이 굳게 닫혀 있어서 그 안에 들어가 보지 못하여 답답하던 중이었다. 마침 열쇠를 상가 관리소장이 들고 있다는 말을 듣고, 관리소장에게 부탁하여 출입문을 열어 보았다. 그런데 내부를 둘러보고는 깜짝 놀라지 않을 수 없었다. 완전히 새 단장을 한 새 목욕탕이었던 것이다.

내가 주변에 수소문한 결과, 목욕탕을 수리하고 한 달 밖에 장사를 못하고 코너의 이중임대 문제와 공사비 회수 문제로 가스대금까지도 못주는 사태가 발생하여 문을 닫았다는 것이다.

1. 영업전망

주변에 대형 찜질방이 두 곳이 더 있지만, 다행히 아주대학교와 비교적 가까웠다.

또 주변에 온통 원룸텔과 고시원 들이 즐비하며 빌라들이 제법 많이 있는 편이었으며, 특히 지하수도 개발되어 있었다. (목욕탕영업에서 지하수의 개발은 대단히 중요하며, 매달 수도요금이 6~700만원 절약된다.)

그 정도면 겨울에는 하루 평균 600명 정도는 들어올 수 있다.

여러모로 판단하여 보더라도 연매출이 9억원 정도는 가능하다는 결론이 나온다.

목욕탕과 찜질방의 영업에 대한 나의 판단은 바깥에서 대충 보기만 해도 놀랄만큼 정확하다. 가령 지금 우리 회사가 운영하는 수원 정자동의 금강산불가마랜드의 경우 2007년 12월 현장답사를 갔던 겨울에는 평균 700명 정도 목욕하러 오겠구나 했는데 2008년 겨울 월평균 750명이었다. 그 다음해 겨울에는 800명 정도 되는 것 같았으며, 지난 1년 동안 세무서에 신고한 매출이 약12억원 정도였다.

○○목욕탕의 경우에도 낙찰가액이 너무 많이 떨어졌으므로, 가격대비 영업 이익 가능성이 높다. 결국 상당한 수익을 가져다 줄 것이다.

그런데 목욕탕, 찜질방에 대하여서는 영업을 잘해서 돈을 벌 생각을 해야지, 단기매매를 하여 그 차익을 얻으려고 하면 실패하기 쉽다.

지상에 단독으로 목욕탕을 운영하는 경우 땅값, 건물값만 가지고 계산해야지 투자된 시설비를 받기는 어려울 것이며, 특히 그나마도 30억원이 넘는 경우에는 거의 거래가 실종되었다고 판단된다.

왜냐하면 동네 목욕탕이 찜질방의 대형화추세에 따라가지 못하여 문을 닫으니, 국민들의 인식이 목욕탕은 아주 망하는 사양산업이라고 생각하기 때문이다.

2. 유치권의 문제

가. 유치권 신고인에 대한 조사

이번에는 20억원에 가까운 유치권신고에 대한 조사를 철저히 해 보았다.

여러 라인을 통해 조사해 보니 가장 신고금액이 많은 12억원을 신고한 사람은 실제 경매를 당하는 소유자이고, 공사를 하면서 공사대금 5,000만원을 못 받았다고 경찰에 고소한 사람이 2억원을 신고했고, 나머지 다소의 물품대금을 제외하면 대부분 허위 유치권이었다.

나. 전혀 점유가 없다.

현장 답사를 하면서 유치권은 잔뜩 신고해 놓고 왜 점유는 하지 않고 있는지 의문을 가지지 않을 수 없었다.

나는 대법원 2005다 22688 건물명도사건의 판결문이 유치권에 대하여서는 금세기 들어 가장 우수한 판례가 아닌가 생각한다.

이 판례 이후부터는 경매를 하는 법원에서 경매개시결정 당시부터 점유를 하지 않고 유치권을 신고한 경우는 대부분 유치권자로 인정해 주지 않기 때문이다.

여러 곳에서 소문을 들으니 공사업자들은 소유자(명의만 소유자임)에게 쫓겨났다고 했다.

소유자는 자기와 상관없는 사람들이 유치권을 신고한다며, 점유를 개시하니 상당히 불안하고 못마땅하게 여긴 듯했다.

그런데 점유를 하지 않으면 결국 유치권은 성립될 수 없으니, 이 목욕탕의 20억원이라는 유치권은 실제 성립할 수 없는 것이다.

3. 유치권을 어떻게 속전속결로 해결할 것인가?

가. 시간이 돈이다.

유치권이 없다하더라도 이를 해결하기 위해 명도소송을 하는 등 시간을 낭비한다면 시설은 낡아지고 사람은 진이 빠지게 된다.

빨리빨리 해결하고 영업을 해서 돈을 벌어야 한다. 그렇다면 가장 빠른 방법은 무엇일까?

이 사건의 2순위 채권자인 새마을금고는 다소 안달이 났다.

지금 이 부동산이 매각되지 않으면 채권회수가 어렵게 될 전망이므로 담당직원은 속이 좀 타는 것 같았다. 어차피 목욕탕은 비어 있지만 낙찰 받고 잔대금을 내고 나면 벌떼처럼 몰려 올 것이니 보통 귀찮은 일이 아니다.

이 경우 최선의 방법은 경락부동산인도명령을 신속히 받아서, 유치권을 주장하는 친구들이 떼를 지어 몰려와도 집행을 하는 것이다.

나는 유치권자들 대부분에게 전부 인도명령을 통하여 점유를 이전 받았다.

명도소송을 통해서는 제 아무리 유치권이 신고되어 있는 부동산을 유치권 덕분에 싸게 낙찰 받아도 이익이 발생하기 어렵다.

특히 경매에서는 시간이 돈이다. 빨리 인도를 받아서 빨리 팔아야 자금회전도 되는 것 아닌가!

그래서 나는 2순위 저당권자인 노○ 새마을금고에 제안을 하였다.

나. 근저당권자가 점유를 해 주세요

나는 이미 낙찰 받기 전에 새마을금고 측에 비용은 내가 제공할 터이니, 새마을금고 측에서 경비용역업체에 경비용역을 의뢰하여 낙찰인이 잔금을 납부할 때까지 유치권자나 혹 전 소유자도 출입을 할 수 없게 지켜 달라고 제의를 했다. 그리고 이 사실에 기한 유치권권리배제신청을 해 줄 것을 요구하였고, 새마을금고에서는 그렇게 하겠다는 응답을 받았다.

최고가 매수신고인이 된 그 날부터 새마을금고에서 경비용역을 의뢰한 업체에서 철통같은 경비를 서게 되었고, 그 다음날 다음과 같은 유치권권리배제신청서를 만들어서 채권자가 수원지방법원에 제출하도록 하였다.

유치권 권리배제 신청서

사　건　2008 타경 2xxx5 부동산임의경매
채 권 자　이○수
채 무 자　김○희

신 청 취 지

위 사건에 대하여 근저당권자인 신청인은 다음의 유치권권리신고인들에 대하여 경매절차상의
유치권자로써의 권리를 배제하여 주실 것을 신청합니다.

유치권신고인들

1. 김○준　　　　　　　2. (주)대○이앤지
3. 이○정　　　　　　　4. 대○테크방재
5. (주)에○더블유디자인　6. 삼○종합건설(주)
7. (주)큐○스　　　　　8. 신○옥
9. 전○용　　　　　　　10. 손○옥

신 청 이 유

1. 유치물이 없는 유치권 주장

1) 현황조사 시 점유의 부재

　집행법원에 유치권자로 권리신고한 이들 10명은 어느 누구도 유치물인 경기도 수원시 팔

달구 우만동 98 외 1필지, 선경아파트 101동 상가지하층 101호,102호 SK목욕탕을 점유한 사실이 없으며 현재도 점유를 하고 있지 않습니다.

수원지방법원 소속집행관이 2008. 6. 19. 및 같은 해 6. 24. 2회에 걸쳐 현황조사차 갔으나, 폐문부재로 목욕탕 문은 잠겨져 있었으며 점유자가 아무도 없었다는 사실을 집행기록을 통하여 알 수 있습니다.

경매개시결정의 기입등기로 압류의 처분금지효가 발생할 때 유치권을 신고한 이들은 아무도 이 사건 부동산인 목욕탕을 점유하지 않았으므로 유치권을 주장할 수 없는 것입니다.

2) 현재도 일체의 점유행위가 없습니다.

현재는 근저당권자인 신청인이 한○종합경비용역회사에 이 목욕탕의 경비를 의뢰하여 경비원 두 사람이 이 목욕탕을 지키고 있습니다.

신청인은 이사건의 2순위 채권의 근저당권자로써 만약 허위로 유치권을 주장하는 피신청인들이 목욕탕에 난입하여 기물을 파손하거나 보일러 등 중요한 기계설비를 훼손시킬 우려가 높으며, 만약 이런 상황이 발생하여 기계와 시설이 훼손되는 경우, 매수인의 감액신청이 당연할 것이기 때문에 신청인은 이를 미연에 방지하기 위하여 신청인의 비용으로 경비를 세우고 있으나, 현재는 신청인 외에 아무도 점유자가 없는 상태입니다.

피신청인들은 전혀 점유를 하지 않고 있으면서, 민사집행법 제 91조 제 5항에서 규정한 유치권자의 지위를 가지려고 법을 악용하고 있을 따름입니다.

2. 유치권이 성립될 수 없는 공사계약서

피신청인들이 집행법원에 유치권 권리신고를 하면서 제시한 공사계약서의 도급인은 이 사건 부동산의 소유자인 김 ○희가 아니라 제 3자인 김 ○호임을 알 수 있습니다.

이는 민법 제 320조 제 1항에서 규정한 타인의 물건을 점유한 자는 그 물건에 관하여 생긴 채권이 변제기에 있을 때 이를 변제 받을 때까지 유치할 수 있는

권리로 유치권을 인정하고 있으나, 이들이 김 ○호와 공사도급계약을 체결하였으며 김 ○호는 물건의 소유자가 아니므로, 그 물건에 관하여 생긴 채권이라고 할 수 없으므로 피신청인들이

주장하는 유치권은 성립될 수 없는 것입니다.

3. 결 어

신청인은 지역주민들의 주머니 돈에 의하여 운영되는 특별법인입니다.

전부 허위로 유치권을 신고한 피신청인들이 이 사건 목욕탕이 매각된 이후 점유를 개시하여 목욕탕 시설을 훼손 혹은 시설물을 파괴할 가능성이 상당하며, 이럴 경우 지역 주민들의 손실이 발생할 수밖에 없게 됩니다.

따라서 모든 경매절차에서 피신청인들의 유치권 주장을 배제하여 주시기를 바라며 본 신청서를 제출하는 것입니다.

증 거 서 류

1. 신청인과 한○종합경비주식회사와의 경비용역계약서 사본 1
2. 현재 목욕탕의 점유자가 없는 현황사진 1
3. 경비원들의 신분증 사본

2009. 9.   .

위 신청인(근저당권자)   노○ 새마을금고

이사장 ○ ○ ○

수원지방법원 경매 11계 귀중

4. 정리단계

가. 대출이 안 되어 애를 먹다.

나는 유치권이 신고된 부동산을 낙찰 받을 때에는 사전에 미리 금융기관과 충분한 협의를 하여 대출을 약속 받은 후에 진행하였다.

그러나 이 사건은 애초부터 대출에 제동이 심하게 걸려 있었고, 20군데에 이르는 금융기관과 협의를 했으나 결국 대출을 받지 못하였다.

이 때문에 상당한 어려움을 겪지 않을 수 없었고, 다른 자금을 이용하여 잔대금을 납부할 수밖에 없었다.

나. 유치권 신고인들에 대한 인도명령

예측과 전혀 다르지 않게 유치권을 신고한 사람들은 매각허가결정이 될 무렵부터 목욕탕에 모여들기 시작했다.

이미 예측한 일이므로 걱정할 것은 아니었다. 경비원들과 유치권자들이 서로 목욕탕 입구에서 유치권자에 대한 인도명령이 결정되어 송달되고 집행이 끝날 때까지 두 달 동안 경비를 서는 진풍경이 벌어지게 되었다.

유치권자라고는 하지만 경매개시결정 당시부터 점유도 하지 않았고, 점유는 근저당권자가 시설보호를 위하여 경비용역업체에 의뢰하여 용역엽체가 점유를 하고 있는 것이 확실하므로 경매법원에서는 인도명령결정을 하지 않을 수 없었던 것이다.

배당기일이 지나자마자 유치권자들에 대한 인도명령도 전부 결정되고 송달되었으며, 송달불능이 된 유치권자에게는 공시송달이 이루어졌다.

그러나 집행관실에서 문제가 발생하였다.

유치권자에 대한 인도명령의 집행은 아직 해보지 못하였으므로 연구를 해봐야 겠다는 엉뚱한 소리를 하며 계고만 하고 집행을 하지 않았다.

집행관은 의사를 결정하는 기관은 아니다.

법원에서 인도명령을 결정하면 그대로 집행하면 되는 것인데 집행관이 무엇을 연구한다는 말씀인가?

결국 나는 집행관에게 계고 자체의 부당성과 집행을 조속히 하기 위한 최고장 을 보내지 않을 수 없었다.

원래 인도집행에서 계고절차라는 용어는 법률적으로는 존재하지 않는다.

'가정 살림살이를 집행하는 경우 인간적인 측면에서 이사 갈 집을 마련하기 위하 여 잠시 시간을 주는 것이 계고절차이나, 법률에는 계고절차가 존재하지 않으며, 이렇게 빈 상업용 건물에 계고기간을 주는 것은 이유가 될 수 없다'는 취지이다.

유치권자는 강력한 법이라는 최고의 강적을 이기지 못하고 결국 물러날 수밖에 없었다. 나는 이런 허위 유치권자들을 아주 밉게 생각한다.

잘 알지도 못하는 유치권을 가지고 경매하는 사람들 등을 치려고 달려드는 허 황된 사람들이다. 변호사와 짜듯 해서 유치권을 조직적으로 하는 사람들조차도 이기는 나에게 처음에는 10억만 주면 합의를 해주겠다고 기세등등했으나, 결국 진실이 아닌 것은 성립될 수 없음이 입증되었다.

그들은 스스로 허무하게 목욕탕 앞 계단의 점유를 마감하고 물러서는 것 말고 는 도리가 없었다.

많은 사람들이 남의 불행을 이용하려 한다.

이 목욕탕의 유치권을 주장하는 사람들은 실제 몇천만원 남은 공사대금 미납 명목으로 전 소유자를 사기로 고소하였고, 경매법원에는 열배 정도를 부풀려서 유치권권리신고를 하는 하이에나 같은 악질들이다.

나는 공사업자들이 가급적이면 공사대금의 일부를 못 받았다고 하여 형사고소를 남발하고(실제 형사고소사건에서도 공사대금 절반 이상을 받았으면 고소가 성립되기 어렵다.) 허위유치권을 신고하는 것은 문제가 있다고 본다. 서로 협력하여 일단 장사가 잘되게 하는 등 자신이 공사한 물건의 가치를 높이는 일을 하면서 공사대금을 회수할 기회를 찾는 것이 옳지 않을까 생각한다.

5. 경매사건을 끝낸 인도명령신청

이 사건에서는 임차인에 대한 인도명령신청과 유치권자에 대한 인도명령신청을 따로 하게 되었다.

임차인에 대한 인도명령에서는 임차인들이 대항력이 없다는 점을 부각시키면 충분했다. 하지만 전 소유자가 경매를 통하여 제3자에게 소유권을 이전시키고 스스로 유치권자가 되어서 9억원이 넘는 유치권을 주장하는 사정으로 봐서 유치권의 심각성이 인식되어야 하며, 여기에 상응한 인도명령신청을 하여야 하는 것이 당연한 일이다.

임차인과 유치권자의 인도명령신청서를 보도록 하자.

① 소유자에 대한 인도명령신청서

경락부동산 인도명령신청

사　　건　　2008 타경 28785 부동산임의경매

신 청 인　　주식회사 와○알 컨설팅
　　　　　　서울시 양천구 신정동
　　　　　　대표이사　임 ○ 란

피신청인　　김 ○ 희
　　　　　　광주시 북구 운암동

신 청 취 지

1. 피신청인은 신청인에게 별지목록기재부동산을 인도하라.
는 취지의 결정을 하여 주시기 바랍니다

신 청 이 유

1. 별지목록기재부동산이 귀원 2008타경 28785호 부동산임의경매사건에 계류 중, 신청인은 경매에 응찰하여 매수인의 지위를 얻었고, 2009. 10. 29. 매각대금 전액을 납부하여 정당한 원시취득자가 되었습니다.

2. 피신청인은 위 경매사건의 채무자 겸 소유자로 신청인의 정당한 부동산인도요구를 불응하

고 있으므로 신청인은 부득이 경락부동산인도명령을 신청하오니 귀원 소속 집행관으로 하여금 별지목록기재부동산의 점유를 풀고 신청인에게 인도하라는 취지의 결정을 하여 주시옵기 바라는 것입니다.

2009. 9. 29.

위 신청인   주식회사 와○알 컨설팅

대표이사 임 ○ 란

수원지방법원 경매 11계 귀중

② 대항력이 없는 임차인의 인도명령신청서

경락부동산 인도명령신청

사   건   2008 타경 28785 부동산임의경매

신 청 인   주식회사 와이알 컨설팅
　　　　　 서울시 양천구 신정동
　　　　　 대표이사   임 ○ 란

피신청인   김 ○ 자
　　　　　 경기도 의정부시 민락동

신 청 취 지

1. 피신청인은 신청인에게 별지목록기재부동산을 인도하라.

는 취지의 결정을 하여 주시기 바랍니다.

신 청 이 유

1. 별지목록기재부동산이 귀원 2008타경 28785호 부동산임의경매사건에 계류 중, 신청인
   은 경매에 응찰하여 매수인의 지위를 얻었고, 2009. 10. 29. 매각대금 전액을 납부하여
   정당한 원시취득자가 되었습니다.

2. 피신청은 별지목록기재부동산의 임차인이나 근저당권설정이후부터 영업을 시작한 대항력
   이 없는 임차인으로 신청인의 정당한 점유인도요구에 대하여 아무런 정당한 이유 없이 불
   응하며, 인도를 거부하므로 부득이 경락부동산에 대한 인도명령을 신청하오니 귀원 소속
   집행관으로 하여금 별지목록기재부동산의 점유를 풀고 신청인에게 인도하라는 취지의 결
   정을 하여 주시옵기 바라는 것입니다.

2009. 9. 29.

위 신청인   주식회사 와○알 컨설팅

대표이사 임 ○ 란

수원지방법원 경매 11계 귀중

③ 사업자등록이 없는 임차인에 대하여 배당기일 이전에 인도명령결정을 구하는 인도명령신청서

경락부동산 인도명령신청

사　　건　　2008 타경 28785 부동산임의경매

신 청 인　　주식회사 와○알 컨설팅
　　　　　　서울시 양천구 신정동
　　　　　　대표이사　임 ○ 란

피신청인　박 ○ 분
　　　　　　서울시 강동구 길동

신 청 취 지

1. 피신청인은 신청인에게 별지목록기재부동산을 인도하라.
는 취지의 결정을 하여 주시기 바랍니다.

신 청 이 유

1. 별지목록기재부동산이 귀원 2008타경 28785호 부동산임의경매사건에 계류 중, 신청인은 경매에 응찰하여 매수인의 지위를 얻었고, 2009. 10. 29. 매각대금 전액을 납부하여 정당한 원시취득자가 되었습니다.

2. 피신청인은 별지목록기재부동산의 임차인이라고 주장하나 사업자등록을 한 사실이 없음
   은 매각물건명세서에 기재된 바와 같습니다.

3. 피신청인은 별지목록기재부동산의 적법한 임차인이라 하여도 근저당권설정이후부터 영업
   을 시작한 대항력이 없는 임차인에 해당됩니다.
   피신청인은 신청인의 정당한 점유인도요구에 대하여 아무런 정당한 이유 없이 불응하며,
   인도를 거부하므로 부득이 경락부동산에 대한 인도명령을 신청하오니,
   피신청인은 사업자등록이 없는 임차인으로 배당과는 전혀 상관이 없으므로, 배당기일 이
   전이라도 심문절차를 거치시어 귀원 소속 집행관으로 하여금 별지목록기재부동산의 점유
   를 풀고 신청인에게 인도하라는 취지의 결정을 하여 주시옵기 바랍니다.

2009. 9. 29.

위 신청인   주식회사 와○알 컨설팅
대표이사 임 ○ 란

수원지방법원 경매 11계 귀중

6. 유치권자들에 대한 인도명령신청서

다음의 인도명령신청서는 유치권을 주장하는 자들에 대한 신청서이다.

피신청인의 이름만 바꾸어서 똑같은 내용을 기재하여야 할 신청서가 많이 있고 중복되는 내용은 책의 두께만 부풀릴 뿐이므로 유치권의 내용에 따라 한 가지씩만 소개하기로 한다.

① 허위 공사대금채권에 기한 유치권신고인에 대한 인도명령신청

경락부동산 인도명령신청

사　　건　　2008 타경 28785 부동산임의경매

신 청 인　　주식회사 와○알 컨설팅
　　　　　　서울시 양천구 신정동
　　　　　　대표이사　임 ○ 란

피신청인　　삼○종합건설주식회사
　　　　　　경기도 부천시 원미구 중동
　　　　　　대표이사　임 ○ 균

신 청 취 지

1.　피신청인은 신청인에게 별지목록기재부동산을 인도하라.
는 취지의 결정을 하여 주시기 바랍니다.

신 청 이 유

1. 사 실 관 계

별지목록기재부동산이 귀원 2008타경 28785호 부동산임의경매사건에 계류 중, 신청인은 경매에 응찰하여 매수인의 지위를 얻었고, 2009. 10. 29. 매각대금 전액을 납부하여 정당한 원시취득자가 되었습니다.

피신청인은 위 경매사건의 유치권자라고 신고하였다는 이유로 부동산의 원시취득자인 신청인의 부동산인도 요구를 거부하고 있습니다.
그러나 피신청인은 전 소유자와 채권, 채무관계는 신청인으로 알 수 없으나 유치권자의 지위를 가질 수 없음은 명백합니다.

2. 피신청인에게 유치권이 성립할 수 없는 이유

가. 피신청인은 이 부동산을 전혀 점유한 사실이 없습니다.

유치권을 설명한 민법 제 320조 제 1항은 "타인의 물건이나 유가증권 을 점유한 자"에 한하여 유치권을 인정한다고 규정하였습니다.
그러나 유치권을 주장하는 피신청인은 이 부동산에 대한 경매개시결정이 기입등기되어 압류의 처분금지효가 시작될 때부터 현재까지 이 부동산을 점유한 사실이 없습니다.
수원지방법원 소속 집행관의 현황조사보고서에는 이 부동산이 아무도 점유하고 있지 않는다는 사실을 집행법원에 보고하였으며, 현재는 2순위 근저당권자인 노○ 새마을금고에서 한○경비용역주식회사와 경비용역계약을 체결하여 경비원들이 점유하며 수호하고 있으므로 피신청인은 이 부동산을 점유한 사실도 없으며, 점유의 주장은 성립될 수 없는 것입니다.
사실이 위와 같으므로 피신청인이 주장하는 유치권은 점유의 부재로 인하여 도저히 성립될 수 없습니다.

(대법원이 20056. 8. 19. 선고한 2005다 22688 건물명도사건의 판례에서는 유치권을 주장하려면 늦어도 경매개시결정이 기입등기되어 압류의 처분금지효가 발생하기 이전부터 유치물을 점유하여야 경매사건의 매수인에게 대항할 수 있다는 취지로 설시되었습니다.)

나. 피신청인이 주장하는 채권은 그 물건에 관하여 생긴 채권이 아닙니다.

피신청인이 유치권권리신고서를 집행법원에 제출하며 제시한 공사도급계약서의 도급인은 이 부동산의 소유자인 신청외 김○희가 아니라 임차인으로 신고한 김○호임을 알 수 있습니다.

즉 그 물건의 소유자에 대한 채권이 아니라 엉뚱하게도 임차인에 대한 채권으로 부동산 소유자의 경매사건에 유치권을 신고하였다는 결론에 이르게 되므로, 피신청인의 유치권신고는 (소유자 소유의) 그 물건에 관하여 생긴 채권이라고 할 수 없는 것입니다.

결국 피신청인의 유치권주장은 전혀 성립될 수 없는 주장입니다.

다. 허위공사대금채권에 기한 유치권신고

본 경매사건에 2009. 9. 9. 접수한 설○해를 비롯한 임차인들의 매각불허가신청은 피신청인의 허위 유치권신고를 집행법원에 고발한 사항이기도 합니다.

피신청인은 실제 공사대금이 없던지 혹은 공사대금을 엄청나게 부풀리는 방법으로 유치권권리신고를 접수하므로 법원을 농락하며 법집행을 방해하고 있다는 점을 알 수 있습니다.

3. 결 어

위와 같이 피신청인은 유치권자로 판단할 수 없을 뿐 더러, 경매시장에 허위유치권을 주장하므로 채권자의 채권회수를 방해하며 법질서를 교란시키는 암적인 존재들 입니다.

피신청인은 민사집행법 제 91조 제 5항에 규정된 유치권자가 아님이 명확하므로 민사집행법 제 136조에 규정된 바와 같이 경락부동산에 대한 인도명령이 결정되어야 할 것입니다.

따라서 귀원 소속 집행관으로 하여금 별지목록기재부동산에서 피신청인의 점유를 풀고 신청인에게 인도하라는 취지의 결정을 하여 주시옵기 바라는 것입니다.

2009. 9. 29.

위 신청인   주식회사   와○알 컨설팅

대표이사   임   ○   란

수원지방법원 경매 11계 귀중

② 그 물건에 관하여 생긴 채권이 아닌데도 유치권을 신고한 경우

경락부동산 인도명령신청

사   건   2008 타경 28785 부동산임의경매

신 청 인   주식회사 와이알 컨설팅

서울시 양천구 신정동

대표이사   임 ○ 란

피신청인   김 ○ 준(동○건축)

경기도 수원시 권선구 세류동

신 청 취 지

1. 피신청인은 신청인에게 별지목록기재부동산을 인도하라.
는 취지의 결정을 하여 주시기 바랍니다.

신 청 이 유

1. 사 실 관 계

별지목록기재부동산이 귀원 2008타경 28785호 부동산임의경매사건에 계류 중, 신청인은 경매에 응찰하여 매수인의 지위를 얻었고, 2009. 10. 29. 매각대금 전액을 납부하여 정당한 원시취득자가 되었습니다.

피신청인은 위 경매사건의 유치권자라고 신고하였다는 이유로 부동산의 원시취득자인 신청인의 부동산인도요구를 거부하고 있습니다.

그러나 피신청인은 전 소유자와 채권, 채무관계는 신청인으로 알 수 없으나 유치권자의 지위를 가질 수 없음은 명백합니다.

2. 피신청인에게 유치권이 성립할 수 없는 이유

가. 피신청인은 이 부동산을 전혀 점유한 사실이 없습니다.

유치권을 설명한 민법 제 320조 제 1항은 "타인의 물건이나 유가증권을 점유한 자"에 한하여 유치권을 인정한다고 규정하였습니다.

그러나 유치권을 주장하는 피신청인은 이 부동산에 대한 경매개시결정이 기입등기되어 압류의 처분금지효가 시작될 때부터 현재까지 이 부동산을 점유한 사실이 없습니다.

수원지방법원 소속 집행관의 현황조사보고서에는 이 부동산이 아무도 점유하고 있지 않는다는 사실을 집행법원에 보고하였으며, 현재는 2순위 근저당권인 노○ 새마을금고에서 한

○경비용역주식회사와 경비용역계약을 체결하여 경비원들이 점유하며 수호하고 있으므로 피신청인은 이 부동산을 점유한 사실도 없으며, 점유의 주장은 성립될 수 없는 것입니다. 사실이 위와 같으므로 피신청인이 주장하는 유치권은 점유의 부재로 인하여 도저히 성립될 수 없습니다.

(대법원 2005다 22688 건물명도사건의 판례에서는 유치권을 주장해 늦어도 경매개시결정이 기입등기되어 압류의 처분금지효가 발생하기 이전부터 유치물을 점유하여야 경매사건의 매수인에게 대항할 수 있다는 취지로 설시되었습니다.)

나. 피신청인이 주장하는 채권은 그 물건에 관하여 생긴 채권이 아닙니다.

피신청인이 유치권권리신고서를 집행법원에 제출하며 제시한 공사도급계약서의 도급인은 이 부동산의 소유자인 신청외 김 ○희가 아니라 임차인으로 신고한 김 ○호임을 알 수 있습니다.

즉 그 물건의 소유자에 대한 채권이 아니라 엉뚱하게도 임차인에 대한 채권으로 부동산 소유자의 경매사건에 유치권을 신고하였다는 결론에 이르게 되므로, 피신청인의 유치권신고는 (소유자 소유의) 그 물건에 관하여 생긴 채권이라고 할 수 없는 것입니다.

결국 피신청인의 유치권주장은 전혀 성립될 수 없는 주장입니다.

다. 허위공사대금채권에 기한 유치권신고

본 경매사건에 2009. 9. 9. 접수한 설○해를 비롯한 임차인들의 매각 불허가신청은 피신청인의 허위 유치권신고를 집행법원에 고발한 사항 이기도 합니다.

피신청인은 실제 공사대금이 없던지 혹은 공사대금을 엄청나게 부풀리는 방법으로 유치권권리신고를 접수하므로 법원을 농락하며 법집행 을 방해하고 있다는 점을 알 수 있습니다.

3. 결 어

위와 같이 피신청인은 유치권자로 판단할 수 없을 뿐 더러, 경매시장 에 허위유치권을 주장하므로 채권자의 채권회수를 방해하며 법질서를 교란시키는 암적인 존재들 입니다.

피신청인은 민사집행법 제 91조 제 5항에 규정된 유치권자가 아님이 명확하므로 민사집행법 제 136조에 규정된 바와 같이 경락부동산에 대한 인도명령이 결정되어야 할 것입니다.

따라서 귀원 소속 집행관으로 하여금 별지목록기재부동산에서 피신청인의 점유를 풀고 신청인에게 인도하라는 취지의 결정을 하여 주시옵기 바라는 것입니다.

2009. 9. 29.

위 신청인   주식회사 와○알 컨설팅

대표이사 임 ○ 란

수원지방법원 경매 11계 귀중

③ 그 물건에 관하여 생긴 채권이 아니며, 허위의 공사대금채권으로 유치권을 신고한 경우의 인도명령신청서

경락부동산 인도명령신청

사　　건　　2008 타경 28785 부동산임의경매

신 청 인　　주식회사 와○알 컨설팅
　　　　　　서울시 양천구 신정동
　　　　　　대표이사　임 ○ 란

피신청인　　삼○종합건설주식회사
　　　　　　경기도 부천시 원미구 중동
　　　　　　대표이사　임 ○ 균

신 청 취 지

1. 피신청인은 신청인에게 별지목록기재부동산을 인도하라.
는 취지의 결정을 하여 주시기 바랍니다.

신 청 이 유

1. 사 실 관 계

별지목록기재부동산이 귀원 2008타경 28785호 부동산임의경매사건에 계류 중, 신청인은 경

매에 응찰하여 매수인의 지위를 얻었고, 2009. 10. 29. 매각대금 전액을 납부하여 정당한 원시취득자가 되었습니다.

피신청인은 위 경매사건의 유치권자라고 신고하였다는 이유로 부동산의 원시취득자인 신청인의 부동산인도요구를 거부하고 있습니다.
그러나 피신청인은 전 소유자와 채권, 채무관계는 신청인으로 알 수 없으나 유치권자의 지위를 가질 수 없음은 명백합니다.

2. 피신청인에게 유치권이 성립할 수 없는 이유

가. 피신청인은 이 부동산을 전혀 점유한 사실이 없습니다.

유치권을 설명한 민법 제 320조 제 1항은 "타인의 물건이나 유가증권을 점유한 자"에 한하여 유치권을 인정한다고 규정하였습니다.
그러나 유치권을 주장하는 피신청인은 이 부동산에 대한 경매개시 결정이 기입등기되어 압류의 처분금지효가 시작될 때부터 현재까지 이 부동산을 점유한 사실이 없습니다.

수원지방법원 소속 집행관의 현황조사보고서에는 이 부동산이 아무도 점유하고 있지 않는다는 사실을 집행법원에 보고하였으며, 현재는 2순위 근저당권인 노○ 새마을금고에서 한○경비용역주식회사와 경비용역계약을 체결하여 경비원들이 점유하며 수호하고 있으므로 피신청인은 이 부동산을 점유한 사실도 없으며, 점유의 주장은 성립될 수 없는 것입니다.
사실이 위와 같으므로 피신청인이 주장하는 유치권은 점유의 부재로 인하여 도저히 성립될 수 없습니다.
(대법원 2005다 22688 건물명도사건의 판례에서는 유치권을 주장하려면 늦어도 경매개시결정이 기입등기되어 압류의 처분금지효가 발생하기 이전부터 유치물을 점유하여야 경매사건의 매수인에게 대항할 수 있다는 취지로 설시되었습니다.)

나. 피신청인이 주장하는 채권은 그 물건에 관하여 생긴 채권이 아닙니다.

피신청인이 유치권권리신고서를 집행법원에 제출하며 제시한 공사도급계약서의 도급인은 이 부동산의 소유자인 신청외 김○희가 아니라 임차인으로 신고한 김○호임을 알 수 있습니다.

즉 그 물건의 소유자에 대한 채권이 아니라 엉뚱하게도 임차인에 대한 채권으로 부동산 소유자의 경매사건에 유치권을 신고하였다는 결론에 이르게 되므로, 피신청인의 유치권신고는 (소유자 소유의) 그 물건에 관하여 생긴 채권이라고 할 수 없는 것입니다.

결국 피신청인의 유치권주장은 전혀 성립될 수 없는 주장입니다.

다. 허위공사대금채권에 기한 유치권신고

본 경매사건에 2009. 9. 9. 접수한 설○해를 비롯한 임차인들의 매각불허가신청은 피신청인의 허위 유치권신고를 집행법원에 고발한 사항이기도 합니다.

피신청인은 실제 공사대금이 없던지 혹은 공사대금을 엄청나게 부풀리는 방법으로 유치권 권리신고를 접수하므로 법원을 농락하며 법집행을 방해하고 있다는 점을 알 수 있습니다.

3. 결 어

위와 같이 피신청인은 유치권자로 판단할 수 없을 뿐 더러, 경매시장에 허위유치권을 주장하므로 채권자의 채권회수를 방해하며 법질서를 교란 시키는 암적인 존재들 입니다.

피신청인은 민사집행법 제 91조 제 5항에 규정된 유치권자가 아님이 명확하므로 민사집행법 제 136조에 규정된 바와 같이 경락부동산에 대한 인도명령이 결정되어야 할 것입니다.

따라서 귀원 소속 집행관으로 하여금 별지목록기재부동산에서 피신청인의 점유를 풀고 신청인에게 인도하라는 취지의 결정을 하여 주시옵기 바라는 것입니다.

2009. 9. 29.

위 신청인 주식회사 와○알 컨설팅

대표이사 임 ○ 란

수원지방법원 경매 11계 귀중

④ 채권을 양도 받았다고 주장하며 유치권을 신고한 자에 대한 인도명령신청서

경락부동산 인도명령신청

사 건   2008 타경 28785 부동산임의경매

신 청 인   주식회사 와○알 컨설팅
            서울시 양천구 신정동
            대표이사 임 ○ 란

피신청인   손 ○ 옥
            경기도 의왕시 포일동

신 청 취 지

1. 피신청인은 신청인에게 별지목록기재부동산을 인도하라.
는 취지의 결정을 하여 주시기 바랍니다.

신 청 이 유

1. 사 실 관 계

별지목록기재부동산이 귀원 2008타경 28785호 부동산임의경매사건에 계류 중, 신청인은 경매에 응찰하여 매수인의 지위를 얻었고, 2009. 10. 29. 매각대금 전액을 납부하여 정당한 원시취득자가 되었습니다.
피신청인은 위 경매사건의 유치권자라고 신고하였다는 이유로 부동산의 원시취득자인 신청인의 부동산인도요구를 거부하고 있습니다.

그러나 피신청인은 전 소유자와 채권, 채무관계는 신청인으로 알 수 없으나 유치권자의 지위를 가질 수 없음은 명백합니다.

2. 피신청인에게 유치권이 성립할 수 없는 이유

가. 피신청인은 이 부동산을 전혀 점유한 사실이 없습니다.

유치권을 설명한 민법 제 320조 제 1항은 "타인의 물건이나 유가증권을 점유한 자"에 한하여 유치권을 인정한다고 규정하였습니다.

그러나 유치권을 주장하는 피신청인은 이 부동산에 대한 경매개시 결정이 기입등기되어 압류의 처분금지효가 시작될 때부터 현재까지 이 부동산을 점유한 사실이 없습니다.

수원지방법원 소속 집행관의 현황조사보고서에는 이 부동산이 아무도 점유하고 있지 않는다는 사실을 집행법원에 보고하였으며, 현재는 2순위 근저당권자인 노○ 새마을금고에서 한○경비용역주식회사와 경비용역계약을 체결하여 경비원들이 점유하며 수호하고 있으므로 피신청인은 이 부동산을 점유한 사실도 없으며, 점유의 주장은 성립될 수 없는 것입니다.

사실이 위와 같으므로 피신청인이 주장하는 유치권은 점유의 부재로 인하여 도저히 성립될 수 없습니다.

(2005. 8. 19. 선고한 대법원 2005다 22688 건물명도사건의 판례에서는 유치권을 주장하려면 늦어도 경매개시결정이 기입등기되어 압류의 처분금지효가 발생하기 이전부터 유치물을 점유하여야 경매사건의 매수인에게 대항할 수 있다는 취지로 설시되었습니다.)

나. 피신청인이 주장하는 채권은 그 물건에 관하여 생긴 채권이 아닙니다.

피신청인이 유치권권리신고서를 집행법원에 제출하며 제시한 공사 수급인인 일○건설 오○근의 채권을 양도 받아서 유치권을 신고한다고 주장하였습니다.

그러나 오○근이 법원에 제출한 탄원서에는 금305,000,000원의 공사대금이 있음에 반하여 전전 소유자인 피신청인은 금645,000,000원의 공사대금을 용감하게 부풀려 전부 950,000,000원의 공사대금을 담보하는 채권으로 유치권신고를 하였음을 알 수 있습니다.

과다한 권리신고를 하므로 다른 응찰자의 입찰을 방해하여 스스로 다시 이 부동산의 소유자가 되려고 획책한 명백한 증거입니다.

그러나 점유의 이전이 없는 채권의 양도로 인하여 유치권이 성립될 수는 없는 것입니다.

(참조: 대법원 1972. 5. 30. 선고 72다 548 건물명도사건)

결국 피신청인의 유치권주장은 전혀 성립될 수 없는 주장입니다.

다. 허위공사대금채권에 기한 유치권신고

본 경매사건에 2009. 9. 9. 접수한 설○해를 비롯한 임차인들의 매각불허가신청은 피신청인의 허위 유치권신고를 집행법원에 고발한 사항이기도 합니다.

피신청인은 실제 공사대금이 없던지 혹은 공사대금을 엄청나게 부풀리는 방법으로 유치권 권리신고를 접수하므로 법원을 농락하며 법집행을 방해하고 있다는 점을 알 수 있습니다.

3. 결 어

위와 같이 피신청인은 유치권자로 판단할 수 없을 뿐 더러, 경매시장에 허위유치권을 주장하므로 채권자의 채권회수를 방해하며 법 질서를 교란 시키는 암적인 존재들 입니다.

특히 피신청인은 민사집행법 제 91조 제 5항에 규정된 유치권자가 아님이 명확할뿐더러 이 사건 부동산의 전 소유자로써 유치권을 과다하게 신고하여 다시 재매입을 추진하고 있는 것이 밝혀졌습니다. 피신청인에게는 민사집행법 제 136조에 규정된 바와 같이 경락부동산에 대한 인도명령이 결정되어야 할 것입니다.

따라서 귀원 소속 집행관으로 하여금 별지목록기재부동산에서 피신청인의 점유를 풀고 신청인에게 인도하라는 취지의 결정을 하여 주시옵기 바라는 것입니다.

2009. 9. 29.

위 신청인(매수인) 주식회사 와○알 컨설팅

대표이사 임 ○ 란

수원지방법원 경매 11계 귀중

관련판례

대법원 1972.5.30. 선고 72다548 판결 건물명도

【판시사항】

비록 건물에 대한 점유를 승계한 사실이 있다 하더라도 전점유자를 대위하여 유치권을 주장할 수 없는 것이다.

【참조조문】 민법 제320조

【원심판결】 제1심 서울민사지방, 제2심 서울고등 1972. 3. 7. 선고 70나1713 판결

【주 문】

이 상고를 모두 기각한다.

상고비용은 피고들의 부담으로 한다.

【이 유】

피고들 대리인의 상고이유를 본다.

(가) 제1점에 대하여, 원심은 다음과 같은 사실을 인정하고 있다. 즉, 소외인 임○성, 홍○진은 소외인 이○휘에게 건축공사대금의 일부로서 이 사건에서 문제로 되어 있는 건물(서울 영등포구 대방동 288의28 지상시멘트 와즙 평가건 주택1동, 건평 18평 1홉)을 포함한 7동의 건물을 양도하였는데 이 약속에 위반하여 위의 건물을 원고에게 매도를 원인으로 하여 소유권이전등기를 경유하여 주었고, 원고 앞으로의 소유권이전등기는 가장 매매를 원인으로 한 것은 아니라 하였다. 기록을 정사하면서 원심이 한 위와 같은 사실인정의 과정을 살펴보면 적법하고 여기에는 논지가 공격하는바와 같은 채증법칙위반의 위법사유가 없다. 그리고 기록을 정사하여도 피고들이 사실심에서 원고가 그의 처남되는 홍○진의 배임행위를 숙지하면서 이 배임행위에 적극 가담하여 이전등기를 한 것이므로 그 등기원인이 무효라는 점에 관하여는 진술한 흔적이 없고, 또 그러한 진술을 밑받침할만한 증거도 기록상 없다. 원심이 등기원인에 무효사유가 없다고 판시한 것은 정당하고 여기에 이유의 불비나 모순의 위법사유가 없다.

(나) 제2점에 대하여,

소외인 이○휘가 이 사건 건물에 관하여 공사금 채권이 있어 이○휘가 이 건물을 점유하고 있다면 이○휘에게는 위 공사금 채권을 위하여 이 건물에 대한 유치권이 인정될 것이다. 그러나 피고들이 이○휘로부터 그 점유를 승계한 사실이 있다고하여 피고들이 이○휘를 대위하여 유치권을 주장할 수는 없다. 왜냐하면 피대위자인 이○휘는 그 점유를 상실하면서 곧 유치권을 상실한 것이기 때문이다. 이 사건에서는 원심이 정당하게 판단하고 있는바와 같이 이○휘의 위의 공사금 채권이 피고들에게 이전된 사실도 없는 것이다.

기록에 의하면 피고들은 사실심에서 이 건물에 관한 주택부금을 피고 허○학이 대납하였으므로 이 대납채권을 위하여서도 이 사건 건물에 대한 유치권이 있는 것이라고 진술한 흔적은 없다. 그리고 원심판결은 논지가 주장하는 것처럼 이○휘와 피고들 사이에 이 사건 건물에 대한 점유이전이 없었다고 판시하고 있는 취지는 아니다. 설사 이○휘가 이 사건 건물에 관하여 공사금 채권을 취득한 것으로 볼 수 없다는 원심의 사실인정에 관하여 이유모순이 있다 할지라도 위에서 보아온 바와 같이 이것은 필경 원심판결에 영향이 미치지 아니한다.

원심판결에는 대위권행사와 점유이전에 관한 법리를 오해한 위법사유가 없다.

그렇다면 이 상고는 그 이유없다 할 것이므로 모두 기각하고, 상고비용은 패소자들의 부담으로 한다.

이 판결에는 관여법관들의 견해가 일치되다.

대법원판사 주재황(재판장) 홍순엽 양회경 이영섭 민문기

7. 인도집행과 사건 전체에 대한 평가

가. 인도집행

인도명령신청은 전부 인용되어 유치권자 전원에게 인도명령이 결정되었다.

처음에 예상했던 대로 경매법정에서 최고가매수신고인이 선정되자 유치권을 주장하는 분들이 몰려왔다. 목욕탕 뒷문 입구에서는 경비 할아버지와 엉터리 유치권자 가족들이 교대로 경비를 서는 코믹한 모양이 계속되고 있었는데, 소위 유치권자라는 사람은 또 주변식당에서 유치권금액을 깎아주고 다니는 인심을 썼다.

아무래도 10억원의 돈을 받는 것은 무리라고 생각했던지 3억 정도 값을 내려서 이제는 7억원만 주면 유치권을 포기할 것이라고 떠들고 다니는 것이었다. 그것도 직접 말은 못하고 내 귀에 들어가라고 여기저기서 하는 말이다.

그런데 5천만원의 공사비를 못 받았다고 형사고소를 제기하고, 법원에는 2억원의 유치권을 신고한 이 분은 상대를 잘못 골라도 한참 잘못 골랐다.

경찰에 고소한 것처럼 5천만원의 공사비를 못 받았다면 낙찰인을 직접 찾아오는 것이 옳은 일이다. 낙찰인을 찾아와서 사실대로 '공사비를 5천만원을 못 받은 것이 있는데 영세업체로서는 힘이 들고, 공사해 놓은 것은 낙찰인이 갖게 되니까 법을 떠나서 인간 대 인간으로 생각해 봐 달라'고 정중히 요청해야 옳지 않을까?

아니면 공사비 5천만원을 못 받았다고 형사고소해서 고소인 진술을 하고, 법원에 유치권 신고서는 엉터리 서류를 첨부하여 2억원을 받지 못했다고 버젓이 거짓으로 신고 접수를 한 것이 옳은 일일까. 아니면, 전 소유자와 손을 잡고 돈을 못 받아 경매신청을 한 채권자가 경비까지 세워서 지키고 있는 목욕탕을 점유하겠다고 날뛰는 꼴을 하는 것이 옳을까? 누가 예쁘고 가엾고 불쌍하다고 할지 생각해 봐야 할 일이 아닐까 싶다.

그런데 이 답답한 이 분은 경찰서에 5천만원 공사비를 못 받았다고 고소한 사실을 내가 모르는 것으로 알고 있었다.

하도 답답해서 상가 관리소장에게 이런 사실을 내가 다 알고 있다는 말을 넌지시 전해 보라고 하였다.

상가 관리사무소장은 이 상가 관리업무를 10여년 이상 해 온 사람이고, 경비업무 외에는 별로 할 일도 없는 터였다. 또한 목욕탕을 수리할 때 매일 가서 구경하고 있었으므로, 전 소유자나 공사업자들 모두를 잘 알고 있었다.

어찌하는지 보려고 5천만원 공사비 못 받은 것을 2억원으로 부풀려서 법원에 신고하여 낙찰인에게 법을 이용한 사기, 즉 소송사기 친 것이 확실하므로 고소할 것 같다고 귀뜸해 주라고 했다. 그런데 이 친구가 한참 있다 한다는 말이 '공사해서 전 주인에게 돈 못 받은 것도 있어서 그랬다'는데 대답이 영 맥이 없는 것을 보니 거짓말 같아 보인단다.

자, 이제는 인도명령결정문을 받았으니 빨리 집행을 하고 최대한 빠른 시간에 목욕탕을 가동시키는 것이 중요한 과제가 되었다.

목욕탕은 9월 초순 신장개업이 영업하기에 가장 유리하다. 9월 한 달 시험가동을 하면서 홍보를 해두어야 찬바람이 불기 시작하는 10월부터 안정적으로 손님이 몰려온다. 그러므로 9월 초순부터는 주변 지역을 4~5등분하여 A,B,C,D,E 지구를 정하고 월요일부터 금요일까지 요일별로 지구를 정해 한 집에 무료입장권 1매와 반액 입장권 2매씩을 보내야 한다. 월요일은 A지구 사람들이 반값과 무료입장권을 가지고 오고, 화요일은 B지구 주민들이 오는 식으로 돌아가면서 홍보를 해야 한다. 특히 가까운 곳에 대학과 병원이 있으니 학생들과 환자 가족들에게는 반값 입장권을 대량으로 뿌려 최대한 많이 오게 하는 것이 중요하다.

이 정도 시설의 목욕탕에 하루 평균 500명의 손님이 들어오면 손님 1인당 원가는 2,000원 정도가 된다. 그리고 700명이 들어오면 원가는 1,600원이 되고,

300명이 들어오면 3,000원이 된다. 그러므로 사람만 많이 들어오면 반값을 받아도 수지가 맞는 것이다.

또 지금 이 계산은 목욕탕 내 세신, 매점, 속옷, 훈증, 마사지, 이발소, 스낵코너, 식당, PC방 등 각 코너의 사용료를 제외한 계산이므로, 전체 수익을 전부 합치면 원가는 더 떨어지게 마련이다. 그러므로 목욕탕은 정액이든 반값이든지를 막론하고 손님이 많이 들어오면 어느 정도 승부는 나게 되어 있다.

특히 이 곳에서는 대형 찜질방 2개의 틈바구니에서 아기자기하게 운영한다면 충분히 승산이 있을 것은 두 말할 필요가 없다.

그러나 이렇게 영업개시 전부터 계산이나 하고 있는 것보다 하루 빨리 인도집행을 완료해서 영업을 시작하는 것이 더 중요한 일이다.

생각하기 따라서는 목욕탕이 비어 있고, 우리 쪽 경비원이 지키고 있는데 집행을 뭐하러 하느냐고 소홀히 할 수도 있다. 그러나 엉터리로 유치권을 신고했다고 낙찰인이 엉터리로 유치권을 없앨 수가 있는지를 생각해 본다면, 정상적인 집행을 할 필요가 있다.

만약 목욕탕 문을 열어놓고 난 다음에 유치권자라고 자처하는 사람들이 들어와서 죽치고 있으면 어떻게 처리할 것인가? 그러므로 제 아무리 마음이 급해도 철저히 법률적인 절차를 밟아야 한다. 영업을 시작한 이후에 발생한 유치권 쪽으로는 아무런 문제가 생기지 않아야 하는 법이다.

인도명령결정을 받았으니 이제는 신속한 집행을 해야 한다.

나. 엉뚱한 브레이크

집행관사무소에 집행신청을 하자 그 다음날 담당집행관 사무원이 현장에 나왔다. "본직(집행관)은 안 나오고 왜 사무원 혼자 나오셨는지?" 하고 물었더니, 본

직이 나오기 전에 미리 사정을 알아 보기 위해서라고 한다.

그런데 그 다음 발언이 매우 쇼킹하다.

"여기는 유치권자가 있기 때문에 우리가 연구를 해서 집행을 하려면 시간이 좀 걸리겠네요."라며 듣는 사람의 성격 테스트를 한다.

그 자리에서 한소리 하려다가 참았다.

사건을 잘 모르는 무식의 소치이니 알게 해주는 것이 사태해결에 중요한 것일 터이니...

하기야 집행관 사무원이 자격시험 보고 들어가는 것도 아니고 공직자라고 할 수도 없으니, 법원과 위탁계약을 맺은 집행관에게 따질 것이 있으면 따져야 하는 법이다.

유치권의 여부는 집행관 사무원이 판단하는 것이 아니고, 법원에서 판사가 판단해서 인도명령을 결정하면 집행관은 명령서에 충실히 따라서 인도집행을 하면 그만이지, 집행관 사무원이 무슨 의무와 권리가 있어서 유치권에 대한 연구를 해야 집행을 하는 것인지?

즉시 집행관 본직에게 정식으로 집행요청서를 보냈다.

인도명령결정문에 의하여 즉시 인도집행을 하여 줄 것을 정중히 요청한다는 내용을 담았고, 이 문서를 본 집행관은 즉시 집행을 해 주었다.

독자들도 일을 하다보면 이런 예상치 못한 방지턱을 만나는 경우가 있을 수 있다. 그때는 감정적 대응보다는 위와 같은 논리적인 처방이 도움이 될 것이다.

다. 이 사건의 중요한 포인트

나는 근저당권자가 경비용역을 의뢰하여 목욕탕 입구를 점유하며 건물을 지키므로, 유치권자의 점유를 원천적으로 차단할 수 있고 유치권의 싹을 완전히 잘라

낼 수 있다고 판단했다.

비록 2순위 근저당권자이지만 자신의 채권을 확보하기 위하여서는 유치권을 주장하는 자들의 점유를 없애야 하는 것이 근저당권자가 당연히 해야 하는 일이다. 그리고 유치권을 없앨 수 있으므로 상당한 수익을 올릴 것을 기대하는 나의 계획과 맞아 떨어진다.

이렇게 의도한 바대로 아주 쉽고 간단하게 유치권을 소멸시키는 결과를 가져왔으며, 계획대로 목욕탕을 운영할 수 있었다.

이 목욕탕의 등기부를 떼어보면 채권최고액 18억원으로 근저당권이 설정되어 있는 것을 볼 수 있다.

수익률은 독자 여러분들 각자가 계산해 보시기 바란다.

05

밀린 관리비까지 내주는
안마시술소 유치권자

1. 며느리 소유의 안마시술소에 9억원의 유치권을 신고한 시아버지

인천 계양구 작전동 900-0번지 5, 6, 7층에는 유명한 아라비안 나이트클럽이 있다.

아라비안 나이트클럽의 바로 아래층인 4층 401~404호는 안마시술소가 들어와 있는데, 전체 면적이 전용 705제곱미터(213.7평)이고, 분양면적은 320평이다. 감정평가금액은 13억원인데 4회가 유찰되어 최저매각가격은 감정가의 24%에 불과한 3억 1,300만원에 불과하였다.

1차로 유치권이 3억 8,600만원이 신고되어 있었다.

이 사건 4개호 전부를 3억 6,160만원에 낙찰을 받았다.

평당 113만원 ! 인천에서도 유명한 유흥가의 한 복판에 자리 잡고 있는 안마시술소를 평당 113만원에 낙찰을 받는 것은 엄청 싼 가격이다.

입구에는 소유자의 이름으로 유치권이 있다는 A4용지가 붙어서 실소를 금치 못했다. 소유자가 자기 물건을 유치하고 있다니⋯ㅋㅋ

그런데 조금 더 기가 막힌 일이 벌어졌다.

소유자의 시아버지가 9억여원의 유치권을 신고한 것이다.

세상에 며느리 소유의 건물에 유치권을 주장하는 시아버지는 처음 보게 되었다.

유치권권리신고서를 들여다보니 은행이자에 차량의 기름값, 생활비까지 모든 영수증을 갖다 부쳐서 덕지덕지한 누더기 서류를 만들었다.

주변에 알아보니 혼자가 된 며느리를 두들겨 패는 시아버지였다는 소문까지 들렸다.

이런 분에게 예의를 기대하는 것은 어쩌면 과분한 일이 아닐까?

관리비가 자그마치 6,000만원이나 밀려있었으니, 유치권을 신고한 분이 고맙지만은 않았다.

2. 소유자도 유치권자도 인도명령은 인용되었다.

소유자와 3억 1,600만원의 유치권을 신고한 사람, 그리고 9억원의 유치권을 신고한 소유자의 시아버지에 대하여서도 인도명령을 신청하였는데, 인도명령은 전부 인용되는 결정을 받았다.

9억원의 유치권을 신고한 소유자의 시아버지에 대한 인도명령신청은 어떻게 작성하였을까?

부동산 인도명령신청

사　　건　　2005 타경 108980 부동산강제경매

신 청 인　주식회사 누○씨앤아이
　　　　　　부산시 연제구 거제동

피신청인　손 ○ 호
　　　　　　부천시 송내동

신 청 취 지

피신청인은 별지목록기재부동산에서 점유를 풀고 이를 신청인에게 인도하라.
는 결정을 구합니다.

신 청 이 유

1. 사 실 관 계

신청인은 별지목록기재부동산이 귀원 2005타경 108980호 부동산강제경매사건으로 계류 중 이를 매수하여 경락대금을 전액납부하여 소유권을 취득한 원시취득자입니다.
피신청인은 이 사건 소유자와의 관계에서 시아버지가 되는 사람임에도 불구하고 9억여 원의 유치권권리신고를 본 경매사건에서 신청인이 최고가매수신고를 한 후에 경매법원에 신고한 사실이 있으며, 신청인의 건물인도요구에 대하여 자신이 유치권자라고 주장하며 건물이 인도를 완강히 거부하고 있습니다.
그러나 피신청인은 유치권자가 될 수 없습니다.

2. 피신청인이 유치권자가 될 수 없는 이유

가. 인륜에 저촉된 주장

이 사건 부동산의 전 소유자는 홀로 살고 있는 미망인의 처지입니다.

혼자된 며느리가 안마시술소를 운영하는데 그 시아버지에게 공사를 의뢰하여 시아버지가 도급인으로 공사를 하였으며, 며느리가 공사대금을 지급하지 않아서 시아버지가 며느리 소유의 건물을 점유하여 유치하고 경매법원에 유치권을 신고하는 일이 적어도 이 땅에서는 감히 생길 수 없는 일이 아닐 수 없습니다.

피신청인의 주장은 공서양속에 어긋난 반인륜적인 진술이므로 사람의 도덕과 양심으로는 도무지 인정할 수 없는 일이며, 또한 인정되어서도 아니 될 것입니다.

나. 그 물건에 관하여 생긴 채권의 흔적이 전혀 없습니다.

피신청인이 유치권권리신고서를 통하여 제출한 각종문건 및 영수증을 보면 은행이자, 가정생활에 시장을 본 영수증 가족에게 지급한 생활비 등이 장부에 기재된 것으로 이 사건 부동산에 관하여 사용되어 변제기에 있는 채권은 전혀 없음을 알 수 있습니다.

민법 제 320조 제 1항에서는 그 물건에 관하여 생긴 채권이 변제기에 있을 때, 그 물건을 유치할 권리가 있다는 것이지, 아무 영수증이나 첨부하여 유치권을 만들어 낼 수는 없는 것입니다.

3. 결 어

피신청인은 며느리 소유의 건물에 대하여 유치권을 신고한 것은 반인륜적인 행위이므로 어느 누구도 동의하기 힘들 것입니다.

나아가 그 물건에 관한 채권이 전혀 없음에도 불구하고 허위의 유치권을 신고하므로 매수인인 신청인을 압박하려는 악의가 분명합니다.

피신청인은 민사집행법 제 91조 제 5항의 적용을 받아야 할 유치권자가 아님은 달리 설명이 필요 없을 것입니다.

피신청인의 주장을 전부 배제하시고 민사집행법 제 136조 제 1항의 규정에 따라 귀원 소속 집행관이 별지목록기재부동산에서 피신청인의 점유를 풀고 이를 신청인에게 인도하라는 취지의 결정을 하여 주시기 바랍니다.

2008. 3.   .

위 신청인   주식회사 누○씨앤아이
대표이사 김 ○ 민

인천지방법원 귀중

3. 인도명령결정에 대한 항고와 집행정지 결정

인도명령은 결정되었고 이제 인도집행이 불가피하다고 판단하여 인도집행신청을 했다. 집행관이 계고절차를 수행하려고 현장에 출동했다. 그런데 유치권자들은 슬쩍 점유를 다른 사람으로 이전하여 인도집행을 불능하게 하는 못된 작전도 제법 구사했다.

그러던 즈음 상상도 하지 못했던 기쁜 소식이 날아들었다.

시아버지 유치권자가 인도명령결정에 대하여 즉시항고를 접수한 것이다.

하지만 이 정도면 전혀 놀라운 일이 아니다.

항고를 제기하였다고 인도집행을 못하는 것이 아니기 때문에 집행정지결정을 받기 전에는 항고는 소용이 없었고, 집행정지결정을 받기 위해서는 현금공탁을 걸어야 한다. 만약 현금공탁이 되어 있다면 내게 발생할 손해를 담보할 수 있게 되는 것이다.

그렇지 않아도 밀린 관리비 때문에 신경이 쓰이는데 유치권을 주장하는 것도 모자라서 밀린 관리비를 갚아 주려는 착한 분이다.

이제는 본격적인 소송이 불가피하니 유치권자들에 대한 점유이전금지가처분을 신청하고, 시아버지 유치권자에 대하여서는 손해배상청구소송을 제기하였다.

4. 유치권자에 대한 점유이전금지가처분, 가압류, 손해배상청구

부동산 점유이전금지 가처분 신청

신 청 인   주식회사 누○씨앤아이
          부산시 연제구 거제동
          대표이사   김 ○ 민

피신청인   손 ○ 호
          경기도 부천시 송내1동

          박 ○ 찬
          인천시 계양구 작전동

신 청 취 지

1. 채무자는 별지목록기재 부동산에 대한 점유를 풀고 채권자가 위임하는 인천지방법원 집행

관에게 그 보관을 명한다.

2. 집행관은 그 현상을 변경하지 않을 것을 조건으로 채무자에게 그 사용을 허용하여야 한다.

3. 이 경우 집행관은 그 보관에 관한 것을 적당한 방법으로 공시하여야 한다.

4. 채무자는 그 점유를 타인에게 이전하거나 또는 점유명의를 변경하여서는 아니된다.

라는 결정을 구합니다.

신 청 이 유

1. 신청인은 별지목록기재부동산을 귀원 2005 타경 108980호 부동산 강제경매사건에 응찰하여 이를 낙찰 받아 2007. 12. 26. 매각대금 전액을 납부한 정당한 원시취득자입니다.

   피신청인들은 별지목록기재부동산에 대하여 유치권을 주장하는 자들이었으나, 신청인이 유치권이 부존재한 점을 들어 부동산인도명령신청을 하여 2008. 5. 15. 경락부동산인도명령결정을 받은 바 있습니다.

2. 그러나 피신청인과 별지목록기재부동산의 전 소유자등은 신청인이 부동산인도명령결정을 받아서 집행을 할 때마다 점유자를 변경하여 신청인은 그 동안 2회에 걸쳐서 인도집행을 하지 못하고 집행불능에 이르게 되었으며, 집행비용을 계속 낭비하게 하여 왔습니다.

3. 금번에도 경락부동산인도명령결정을 받았으나 채무자들은 또 점유자를 변경하여 집행불능에 빠뜨릴 가능성이 높으므로 점유의 이전을 금하는 취지의 가처분으로 채무자들의 점유를 변경할 수 없도록 한 후에 인도집행을 할 수 있도록 신청인의 청구를 받아주시기 바랍니다.

4. 이건 신청에 대한 손해담보에 대한 담보의 공탁은 민사집행법 제 19조 제 3항 및 민사소송법 제 122조에 의하여 보증보험회사와 지급보증위탁계약을 맺은 문서로 담보제공을 할 수 있도록 허가하여 주시기 바랍니다.

이렇게 점유이전금지가처분을 하고, 시아버지 유치권자가 집행정지를 위해 법원에 공탁명령으로 실제 공탁한 돈은 7,000만원이나 되었다.

공탁금에 대한 가압류를 집행하고 손해배상청구소송을 시작하였다.

유치권을 주장한다는 것은 곧 이 사건 부동산을 유치하고 있다는 것이고, 유치란 실질적인 점유를 말하는 것이며, 점유를 하고 있으면 당연히 관리비를 납부하여야 할 의무가 있다.

게다가 낙찰인이 잔대금을 납부한 이후부터는 낙찰인의 소유이므로, 낙찰인 유치권자로 인하여 사용·수익을 하지 못한다면 그 손해에 대하여서도 배상하여야 할 의무가 있는 것이다.

시아버지 유치권자는 현금까지 공탁했으니 얼마나 감사한가?

그러나 내가 조사한 바에 의하면 시아버지 유치권자는 영종도에 거의 수만 평의 토지를 소유하고 있는 100억원대의 재산가였으며, 부천에 소유한 주택의 토지면적도 100평이 넘었다.

5. 사건의 마무리. (이렇게도 감사할 수가…)

욕심이 화를 부른다.

은행에서 빚을 내었으면 갚아야 옳은 것 아닌가?

만약 너도나도 은행 빚을 안 갚고 떼어먹을 궁리를 한다면, 그런 사회는 경제적으로 불안하기 짝이 없을 것이며, 그런 나라는 디폴트를 선언해야 할 것이다.

소유자의 시아버지가 유치권을 9억원이나 신고한 이유는 은행 빚을 안 갚고 경매의 가격을 최대한으로 떨어뜨려서 자신이 되사기 위해서였다. 형편이 여의치 못하여 할 수 없이 은행 빚을 못 갚는 경우가 있을 수 있지만, 이 사건의 경우는 100억원이 넘는 놀라운 재력가가 은행 빚을 떼어 먹으려고 명의만 며느리 소유일 뿐이지 실제 자기 건물에 주인인 자기 자신이 유치권을 신고하였던 것이다. 결과적으로 인도집행을 막고 낙찰인으로부터 수단과 방법을 가리지 않고 돈을 뜯기 위하여 7,000만원을 현금공탁까지 하게 된 것이다.

시아버지 유치권자에게 청구한 손해배상사건은 오래 갈 것도 없이 내가 승소하는 판결을 받았다.

그런데 바로 윗층부터 전체를 사용하는 나이트클럽에서는 6억 5,000만원에 안마시술소를 매입하겠다는 의사를 전달해 왔다.

또한 시아버지 유치권자에 대하여 판결 받은 사건부터 집행하겠으며, 집행하지 못해 발생한 7,000만원의 관리비를 전부 나이트클럽에서 부담하겠다고 한다.

몇 달 싸우고 낙찰가 대비 더블로 벌게 된 것은 물론이고 관리비까지도 전부 해결하였으니, 더 이상 욕심을 부리다가는 나도 망할 것 같아 이쯤에서 손을 놓아야겠다고 생각했다.

유치권을 신고해서 반의반 값에 건물을 사게 하고 밀린 관리비까지 부담해 준 시아버지 유치권자의 그 매너에 대해서는, 감사장이라도 드려야 하지 않을까 싶다.

사실 이 사건 부동산을 맨 처음 답사했을 때부터 유치권하고는 거리가 먼 무지한 사람들로 판단했다. 왜냐하면 출입구에 A4용지로 '유치권이 있어서 점유를 한다.'고 소유자의 이름을 버젓이 적어서 붙여 놨기 때문이다.

예상대로 무식하고 무지하면서도 저돌적인 모습을 보였다.

실력이 가늠하는 세상이란 점을 다시 한 번 되새겨 보게 되었다.

06

다툼 없이 끝난 음식점의 유치권

1. 장사가 제법 되는 점포네

경기도 분당 구미동에 답사를 나가서 점심을 먹었다. 그런데 그 식당은 경매가 진행 중이었으며, 임차인이 유치권을 신고한 상태였다.

수원지방법원 성남지원 2008타경 22094 물건번호 1번 사건이다.

천당 밑에 있다고 하는 분당이긴 했지만, 구미동은 용인과 인접하여 가장 구석 지인 셈이다. 말하자면 천당과 분당 사이에 있다는 정자라는 동네와는 정반대라 고 해야 할 것 같다.

갈비와 불고기가 주 종목인 식당이고, 변두리의 상가 2층에 자리 잡은 식당임 에도 불구하고 식당 자체에서 제법 활발한 기운이 느껴졌고 손님도 제법 있는 편 이었다.

그리고 식당의 전용면적이 38평이니 결코 작고 옹색한 면적은 아니다.

감정평가금액이 4억 8,000원인데, 유찰이 세 번이나 되었다.

세입자가 보증금 3,500만원에 월세를 150만원씩 낸다고 하는데 유치권을 1억 3,200만원 신고하였고, 세입자의 남편도 1억 1,200만원의 공사대금을 담보하는 채권이 있다고 유치권 권리신고를 하였다.

유치권이 2억 4,400만원 신고되었는데 유치권을 신고한 사람들도 지금 장사를 하고 있는 세입자도 있어서 머리 아플 것 같으니 소위 기피물건이 되어, 아무도 거들떠보지 않는 상태에서 3회 유찰이 되어 최저매각가격은 2억 4,576만원까지 떨어진 것이다.

나는 점심을 먹으며 이것저것 살펴보다가, 세입자가 유치권을 신고한 이유는 이 점포를 아주 싸게 경락 받아서 장사를 계속하려는 마음이라고 판단을 하였다.

막상 입찰법정에서 뚜껑을 열어보니 응찰한 사람 다섯 명 중에서 2억 8,390만 원의 응찰가로 우리 쪽에서 최고가매수신고인이 되었다. 그리고 예상한대로 세입자도 들어왔지만, 끄트머리에서 두 번째의 응찰가로 점포를 잡지 못하였다.

2. 장사를 잘 하고 있는 사람이 점포를 가져야 옳다.

변두리의 독립상가 2층에서 갈비집을 하여 잘되기는 결코 쉬운 일이 아니다.

얼마나 많은 땀과 눈물이 들어갔는지는 해보지 않은 사람들은 알 수 없다.

또한 이렇게 몇 년 동안 많은 정성을 들여 일구어 놓은 점포를 놓치고 싶은 사람은 없을 것이다.

그렇다면 지금 세입자가 점포를 그대로 운영하도록 하는 것이 옳다. 하지만 전업으로 부동산경매를 하는 우리 팀의 수입이 없어서는 역시 안 될 것이므로, 알맞게 조정을 하는 것이 중요한 일이다.

그런데 먼저 유치권에 대하여 미련을 버리게 해야 한다.

소갈비를 요리하다가 유치권이 알아지는 것은 아니고 누가 옆에서 가르치고 조정하는 사람이 있을 것이었다. 그 덕분에 세 번이나 유찰이 된 것이지만, 하루 빨리 유치권의 꿈에서 벗어나게 해야 할 것이다.

나는 다음과 같이 세입자에게 편지를 보내기로 했다.

이 ○ 영 님 귀하

무더운 날씨에 하시는 일의 번성과 건강이 함께 하시기를 바랍니다.
본인은 귀하께서 세를 얻어 하○마루 식당을 운영하고 계신 구미동 휘미리프라자 201호 및 202호를 낙찰받은 낙찰인입니다.

저는 귀하와 귀하의 바깥어른께서 법원에 임차인으로서 유치권권리신고를 하신 점에 대하여 다음과 같이 알려드리지 않을 수 없음을 이해하여 주시기 바랍니다.

귀하들께서는 부부의 사이로 이 사건 부동산에 임차인으로 식당을 같이 운영하고 있으면서, 이 부동산에 유치권을 신고하여 일반인들이 응찰할 수 없도록 한 후, 수차 유찰시켜 아주 싼 가격에 부동산을 매수할 목적으로 2009. 2. 27. 귀하께서는 금132,000,000원의 유치권권리신고를 하였으며, 바깥어른이신 김○기님은 2009. 6. 8. 금112,000,000원의 공사대금의 채권이 있는 것으로 유치권권리신고를 하였습니다.

귀하들께서는 2009. 6. 8. 법원경매에 이 사건 경매에 입찰가액 금278,900,000원으로 응찰하므로 귀하들께서 고의적이며 악의적으로 허위 유치권을 신고하므로, 이 사건 부동산의 가격을 심히 저감시켜 귀하들이 저가로 매수하고자 획책하였다는 혐의를 받을 수 있다고 할 것입니다.

그러나 귀하들에게는 유치권이 성립될 수 없습니다.
귀하들께서는 유익비에 기한 유치권을 신고하였으나, 상가가 낡아서 보수를 하였으니, 바닥공사 및 인테리어공사. 수선비가 들었다고 하면서 유치권권리신고서를 통하여 주장한 반면, 실제 공사대금에 관하여서는 아무런 입증을 하지 못하였습니다.
오히려 귀하께서 집행법원에 제출한 임대차계약서의 특약사항 제 1조에 의하면 (2007. 9. 24.

작성된 연장계약서) 현 시설상태로 임차조건임 이라고 기재되어 있음을 알 수 있습니다.

이러한 계약서를 작성하고도 귀하께서 법원에 유치권권리신고를 하신 것은 명백히 허위의 사실을 기초로 한 것이 분명하다고 할 것입니다.

귀하께서 제출한 임대차계약서 제 5조에는 임대차계약이 종료된 경우에 임차인은 위 부동산을 원상으로 회복하여 임대인에게 반환한다.

고 명시되어 있습니다.

대법원 1975. 4. 22. 선고 73 다 2010 건물명도사건의 판결요지에서는 건물의 임차인이 임대차관계 종료 시에는 건물을 원상으로 복구하여 임대인에게 명도하기로 약정한 것은 건물에 지출한 각종 유익비 또는 필요비의 상환청구권을 미리 포기하기로 한 취지의 특약이라고 볼 수 있어 임차인은 유치권을 주장할 수 없다. 고 하였습니다.

이러한 법리에 따라 귀하들께서는 이 사건에서 유치권을 주장할 수 없다고 판단되는 것입니다.

저는 귀하들께서 이 서신을 받으시는 대로 유치권권리신고철회서를 법원에 제출하여 주시기를 바랍니다.

저는 유치권에 관한 형사사건의 기사와 판례를 같이 보내 드립니다.

이는 귀하를 위협하기 위해서가 아니라, 피차 아무런 감정도 없으니 원만하게 제가 점포를 인도 받기 위해서라는 점을 이해하여 주시기 바랍니다.

허위 유치권 행사, 수익원 갈취 시도 일당 기소

[뉴시스] 2009년 06월 29일(월) 오전 11:56 가↓ 가↑ 이메일| 프린트

【청주=뉴시스】 청주지검 형사제1부(부장검사 이수철)는 29일 부동산 경매가 진행되자 허위 유치권 권리신고를 한 뒤 부동산을 불법점유한 A씨(47)등 2명을 경매방해 혐의로 불구속 기소했다.

검찰은 또 허위 유치권을 주장하며 경락인을 상대로 수차례 협박해 수익원을 뜯어내려 한 B씨(54)등 2명을 공갈미수 혐의로 불구속 기소했다.

A씨 등은 2002년께 청주시 운천동에 있는 한 건물에 보일러와 엘리베이터 등의 공사를 한 뒤 2900만원을 받지 못한 상태에서 임의 경매절차가 진행되자 허위로 기재한 2억7256만원 상당의 견적서를 법원에 제출, 유치권 신고를 하는 등 경매를 방해한 혐의다.

B씨 등은 지난해 6월말께 C씨(41)가 이 건물에 대해 경락을 받자 허위 유치권을 빙자해 수차례 전화하거나 찾아가 협박하며 4억6000만원을 요구한 혐의도 받고 있다.

검찰조사 결과 이들은 경매를 유찰시키기 위해 허위로 고액의 유치권과 임차인 권리 신고를 한 뒤 제3자를 통해 저가에 경락을 받아 다시 정상적인 가격에 건물을 되팔아 수익을 얻으려 한 것으로 보고 있다.

검찰은 이에 따라 이같은 방법으로 정상적인 경매를 방해하는 경우가 더 있을 가능성이 높은 것으로 보고 수사를 확대하고 있다.

검찰은 또 경매가 진행 중인 부동산에 대해 불법 점유자들이 폭력조직 등과 연계해 허위 유치권과 임차권을 신고한 뒤 경매를 방해하는 행위도 있을 수 있다고 보고 첩보를 수집중이다.

이에 대해 검찰 관계자는 "유치권은 건물주가 공사비를 지급하지 않아 시공자가 건물을 점유하는 경우에 주로 발생하지만 경매로 소멸되는 것은 아니다"라며 주의를 당부했다.

박세웅기자

인천지검, 경매방해사범 3명 구속

[뉴시스] 2009년 02월 25일(수)

【인천=뉴시스】경매가 진행 중인 건물에 대해 인테리어를 했다거나 허위 세입자를 내세워 낙찰가격을 떨어뜨리는 등 경매를 방해한 일당들이 검찰에 적발됐다.

인천지검 형사4부(부장검사 윤보성)는 경매방해죄 등의 혐의로 부동산관리업체 이사 A씨(59)와 팀장 B씨(61), 부동산컨설팅업체 대표(59) 등 3명을 구속했다고 25일 밝혔다.

검찰에 따르면 이들은 지난해 5월 인천 부평구 부평동 A씨가 근무하는 회사 소유의 상가건물에 대해 경매가 신청되자 가공의 세입자를 내세워 1억5000만원 상당의 임차권을 행사한 혐의다.

이들은 또 C씨가 인테리어 공사를 한 것처럼 서류를 꾸미며 2억원 상당의 유치권을 행사한 혐의도 받고 있다.

이들은 경매가 진행 중인 건물에 고액의 임차권과 유치권을 신고해 경매를 유찰시켜 낙찰가격을 떨어뜨린 뒤 헐값에 사들여 되팔려고 했던 것으로 드러났다.

검찰은 부동산컨설팅 업체 및 폭력조직과 연계된 부동산 점유자들이 이같은 수법을 이용해 경매를 방해할 수 있을 것으로 보고 경매방해사범에 대한 단속을 강화할 계획이다.

구자익기자 jikoo@newsis.com

청주지검 前지자체장 동생 '경매방해' 기소연합뉴스

청주지검은 29일 경매로 자신의 부동산을 낙찰 받은 피해자 김모(41)씨에게 부동산 포기를 강요하며 협박한 혐의(경매방해 · 공갈미수)로 전 자치단체장의 동생 김모(47)씨와 전 게임장 업주인 서모(44)씨를 불구속 기소했다고 밝혔다.

검찰에 따르면 김씨는 지난해 1월 자신의 건물이 경매에 부쳐지자 공사업자인 윤모(44) · 김모(54)씨와 공모해 공사대금을 10배 가량 많은 2억7천여만원으로 부풀려 법원에 유치권 신고를 하는 등 경매를 방해한 혐의를 받고 있다.

김씨는 또 지인인 서씨와 함께 지난해 6~8월 허위로 작성한 공사대금 계약서를 내세워 경락인 김씨에게 건물 포기를 요구하며 4억6천만원을 요구하다 미수에 그친 혐의도 받고 있다.

검찰은 전 자치단체장의 동생 김씨와 지인 서씨, 윤씨, 김씨를 불구속 기소했다.

검찰 관계자는 "경매가 진행 중인 부동산에 대한 불법 점유자들이 폭력조직과 연계해 허위 유치권과 임차권 등을 신고해 경매를 방해하고 사기 또는 공갈 범행을 하는 사례가 있는지에 대해 수사를 확대할 예정"이라고 말했다.

저는 귀하께서 유치권을 주장하실 만큼 이 점포에 아무런 공사를 하지 않았음을 확인하였습니다.

최근의 위와 같은 기사들이 보도되고 있습니다만, 저는 제 소유의 점포를 지키자는 것뿐이며, 경매입찰방해, 위계에 의한 공무집행방해, 소송사기 등 구태여 현행법으로 해결하고자 한다면 피차 감정만 상하게 되고 득이 되는 점이 없을 것은 명확하다고 할 것입니다.

이 서신을 올리는 것은 사전에 이런 불상사를 막자고 하는 것이오니 귀하의 이해를 구합니다.

안녕히 계십시오

2009. 7. 1.

보내는 사람   박 ○ 호
                 서울 강남구 논현동

받으시는 분   이 ○ 영
                 경기도 성남시 분당구 구미동

세입자와는 별도로 법원에도 매수인의 자격으로 유치권권리배제신청서를 제출하였다.

낙찰인이 유치권이라는 권리를 배제하여 달라는 신청취지가 선뜻 이해가 되지 않을 수도 있지만, 유치권권리배제신청이란 반드시 채권자가 경매법원에 제출해야 하는 채권자의 전유물이 아니다.

권리관계가 있는 사람은 누구나 권리를 주장할 수 있을 터이고, 세입자의 유치권 주장으로 인하여 낙찰인에게 피해가 우려된다면 낙찰인도 세입자에게 유치권자의 권리를 배제하여 민사집행법 제91조 제5항에 규정한 유치권자로 대접하지 말아 달라는 취지의 유치권권리배제신청을 할 수 있다. 또한 유치권권리배제신청은 실제 어떤 양식이나 원칙이 없는 문서이다.

유치권 권리배제신청

사   건   2008 타경 22094 부동산임의경매

신 청 인(매수인)   박 ○ 호

피신청인(임차인) 이 ○ 영,   김 ○ 기

신 청 취 지

1. 피신청인들의 유치권권리신고는 아무런 법적근거가 없는 허위 유치권신고이므로, 피신청인들의 유치권권리신고를 배제하시어 매수인인 신청인이 경락부동산인도명령신청에서의 불이익 등 매수인의 권리기 침해되지 않도록 하여 주시기 바라나이다.

신 청 이 유

1. 사 실 관 계

신청인은 이 사건이 경매계류 중, 2009. 6. 8. 금283,900,000원에 응찰하여 최고가매수신고인이 되었고 같은 해 6. 15. 매각허가결정을 받아 정당한 매수인의 지위를 갖게 되었습니다.

2. 피신청인들의 유치권신고 목적

피신청인들은 부부의 사이로 이 사건 부동산에 임차인으로 식당을 같이 운영하고 있으면서, 이 부동산에 유치권을 신고하여 일반인들이 응찰할 수 없도록 한 후, 수차 유찰시켜 아주 싼 가격에 부동산을 매수할 목적으로 2009. 2. 27. 처이며 이 사건 부동산의 임차인인 이○영이 금132,000,000원의 유치권권리신고를 하였으며, 남편인 김○기는 2009. 6. 8. 금112,000,000원의 공사대금의 채권이 있는 것으로 유치권권리신고를 하였습니다.
(입찰을 실시하는 날인 2009. 6. 8. 남편인 김○기가 유치권권리신고를 한 이유는 이 사건 매각물건명세서에 유치권권리신고의 유무가 나와 있지 않으므로 입찰법정에서 집행관이 별도로 방송을 통하여 유치권신고내역을 경고하게 하여 응찰자들로 하여금 응찰을 포기하게 하려는 지능적인 계산인 것으로 보입니다.)

이들은 2009. 6. 8. 귀원의 이 사건 경매에 입찰가액 금278,900,000원으로 응찰하므로 이들이 고의적이며 악의적으로 허위 유치권을 신고하므로, 이 사건 부동산의 가격을 심히 저감시켜 피신청인들이 저가로 매수하고자 획책하였음이 입증되었다고 할 것입니다.

3. 피신청인들에게 유치권이 없는 이유

가. 피신청인들의 임차인으로써의 유익비 지출여부

　　피신청인들은 유익비에 기한 유치권을 신고하였으나, 상가가 낡아서 보수를 하였느니, 바닥공사 및 인테리어공사. 수선비가 들었다고 하면서 유치권권리신고서를 통하여 주장한 반면, 실제 공사대금에 관하여서는 아무런 입증을 하지 못하였습니다.
　　오히려 피신청인 이○영이 집행법원에 제출한 임대차계약서의 특약사항 제 1조에 의하면

(2007. 9. 24. 작성된 연장계약서) 현 시설상태로 임차조건임 이라고 기재되어 있음을 알 수 있습니다.

이러한 계약서를 작성하고도 피신청인의 유치권권리신고는 명백히 허위를 기초로 한 것이 분명하다고 할 것입니다.

나. 임차인의 원상회복의무

피신청인이 제출한 임대차계약서 제 5조에는 임대차계약이 종료된 경우에 임차인은 위 부동산을 원상으로 회복하여 임대인에게 반환한다고 명시되어 있습니다.

대법원 1975. 4. 22. 선고 73 다 2010 건물명도사건의 판결요지에서는 건물의 임차인이 임대차관계 종료 시에는 건물을 원상으로 복구하여 임대인에게 명도하기로 약정한 것은 건물에 지출한 각종 유익비 또는 필요비의 상환청구권을 미리 포기하기로 한 취지의 특약 이라고 볼 수 있어 임차인은 유치권을 주장할 수 없다. 고 하였습니다.

따라서 임차인과 임차인의 남편인 피신청인들은 이 사건에서 유치권을 주장할 수 없다고 판단되는 것입니다.

4. 결 어

피신청인들과 같이 아무런 입증자료도 없이 법리적인 이유도 없이, 오직 자신이 임차한 물건을 싸게 매입하기 위하여 유치권권리신고를 무차별적으로 감행하므로 법질서를 어지럽히고 매수인의보호를 위하여 인도명령을 강화한 민사집행법의 제정취지를 퇴색시키고 있습니다.

피신청인들과 같이 명백하게 허위를 기초로 한 유치권신고자까지 민사집행법 제 91조 제 5항이 규정한 유치권자라고 인정된다면 매수인에게 인도집행 시의 불이익이 명백히 예견되므로 피신청인들의 유치권자로써의 권리를 배제 하여 주시기를 신청하는 것입니다.

2009.   6.   .

위 신청인(매수인)   박 ○ 호

수원지방법원 성남지원 경매 5계 귀중

3. 결코 추하지는 않은 마무리

예상했던 바와 같이 세입자는 계속하여 이 점포에서 장사하기를 원했으며, 소위 브로커라는 사람이 가르쳐 주는 대로 유치권을 신고했었다.

또 말귀를 못 알아듣는 사람들도 아니었으므로 대화로써 쉽게 해결할 수 있었다.

세입자는 가장 먼저 법원에 유치권권리신고를 철회하는 신청을 하였고, 우리 팀에서는 경락잔금을 대출 받아서 세입자가 그대로 활용하여 부동산매입비용을 줄여 나갈 수 있도록 성의를 다하였다.

우리 팀의 이익금에 대하여 살펴보면, 먼저 세입자 쪽에서 우리가 예상했던 것보다는 넉넉한 금액을 제시하여 주었고 우리는 그대로 승낙하였다.

이런 일은 욕심을 많이 부리면 추하게 끝나기가 쉬운데 서로 이해하고 양보하는 마음이 있었는지, 다행히 깔끔한 처리를 할 수 있었다.

이 갈비집이 더욱 더 번창하여 이 상가건물 2층을 거의 다 사용할 만큼 장사가 잘되었으면 좋겠다.

관련 판례 대법원 1975.4.22. 선고 73다2010 판결 가옥명도

【판시사항】

임대차종료시에 임차인이 건물을 원상으로 복구하여 임대인에게 명도키로 약정한 경우에 비용 상환청구권이 있음을 전제로 하는 유치권 주장의 당부

【판결요지】

건물의 임차인이 임대차관계 종료시에는 건물을 원상으로 복구하여 임대인에게 명도하기로 약정한 것은 건물에 지출한 각종 유익비 또는 필요비의 상환청구권을 미리 포기하기로 한 취지의 특약이라고 볼 수 있어 임차인은 유치권을 주장을 할 수 없다.

【원 판 결】 서울고등법원 1973.11.23. 선고 72나2906 판결

【주 문】

상고를 모두 기각한다. 상고비용은 피고들의 부담으로 한다.

【이 유】

(1) 피고 김○자의 소송대리인의 상고이유를 판단한다.

원판결을 원설시의 증거들에 의하여 피고 김○자는 71.8.30 원고로부터 본건 건물을 다방으로 사용할 것을 승락받아 각종 내부시설을 하여 73.3 현재 다방시설로서 또는 일반 건물의 내부시설로서 각 원판시금액에 상당한 가액이 현존하는 사실을 인정하고 임대차계약서(갑 6호증)의 기재에 비추어 보면, 동 피고는 임대차관계 종료시에는 위 건물을 원상으로 복구하여 이를 원고에게 명도하기로 약정한 사실을 인정할 수 있어 이는 위 건물에 지출한 각종 유익비 또는 필요비의 상환청구권을 미리 포기하기로 한 취지의 특약이라고 인정함이 상당하다고 설시하여 원설시 유치권 주장을 배척한 취지가 분명하다.

논지는 위 사용승락을 원고가 한 것은 위 임대차계약이 있은 후에 일이므로 위 승락으로 말미암아 위 임대차계약에서 한 피고의 원상복구의 특약을 변경한 것으로 해석하여야 된다고 주장하나 건물사용승낙서(을 1호증)를 해 주었음은 임대인이 임차물을 사용케 할 임차계약에서 오는 당연한 법률상 의무를 표명한 것으로 볼 것이며 그로 말미암아 임대차계약의 내용이 변경된 것으로 볼 수 없다고 해석함이 당사자의 의사표시의 해석으로 타당하다 하겠으므로 같은 취지에서 한 원판결 판단은 옳고 논지는 채용할 길이 없으니 논지는 이유 없음에 돌아간다.

(2) 피고 강○재는 상고이유로 볼만한 자료가 일건기록에서 눈에 아니 뜨이니 그의 상고는 기각되어야 할 것이다.

이상 이유로 일치된 의견으로 주문과 같이 판결한다.

대법관 안병수(재판장) 홍순엽 민문기 임항준

07

모텔의 유치권 싸움

1. 모텔 뺏기고 유치권신고 당하고

잘 아는 사람이, 결코 만만하게는 생기지 않은 어떤 사람을 데리고 찾아왔다.

자신이 낙찰 받은 모텔에서 유치권을 행사하고 도무지 비워주지 않는 사람을 상대로 소송을 하고 있는 중인데 도와 달라는 것이다.

그런 문제라면 변호사에게 사건을 맡겨야지 왜 나에게 왔느냐고 물었다. 변호사를 선임하여 소송을 하고 있는 중인데, 아무래도 변호사의 소송을 대하는 자세가 미덥지 못하다는 것이다.

별로 내키지 않는 일이라 시덥지 않게 생각하고 건성으로 대꾸하고 말려고 했다. 그런데 막상 찾아 온 손님은 너무도 진지했고, 마치 내가 생사여탈권을 쥐고 있는 사람처럼 매달렸다.

사람은 누구나 "당신만이 할 수 있는 일이니 제발 한 번만 도와달라"고 하면, 마음이 움직이지 않을 수 없다. 결국 자세한 설명을 해보라고 했다.

그런데 설명을 들을수록 참으로 기가 막혔다.

한 편의 말만 듣고서야 정확하게 알 수는 없겠지만, 어찌 이런 경우가 있을 수가 있을까 하는 생각이 들었다.

박사장은 원래 이불공장을 하고 이불장사를 했단다. 특히 모텔에 알맞는 이불을 만들어서 부산과 대구, 경상남북도를 다니면서 15년을 팔다가 보니 모텔운영의 요령도 알게 되고 잘할 수 있겠다는 자신도 생기더란다. 그래서 허름한 모텔을 사서 리모델링을 하여 운영을 해보았단다.

그러다 보니 이불공장과 이불장사는 부업이 되었고, 방이 40개가 넘는 큰 모텔을 사서 운영하게 되었단다. 그런데 그 동안 함께 이불공장과 모텔운영으로 피곤했던 부인이 우울증에 걸려서 더 이상 안심할 수 없는 상태에 이르게 되어 모텔운영도 포기하고 산 좋고 물 좋은 곳에 가서 부인의 병이나 낫게 해 주었으면 좋겠다고 생각했단다. 그러던 차에, 강원도 평창에 건축한 펜션단지와 모텔을 교환하자는 제의가 들어와서 교환계약을 하고 강원도 평창의 산골짜기로 들어갔다고 한다.

돈을 벌려고 펜션 운영하러 들어간 것이 아니니 그냥 세월만 보내고 있었는데 문제는 등기이전이 되지 않는 것이었다.

그래서 등기부를 확인해 보니 이미 교환계약서와는 달리 펜션의 소유자는 교환계약을 체결한 장○용에서 이미 법인으로 소유권이 넘어가서, 도저히 이전을 해올 형편이 못되었다는 것이다.

부산에 돌아가서 "교환계약은 없던 것으로 하고 내 모텔을 돌려달라"고 했더니, 리모델링 비용이 5~6억원이 들어가서 돌려줄 수도 없다고 하더란다. 결국 은행대출금과 사채 이자도 내지 않아 모텔은 경매에 처해지게 되었다는 것이다.

겨우 정신을 차려서 바로 첫 경매에 자신의 모텔을 낙찰 받아서 잔금을 내고 소유권을 이전했는데, 이제는 유치권을 주장하며 나갈 생각을 안 하고 있어서 변호사에게 달려갔더란다. 그리고 유치권의 '유'자만 나와도 부산법원에서는 인도명령을 안 해주니 명도소송을 해야 한다고 해서 지금 명도소송 소장을 제출해 놓은 상태라고 했다. 유치권이 무엇인지도 모르겠고 변호사도 잘 모르는 눈치이므로 걱정이 되어서 밤에 잠이 안 온다는 딱한 사정이었다.

우선 경매사건부터 확인해 보았다

부산시 남구 문현동 000-00 OO모텔

대지 123평 건물573평 숙박용 방 41개

감정평가금액 23억 5,442만원

낙찰가 첫 경매에 24억 9,000만원

펄홀딩즈 라는 이름의 업체가 5억원의 유치권이 신고 되어 있다.

나는 장문의 준비서면을 통하여 담당한 변호사와는 조금 다른 각도로 사건을 정리해 갔다.

준 비 서 면

사　건　　2012 가합 1008 건물인도청구

원　고　　김○숙

피　고　　장○용 외1

위 사건에 대하여 원고는 다음과 같이 별도로 원고의 준비서면을 제출합니다.

다　음

1. 원고가 대리인인 변호인과 별도로 준비서면을 제출하는 이유

원고는 피고와 소송중인 부동산을 부산지방법원 동부지원에서 부동산경매로 매각허가결정을 받아서 매각대금을 납부하므로 소유권을 취득한지도 벌써 10개월의 시간이 흘렀습니다. 계쟁부동산을 담보로 하여 대출을 받아서 이자로 지급된 금액만 벌써 1억원이 넘어섰습니다. 원고는 이 부동산을 전혀 사용, 수익하여 보지 못하고 1억원이 넘는 이자를 납부하고 있다는 점이 지금의 참담한 현실입니다.

만약 원고가 본소에서 승소한다면 이 건물의 사용수익금으로 감정, 평가된 월1977만원은 원고가 피고에게 승소하면 받을 수 있으니 궁극적으로 원고에게 손실이 없을 것이라는 재판부의 견해가 있을 수 있을 것입니다.

그러나 피고 장○용은 원고가 파악하기로는, 피고 소유로는 아무런 재산이 없는 소위 무자력자로 판단이 됩니다. 피고가 무자력자라면 원고가 본 소에서 설령 승소한다고 하여도 재판부에서 판결서를 통하여 판결한 차임상당의 금액을 현실적으로 받을 수 없게 됩니다.

피고는 이러한 점을 악용하여 피고 자신이 유치권자가 아님을 잘 알고 있을 뿐 더러, 2012. 7. 10. 재판부에 제출한 준비서면을 통하여 피고 주식회사 펄홀딩스의 유치권주장을 철회하였으면서도, 피고 장○용이 임차인으로 유익비를 주장하며, 새로운 증거문서를 제출하겠다든지 하는 이유를 달아서 어떻게 하여서라도 재판기간을 길게 늘어나게 함으로 이 사건 건물에서 모텔영업을 얼마라도 더하여 수익을 몇 푼이라도 더 챙겨 가려고 획책하고 있습니다.

결론적으로 본 소의 재판기간이 길어질수록 피고에게는 이익이 되며 피고를 상대로 판결을 집행할 방법이 없는 원고에게는 현실적인 손실이 거듭 쌓이게 됩니다. 만약 피고가 원고의 주장과 같이 무자력자가 아니라면 피고는 스스로 명예를 지키기 위하여서라도 원고가 즉시 집행할 수 있는 재산을 재판부에 제시하여야 옳을 것입니다.

원고는 이러한 원고의 입장을 재판부에 말씀드리고 아울러 피고의 터무니없이 재판부를 기만하고 우롱하는 불법적인 행위와 주장을 논리적으로 고발하기 위하여 부득이 본 준비서면을 작성하여 제출하는 것입니다.

2. 피고가 신의칙을 위배한 행위는 누구나 알 수 있는 정도의 것입니다.

가. 피고 장장용이 유치권권리를 신고한 경위 및 이유

2011. 7. 4. 피고 장○용은 주식회사 펄홀딩스가 본 사건의 계쟁건물에 공사대금 522,120,850원을 담보하는 공사대금의 채권이 있다고 경매법원인 부산지방법원 동부지원에 유치권 권리를 신고하였습니다.

장○용은 자신이 신고한 이 유치권이 사실이 아니라고 2012. 7. 10. 유치권에 대한 권리주장을 철회하므로 스스로 금반언의 원칙을 위배하였음을 인정한 것입니다.

피고 장○용이 경매법원에 주식회사 펄홀딩스를 권리자로 하는 유치권권리를 신고한 이유는, 민사집행법 제 91조 5항에 규정된 "부동산경매사건의 매수인은 유치권을 인수하여야 한다." 는 법률조항을 악용하여

1) 경매사건의 매수인에게 5억여 원에 이르는 유치권신고금액을 사취하거나

2) 부동산경매절차에서 유치권의 부담을 감안하여 최저매각가격이 현저히 저감될 것이므로, 가격이 충분히 저감된 후 피고 쪽에서 이를 매수하여 큰 돈을 벌고자 하는 불법한 의도와 목적을 가지고 허위의 유치권을 신고한 것입니다.

피고 장○용은 지금까지 허위의 유치권을 휘두르며 불법적인 점유를 계속하므로 원고의 차임상당액의 손해가 감정평가서에 의하여서도 10개월분에 해당하는 2억원이 초과 됨에도 불구하고 법은 아직도 불법한 자를 보호하고 있으므로, 잘못 해석하다가는 법은 불법부당한 자들을 보호하기 위하여 존재한다는 국민의 불평과 불만이 쏟아질 수도 있을 정도라고 할 것입니다.

나. 피고가 유치권이 성립될 수 있는 정당한 점유권자인지에 대하여

피고는 어떠한 주장을 하여도 이 사건 부동산의 점유의 정당성을 찾을 수 없다는 사실에

대하여서는 피고 스스로 인식하고 있을 것입니다.

피고는 이 사건 건물의 소유권에 기하여 점유하고 있는 것은 아닙니다.
전세권이나 임차권에 기한 점유도 아니므로, 피고가 어떤 주장을 하여도 적법한 점유의 권원을 찾을 수도 없으며 인정받을 수 없음이 명백한 것입니다. 이 건물의 전 소유자인 박○규는 물론 현재 소유자인 원고도 역시 피고의 점유를 승낙한 사실이 전혀 없습니다.

피고 장○용의 이 사건 건물의 점유는 아무런 권리가 없는 무권점유이며, 악의의 점유입니다. 따라서 과실점유이며 하자점유라고 하지 않을 수 없으므로 피고 장○용이 본 사건의 건물을 점유한 사실은 어떠한 각도로 판단하여도 불법에 의한 점유인 것입니다.

또 피고의 점유는 점유권을 사기에 의한 의사표시로 취득한 것이므로 불법점유라 아니할 수 없으며 민법 제320조 제2항에 규정된 바와 같이 불법점유는 유치권이 성립될 수 없습니다.
소위 부동산 경매의 대부라고 자칭하는 피고가 자신이 행한 사기에 의한 의사표시로 취득한 불법점유를 인식하지 못할 수는 없는 것이므로 피고 스스로도 피고 자신에게 유치권이 성립될 수 없음을 잘 알고 있는 것입니다.

또 판례를 참조한다면 대법원 2012.1.27. 선고 2011다74949 판결 건물명도사건의 판결 요지를 보면, "물건의 소유자는 다른 특별한 사정이 없는 한 법률의 범위 내에서 그 물건에 관한 모든 이익(민법 제211조에서 명문으로 정하는 '사용, 수익, 처분'의 이익이 대표적인 예이다)을 배타적으로 향유할 권리를 가진다. 따라서 소유자가 상대방이 목적물을 권원 없이 점유·사용하여 소유권을 침해함으로 말미암아 재산상 손해를 입었다고 주장하여 그 손해의 배상을 청구하는 경우에는, 무엇보다도 상대방의 그러한 권리 침해로 인하여 소유자에게 재산상 손해가 발생하였는지를 살펴보아야 할 것인데, 그 경우 그 손해의 유무는 상대방이 당해 물건을 점유하는지에 의하여 좌우되지 아니하며, 점유 여부는 단지 배상되어야 할 손해의 구체적인 액을 산정함에 있어서 고려될 여지가 있을 뿐이다 (원고 소유물의 권원 없는 점유·사용으로 인한 부당이득반환청구에 관하여 대법원 2009. 11. 26. 선고 2009다35903 판결 참조).
나아가 피고가 원고의 소유물을 권원 없이 점유·사용하고 있다고 주장하여 손해배상을 청구하는 경우에, 비록 피고의 목적물 점유가 인정되지 아니한다고 하더라도, 원고가 점유 및 사용으로 인한 손해의 배상만을 청구하고 피고의 사용으로 인한 손해의 배상은 이를 바라지 아니한다는 의사가 표시되지 아니하는 한, 법원은 나아가 원고에게 피고의 사용권능 침해로 인한 손해가 있는지를 심리·판단하여야 할 것이다. 그리고 원고가 그 손해를 목적물의 차임 상당액으로 주장하였다고 하여도, 이는 일반적으로 자신에게 유리한 소송상 결과를 얻기 위한 의도 또는 소송수행상의 편의에서 나온 것에 불과하므로, 그것만으로 원고에게 위와 같이 사용으로 인한 손해도 이를 구하지 아니하는 의사가 표시되었다고 할 수 없다."고 하므로 정당한 부동산의 소유자는 법률로 보호를 받아야 한다는 점과 피고처럼 목적물을 권원 없이 점유·사용하여 소유권을 침해함으로 말미암아 재산상 손해를 입었다고 주장하여 그 손해의 배상을 하여야 한다는 취지를 설시하였습니다.

그렇다면 이 사건 건물에 대한 피고의 점유는 원고의 소유권을 아무런 권원 없이 침해하여 소유권자로써 사용 수익하는데 방해가 됨이 명백하므로 원고의 소유권에 기한 방해물배제 청구에 따라 즉시 원고에게로 인도하는 집행이 이루어져야 합니다.

다. 불법점유한 피고가 유익비를 원고에게 청구할 수 있는지에 대하여

부산에서 서울을 거쳐서 신의주까지 가는 철로는 일제시대에 일본에 의하여 건설되었고 사용되었음은 누구나 알고 있는 명백한 사실입니다.

일본제국의 한반도의 불법적인 강제점용에 의하여 우리는 일본에 청구권을 행사하였었습니다.

그러나 이러한 청구권 협상에서 일본이 철로 건설비를 청구하거나 혹은 1, 3번 국도의 건설비등을 유익비로 우리나라에 청구한 사실이 없습니다.

철로와 도로를 건설한 것은 이 나라와 이 국토와 이 민족에게 유익하게 하려고 한 것이 아니라 이 땅의 모든 재물과 산물을 수탈하고 자신들의 점유, 통치를 유리하게 하기 위한 방편으로 하였기 때문입니다.

피고는 주식회사 펄홀딩스의 유치권을 철회하면서 뜬금없이 피고 장○용의 유익비를 청구하고 있습니다.

피고 장○용이 청구하는 것은 건물을 유익하게 하려고 사용된 유익비가 아니라 자신이 장사를 더 잘하여 돈을 더 벌기 위한 필요에 의하여 사용된 것으로 군국주의 일본이 경부철도를 건설한 것과 같은 논리로 비데를 갈거나 욕조를 갈거나 TV를 설치하고 시건장치를 설치한 것임은 자명한 사실입니다.

사실이 이러함에도 불구하고 피고는 뻔뻔하고 역사에 기록된 범죄행위를 부정하며, 역사를 고치려고 획책하는 일본조차도 주장하지 않는 유익비를 주장하므로 피고 스스로 신의성실이 얼마나 결여된 자인지를 입증하고 있습니다.

임차인의 유익비에 대한 대법원의 판례의 태도는 (대법원 1994. 9. 30. 선고 94다20389,20396 판결 손해배상 참조)
"민법 제626조 제2항에서 임대인의 상환의무를 규정하고 있는 유익비란 임차인이 임차물의 객관적 가치를 증가시키기 위하여 투입한 비용을 말하는 것인바(당원 1991.10.8. 선고 91다8029 판결 참조), 원심이, 이 사건 간판은 원고가 이 사건 건물부분에서 간이 음식점을 경영하기 위하여 부착시킨 시설물에 불과하여 위 건물부분의 객관적 가치를 증가시키기 위한 것이라고 보기 어려울 뿐만 아니라, 그로 인한 가액의 증가가 현존하는 것도 아니어서 그 간판설치비를 유익비라 할 수 없다고"고 하였습니다.
임차인이 자신의 영업을 위한 간판설치비도 유익비로 간주되지 않는 상황에서 피고 장○용은 건물의 가액을 증가시키지 않고 자신의 영업을 위한 시설비를 유익비라고 주장하고 있음은 수긍할 수 없으며 받아들일 수도 없는 독자적인 주장입니다.

원고의 주장에 부응하는 사건으로 토지를 빌려서 농사를 짓는 토지 임차인이 자신의 생산고를 높이기 위하여 토지를 복토하고 적지 않은 퇴비, 기타비료를 넣고 또 배토를 하여 완전히 생산성이 높은 좋은 밭으로 만드는 데 소요된 비용은 객관적으로 유익비로 볼 수 없고, 경작자 자신들의 이익이 되는 일이므로 경작자인 토지의 임차인 자신들이 부담할 통상의 필요비라 하였습니다.(대법원 1966. 12. 20 선고 66다 1857 유익비 사건 참조)

따라서 자신의 영업을 원활히 하고자 하여 이 사건 건물에 몇 가지 수선을 한 피고 장○용의 수선비용은 도저히 유익비가 될 수 없는 것이므로 유익비를 구하고 주장하는 피고 장○용의 항변은 배척되어야 합니다.

라. 피고의 점유는 사기의 의사표시에 의한 것으로 명백한 불법입니다.

이 사건 피고의 점유는 소외 박○규 소유였던 이 사건 건물과 피고 장○용 소유의 강원도 평창군에 소재한 펜션과의 부동산 소유권을 교환하는 계약에서 비롯되었습니다.

그러나 피고 장○용은 소외인과의 계약과는 달리 자신의 소유였던 부동산을 소외 박○규에게로 소유권을 적법하게 이전해 준 것이 아니라, 엉뚱하게도 피고 주식회사 펄홀딩스 명의로 소유권을 이전하므로 이 부동산의 소외 박○규의 소유로 소유권 이전이 이행불능이 되었고 이에 따라 피고 장○용과 소외 박동규 사이에 체결된 부동산교환계약은 해제되기에 이른 것입니다.

그뿐 아니라 교환계약기간 내에 피고 장○용이 부담하기로 약정된 이 사건 건물에 대한 이자납입을 기한의 이익을 완전히 상실할 정도에 이르도록 전혀 납부하지 않으므로 이 사건 건물이 경매에 이르게 된 것입니다.

그렇다면 피고 장○용과 소외 박○규와의 부동산교환계약의 해지는 그 귀책사유가 명백히 피고 장○용의 기망행위와 사기에 의한 의사표시로 인하여 계약의 이행이 불가능하게 된 것임이 명백하다고 할 것입니다.
원고의 이러한 정당한 주장을 피고 장○용이 반박하기 위해서는 강원도 평창군에 소재하는 팬션들의 등기부를 위조하기 전에는 불가능할 것입니다.

사기의 의사표시에 관한 대법원 판례의 태도를 보면 "사기에 의한 의사표시는 민법상 당연히 무효가 아니라 취소의 대상이 되는 것뿐이므로 피해자가 피고인들과의 이 사건 토지 매매계약을 사기에 의한 의사표시임을 이유로 취소 또는 해제하지 않는 한 그 계약의 효력은 그대로 존속하는 것으로서 특단의 사정이 없는 한 그 대금전액의 반환을 구하거나 대금 전액 상당의 손해배상을 구할 수는 없는 이치라고 할 것인바, (대법원 1985.11.12. 선고 85도1765 판결)" 라고 하므로 피고의 사기에 의한 계약은 취소 또는 해제할 수 있음을 표시하였습니다.
또 대법원 1985.4.9. 선고 85도167 사건에서는 "기망행위로 인하여 법률행위의 중요부분에 관하여 착오를 일으킨 경우 뿐만 아니라 법률행위의 내용으로 표시되지 아니한 의사결정의 동기에 관하여 착오를 일으킨 경우에도 표의자는 그 법률행위를 사기에 의한 의사표시로서 취소할 수 있다."라고 판시하므로 피고 장○용이 소외 박○규에 대하여 기망행위와 사기에 의한 의사표시로 부동산교환계약을 체결한 것은 계약이 해제될 수 있음을 명백히 하고 있습니다.

마. 피고 장○용이 신의칙을 위배한 점유를 행함에 대하여

　　부동산교환계약이 피고 장○용의 귀책사유로 인하여 해제되자 소외 박○규는 즉시 점유를 피고 장○용에게 반환하였음은 당심 증인 백 ○하의 증언으로도 명백히 알 수가 있습니다. 즉 소외인은 교환계약의 해제를 피고 장○용에게 통보하고 즉시 점유를 이전하여 주므로 당심 증인 백○하는 본 사건의 공판에 증인으로 참석하여 피고 장○용의 명을 받아 소외 박○규로부터 점유를 이전 받아 관리하기에 이르렀다고 증언을 하고 있습니다.

　　피고 장○용으로부터 수십 개월 급여를 받았던 피고들의 고용인의 증언이므로 피고들도 이 사실을 외면할 수 없을 터이며 명백한 사실이기도 합니다.

　　그러나 이에 반하여 피고 장○용은 터무니없는 유치권을 주장하다가, 공사업자라고 주장하는 신○필의 주소지를 관할하는 세무관서 및 피고들이 사업자등록을 한 세무관서에서 아무런 공사를 한 사실이 없음이 확인되자 할 수 없이 피고 주식회사 펄홀딩스의 유치권이 부존재하다는 취지의 유치권철회를 한 것입니다.

　　이러한 유치권 철회 대신에 피고 장○용은 다시 유익비를 청구하는 비양심적인 재판상의 청구를 하고 있음이 지금 이 재판의 현상입니다.

　　신의칙을 철저하게 위배하고 금반언의 원칙을 저버린 피고 장○용의 항변은 형법상에 경매입찰방해의 죄와 사기의 죄로 처벌이 불가피함은 별론으로 하여도 도무지 말이 되지 않으므로, 즉시 원고의 청구는 인용이 되어야 하며 피고 장○용의 주장은 배척되는 판결이 내려져야 할 것입니다

3. 유치권이라는 훌륭한 제도를 악용한 피고들의 항변은 즉각 배척되어야 합니다.

우리 법에서 유치권제도는 무엇보다도 권리자에게 그 목적인 물건을 유치하여 계속 점유할 수 있는 대세적 권능을 인정한다(민법 제320조 제1항, 민사집행법 제91조 제5항 등 참조).고 하였습니다.

그리하여 소유권 등에 기하여 목적물을 인도받고자 하는 사람(물건의 점유는 대부분의 경우에 그 사용수익가치를 실현하는 전제가 된다)은 유치권자가 가지는 그 피담보채권을 만족시키는 등으로 유치권이 소멸하지 아니하는 한 그 인도를 받을 수 없으므로 실제로는 그 변제를 강요당하는 셈이

된다. 그와 같이 하여 유치권은 유치권자의 그 채권의 만족을 간접적으로 확보하려는 것이다.

그런데 우리 법상 저당권 등의 부동산담보권은 이른바 비점유담보로서 그 권리자가 목적물을 점유함이 없이 설정되고 유지될 수 있고 실제로도 저당권자 등이 목적물을 점유하는 일은 매우 드물다.

따라서 어떠한 부동산에 저당권 또는 근저당권과 같이 담보권이 설정된 경우에도 그 설정 후에 제3자가 그 목적물을 점유함으로써 그 위에 유치권을 취득하게 될 수 있다. 이와 같이 저당권 등의 설정 후에 유치권이 성립한 경우에도 마찬가지로 유치권자는 그 저당권의 실행절차에서 목적물을 매수한 사람을 포함하여 목적물의 소유자 기타 권리자에 대하여 위와 같은 대세적인 인도거절권능을 행사할 수 있다(대법원 2009. 1. 15. 선고 2008다70763 판결 등 참조). 고도 하였습니다.

따라서 부동산유치권은 대부분의 경우에 사실상 최우선순위의 담보권으로서 작용하여, 유치권자는 자신의 채권을 목적물의 교환가치로부터 일반채권자는 물론 저당권자 등에 대하여도 그 성립의 선후를 불문하여 우선적으로 자기 채권의 만족을 얻을 수 있게 된다.

이렇게 되면 유치권의 성립 전에 저당권 등 담보를 설정 받고 신용을 제공한 사람으로서는 목적물의 담보가치가 자신이 애초 예상·계산하였던 것과는 달리 현저히 하락하는 경우가 발생할 수 있다. 이와 같이 유치권제도는 "시간에서 앞선 사람은 권리에서도 앞선다."는 일반적 법원칙의 예외로 인정되는 것으로서, 특히 부동산담보거래에 일정한 부담을 주는 것을 감수하면서 마련된 것이다. (대법원 2011.12.22. 선고 2011다84298 판결 유치권부존재확인)

위와 같이 예측할 수 없는 손해를 당할지 모를 공사업자들을 위하여 제정된 훌륭한 법률인 민법상의 유치권제도가 피고들과 같이 법을 악용하는 자들에 의하여 정당한 부동산의 소유권자를 괴롭히고, 부당하고 불법하게 돈을 갈취하는 방안으로 변모하여 사용됨은 유감스럽기 그지없는 일이라 아니할 수 없습니다.

현재도 부동산 경매사건에서 피고들과 같이 수많은 허위 유치권자들이 부동산경매질서를 혼란스럽게 하고 있는 점도 역시 숨길 수 없는 사실이기도 합니다.

특히 피고 장○용과 같은 실질적으로 무자력자가 원고 소유의 부동산을 불법으로 점유하여 벌써 2억원 이상의 손해를 입히고 있음은 개탄하여야 할 일이며, 원고가 피고로부터 이 사건 건물을 인도 받기까지 얼마나 많은 손해를 더 감수하여야 할지 알 수 없는 지경에 이르고 있습니다.

원고의 이와 같은 주장은 전부 명백한 증거에 의하여 제기하고 있음도 또한 명백한 사실임을 재판부에서도 익히 알고 계실 줄 믿습니다.

4. 조속히 결심하여 주실 것을 촉구합니다.

피고 장○용은 유치권에 대하여 잘 아는 부동산경매의 기술자라고 자칭하면서 얼마나 많은 사람들에게 피해를 주어 왔는지 원고가 듣고 확인한 것만으로도 가늠하기 어려울 정도입니다.

이미 본 사건의 재판부에서는 피고 장○용의 주장과 항변이 얼마나 어이가 없으며, 또한 피고 장○용이 이 사건 소장을 2012. 4. 2. 송달 받은 후에도 전혀 재판에 응하려 하지 않고 있다가, 2개월이 지나 판결을 선고할 즈음에 이르러 변론재개신청을 하는 등 얼마나 불성실하게 대처하여 왔는지는 재판기록상 명백히 나타나고 있습니다.

피고 장○용으로 인하여 자살을 기도하였던 사람도 있고, 경제적으로 패가망신한 사람도 있는 현실에서 원고조차도 악의의 가해자인 피고 장○용으로 인하여 말할 수 없는 손해를 입고 있음도 명백한 사실입니다.
피고 장○용은 아무것도 잃을 것이 없다는 무자력자이므로 원고가 더 이상은 피고 장○용으로부터 손해를 입을 수 없는 사정임을 재판부에서는 인정하여 주시어서 조속히 이 사건 결심을 하여 수시고 판결하시어서 원고가 가집행부로 선고된 판결서에 따라 피고에게 가집행을 완료하므로 더 이상 원고가 손해를 보고 또 출혈하여야 하는 어려움이 없도록 재판부에서 정의로운 자를 도와주시옵기를 간절히 바랍니다.

2012. 8. .
원 고   김 ○ 숙

부산지방법원 동부지원 제2민사부 귀중

2. 부동산교환은 패가망신 당하는 지름길이다.

이 사건에도 부동산의 교환이 문제가 되었다.

나는 어느 누구에게나 절대 부동산을 교환하지 말라고 강조한다.

부동산이 처분도 되지 않고 수익도 발생하지 않아서 마음이 답답할 때 찾아오는 것이, 다른 부동산과 바꾸면 어떨까 하는 유혹이다.

부동산 교환은 이론적으로는 평등한 가격의 부동산을 교환하므로 서로 사용수익에 도움이 되고자 하는 것이지만, 실제로는 불공정한 가치의 교환으로 한 사람은 피해를 볼 수밖에 없는 상황에 이르게 된다.

부동산중개업 쪽에서 일을 하는 사람들도 교환을 취급하는 사람 중에서 구속 수감되어보지 않은 사람이 거의 없을 만큼 위험한 일이다. 하지만 남을 망하게 하면서 자신은 이득을 얻는 유혹에서 쉽게 헤어 나오지 못하는 것이다.

이 사건도 멀쩡하고 장사가 잘되는 모텔을 강원도 산골의 펜션과 교환하지 않았다면, 자기 소유의 모텔이 교환한 당사자에 의하여 경매가 시작되고, 다시 자신이 또 경매로 이 모텔을 낙찰을 받아야 하는 어려움에 봉착하지는 않았을 것이다.

20억원이 넘는 돈을 주고 자기 물건을 낙찰 받아서, 교환한 사람이 유치권을 주장하는 덕분에 소송을 하고 판결을 받아서 강제집행을 하여 물건을 되찾아오는데, 또 꼬박 1년 동안의 세월을 보내야만 했다.

교환 당사자인 장○용은 무식한 사람인데 경매에는 기술자라고 하고, 교환에다가 유치권의 기술을 접목하여 남에게 피해를 입히는 기술을 가졌다.

장○용은 경매와 유치권을 좀 알고 남을 죽이는 교환에 대하여 잘 아는 덕분에, 2년 동안 자기 돈은 한 푼도 안 들이고 이자도 안 내고 장사가 잘되는 모텔을 거저 운영하였으니 아마도 10억원은 벌었을 것이다.

교환 상대방이 10억원을 벌어가는 동안 순진한 우리의 박사장은 바보 같이 발만 동동 구르며 2년의 시간을 보낸 것이다.

박사장은 부동산교환도 몰랐고, 유치권에 대해서는 더 몰랐으며 부동산경매 또한 잘 알지 못했으니, 걷어 채이고 두드리는 대로 두들겨 맞는 봉변에서 피할 길이 없었던 것이다.

우리나라 사람들은 툭하면 "몰라서 그랬다."는 말을 잘 한다. 이런 경우에는 모르는 것이 원인이 되어 거의 초죽음을 당하게 되는 것이고, 심하면 패가망신까지 당한다.

이 소송에서 박사장은 1년 만에 겨우 이겼다.

가집행선고부의 판결을 받았으므로 1심이 끝나자마자 바로 인도집행은 할 수 있었으나, 여기서도 장○용이 또 물고 늘어지는 문제를 일으켰다.

모텔의 방마다 비치된 TV, 냉장고, 에어컨, 침대 등의 동산은 자기 소유라는 것이다.

부동산경매에서의 모든 방어기술을 아낌없이 발휘하여 자신을 방어하는 악질을 만난 것이다.

이 사건의 동산 처리에 대한 소송과 건물인도청구의 판결문을 보도록 하자.

부산지방법원 동부지원
제 2 민 사 부
판　　　결

사　　　건　2012 가합 1008 건물인도

원　　　고　A

피　　　고　1. 주식회사 B
　　　　　　　2. C

변론종결　2012. 10. 12.

판결선고　2012. 10. 26.

주　문

1. 피고들은 원고에게
　가. 별지 기재 부동산을 인도하고
　나. 각자 132,479,100원 및 이에 대한 2012. 6. 15.부터 갚는 날까지 연 5%의 비율로
　　　계산한 돈과 2012. 6. 1.부터 위 부동산을 인도할 때까지 월 19,773,000원의 비율로
　　　계산한 돈을 지급하라.
2. 소송비용은 피고들이 부담한다.
3. 제 1항은 가집행할 수 있다.

청 구 취 지

주문과 같다.

이   유

1. 인정사실

가. 피고 C는 2010. 4. 29. D와 사이에 피고 C 소유인 강원 평창군 E 대 5,643㎡, 같은 리 F 임야 2,121㎡, 같은 리 G 임야 3,745㎡, 같은 리 H 임야 559㎡, 같은 리 I 임야 768㎡ 및 같은 리 J 펜션(이하 '이 사건 펜션'이라 한다)과 D 소유인 부산 남구 K 대 408㎡, 같은 동 L 대 18㎡, 같은 동 M 대 13㎡ 및 같은 동 K, M 지상 N 모텔(이하 '이 사건 모텔'이라 한다)을 교환하는 계약(이하 '이 사건 교환계약'이라 한다)을 체결하고, 피고 C은 이 사건 모텔과 그 부지에 설정된 근저당권의 피담보채무(국민은행에 대한 18억원의 대출금 채무 및 O에 대한 4억원의 차용금 채무)를, D는 이 사건 펜션과 그 부지에 설정된 근저당권의 피담보채무(신용협동조합중앙회.대관령신용협동조합에 대한 8억 1,000만원의 대출금채무)를 각 인수하고 피고 C은 D에게 교환차액으로 3억원을 지급하기로 하였다.

나. 피고C은 D에게 같은 날 3,000만원, 2010. 5. 15. 1억원, 2010. 5. 30. 1억 7,000만원을 지급하였으나, 이 사건 모텔과 그 부지의 근저당권자인 O이 피고 C의 채무인수를 승낙하지 않는 바람에 위 각 부동산의 소유권이전등기절차를 마치지 못하였고, 이에 D와 피고 C은 2010. 6. 1. 경 이 사건 모텔과 그 부지에 설정된 근저당권의 피담보채무에 대한 이자는 피고 C이 부담하고 이 사건 펜션과 그 부지에 설정된 근저당권의 피담보채무에 대한 이자는 D 가 부담하는 조건으로 피고가 이 사건 모텔과 이 사건 펜션을 모두 관리하고, 피고 C은 매달 D의 국민은행 및 O에 대한 각 채무의 이자 상당액에서 피고 C의 신용협동조합에 대한 채무와 이자 상당액을 공제한 금액과 펜션 운영으로 인한 수익금을 정산하여 D에게 지급하기로 약정하였다.

다. 피고 C은 2010. 0.경 D와 사이에 피고 C이 이 사건 모텔과 그 부지에 설정된 피담보채무를 인수하고 기존에 지급한 3억원 외에 추가로 4억원을 더 지급하여 이 사건 모텔과 그 부지를 모두 매수하는 내용의 계약(이하 '이 사건 변경계약'이라 한다)을 체결한 후, 2010. 12. 16. 이 사건 펜션과 그 부지에 관하여 피고 C이 대표이사로 있는 주식회사 B(이하 '피고 회사'라 한다)명의로 2010. 11. 4.자 매매를 원인으로 한 소유권이전등기를 마쳤다.

라. 그 후 이 사건 모텔과 그 부지에 관하여 근저당권자인 O의 신청으로 2011. 4. 1. 부산지방법원 P로 임의경매절차가 개시되었고, D의 처형인 원고가 2011. 11. 11. 이를 경락받아 같은 날 소유권이전등기를 마쳤다.

마. 피고 회사는 2011. 7. 4. 이 사건 모텔에 관한 위 임의경매절차에서 실내인테리어 공사비
로5억원을 지출하였다고 주장하면서 유치권에 기한 권리신고 및 배당요구신청을 하였고,
피고 C은 현재까지 이 사건 모텔에서 Q모텔이라는 상호로 영업을 하고 있다.

[인정근거] 다툼 없는 사실, 갑 제1 내지 3, 5, 9 내지 11, 32 내지 34호증(각 가지번호 포함)의
각 기재, 변론 전체의 취지

2. 인도청구에 대한 판단

가. 위 인정사실에 의하면, 원고는 이 사건 모텔의 소유자이고, 피고들은 이 사건 모텔을 점유
사용하고 있다고 할 것이므로, 특별한 사정이 없는 한 피고들은 원고에게 이 사건 모텔을
인도 할 의무가 있다.

나. 피고 C의 유치권 항변
1) 당사자의 주장
피고 C은 이 사건 모텔을 점유하면서 인테리어 비용 등으로 2010. 6. 1.부터 같은 해
1.30.까지 517,629,950원을 지출하였으므로, 위 유익비를 상환받을 때까지 이 사건
모텔을 인도해 줄 수 없다고 항변한다.
2) 판단
갑 제6호증, 을 제1 내지 26,30호증(각 가지번호 포함)의 각 기재는 갑 제22, 23호증의
각 기재, 증인 R의 증언, 이 법원의 반포세무서장, 수영세무서장에 대한 각 사실조회결
과 및 변론 전체의 취지에 비추어 피고 C이 이 사건 모텔 공사비로 517,629,950원 상
당을 지출한 사실을 인정하기 부족할 뿐 아니라, 피고 C이 지출하였다고 주장하는 비용
중 화장실 악세사리, 텔레비전, 컴퓨터, 냉장고, 에어컨, 이불 등은 퇴거시 취거가 가능
한 동산으로 위 물품 구입비용은 유익비의 대상이 되지 않고, 욕조 교체공사, 객실키 및
객실관리시스템 교체공사, 주차지설 개조공사 등은 피고 C이 이 사건 모텔에서 자신이
나 피고 회사의 영업의 편익을 위하여 실시한 것으로서 위 공사로 인하여 이 사건 모텔
자체의 객관적 가치가 증가하였다거나 그 가치의 증가가 현존한다고 보기도 어렵다.
따라서 피고 C이 이 사건 모텔을 점유하면서 지출한 공사비용이 유익비가 됨을 전제로
하는 위 피고의 항변은 이유 없다.

다. 신의칙 위반 항변

1) 당사자의 주장

피고들은, D는 이 사건 교환계약을 이행불능으로 만들기 위해 자신의 처형인 원고와 통모하여 이 사건 모텔에 관한 임의경매절차에서 원고의 명의로 이 사건 모텔을 매수하였는바, 원고가 이 사건 모텔의 소유자로서 피고들에게 인도를 구하는 것은 신의성실에 원칙에 반하며, 권리남용에 해당한다고 주장한다.

이에 대하여 원고는, 자신의 동생인 S과 이 사건 모텔을 경매절차에서 매수하여 동업하기로 하고, 원고는 이 사건 모텔 및 그 부지와 자신의아파트를 공동담보로 하여 은행으로부터 15억 8,000만원을 대출받고 S은 자신 소유의 부산 사상구 T 소재 U모텔을 V에게 임대하면서 받은 임차보증금 7억원을 보태어 이 사건 모텔의 매수대금을 마련하였을 뿐, D의 자금 으로 매수한 것은 아니라고 주장한다.

2) 판단

갑 24 내지 30호증(각 가지번호 포함)의 각 기재에 변론 전체의 취지를 종합하여 인정되는 다음과 같은 사정, 즉 이 사건 모텔의 경매절차는 근저당권자인 O의 경매신청으로 개시된 점, 원고의 동생인 S은 원고와 이 사건 모텔을 경매절차에서 매수하여 동업하기로 하고 2011. 9. 22. 자신 소유의 부산 사상구 T 토지 및 그 지상 건물인 U모텔에 관하여 W 및 X에게 채권최고액 360,000,000원으로 근저당권을 설정하여 주고 300,000,000원을 빌린 후, 2011. 10. 경 이 사건 모텔을 원고 명의로 2,490,101,000원에 경락받으면서 지급보증금으로 249,001,000원을 지급한 점, 그 후 S은 2011. 9. 24. 위 U모텔의 임차보증금 7억원에 V에게 임대하면서, 같은 날 계약금 3억원을, 같은 해 11. 2. 잔금 4억원을 지급 받은 점, S은 2011. 11. 4. 원고에게 7억원을 송금한 점, 원고는 2011. 11. 11. 이 사건 모텔 및 그 부지와 자신 소유의 부산 북구 Y아파트 101동 902호를 공동담보로 하여 문현1동 새마을금고로부터 15억 8,000만원을 대출받은 점, 원고는 2011. 11. 11. 대출받은 15억 8,000만원에 S이 송금한 7억원을 보태어 잔금 2,242,000,000원을 납부한 점, 원고는 대출이자로 매달 840만원 가량을 지급하는 점 등에 비추어 보면, D가 이 사건 교환계약을 이행불능으로 만들기 위해 원고와 통모하여 원고 명의로 이 사건 모텔을 경락받았다고 보기 어렵고, U모텔의 실제 소유자는 D라는 취지의 을 제27호증의 기재 및 증인 Z의 증언만으로는 D가 이 사건 모텔의 경락대금을 마련하였다고 보기 부족하며, 달리 원고의 청구가 신의성실의 원칙에 반한다거나 권리남용에 해당한다고 볼 증거가 없으므로, 피고들의 위항변은 이유 없다.

3. 부당이득반환 또는 손해배상청구에 관한 판단

가. 위 인정사실에 의하면. 피고들은 이 사건 모텔을 점유.사용함으로써 사용이익을 얻고 이로 인하여 원고에게 같은 금액 상당의 손해를 가하고 있다 할 것이므로, 피고들은 각자 원고에게 이 사건 모텔에 대한 사용이익 상당을 부당이득으로 반환할 의무가 있다.

나. 나아가 피고들이 반환하여야 할 부당이득금의 액수에 관하여 살피건대, 통상의 경우 부동산의 점유·사용으로 인한 이득액은 그 부동산의 차임 상당액이라고 할 것인바, 갑 제21호증의 기재 및 변론 전체의 취지를 종합하면, 2010. 10. 25.부터 2011. 10. 24.까지 이 사건 모텔의 차임은 월 19,773,000원인 사실을 인정할 수 있고, 그 이후의 차임도 같은 금액으로 추인되므로, 피고들이 반환하여야 할 부당이득의 액수는 피고들이 이 사건 모텔 점유일 이후로서 원고가 소유권을 취득한 2011. 11. 11.부터 이 사건 모텔의 인도 완료일까지 월19,773,000원의 비율로 계산한 금원이 된다.

다. 따라서 피고들이 각자 원고에게, 2011. 11. 11.부터 2012. 5. 31.까지 6개월 21일 동안 월19,773,000원의 비율로 계산한 부당이득금 132,479,100원 및 이에 대한 이 사건 청구취지 및 청구원인 변경신청서 송달일 다음날인 2012. 6. 15.부터 갚는 말까지 민법이 정한 연5%의 비율로 계산한 지연손해금과 2012. 6. 1.부터 이 사건 모텔의 인도완료일까지 월19,773,000원의 비율로 계산한 부당이득금을 지급할 의무가 있다.

4. 결론

그렇다면 원고의 이 사건 청구는 이유 있으므로 이를 인용허기로 주문과 같이 판결한다.

재판장　판사　설민수
판사　이승재
판사　이미경

3. 승소해도 손해배상은 받을 길이 없다.

박사장은 승소하였고, 엉터리 유치권자는 항소했다. 하지만 항소심에서도 같은 이유로 박사장이 승소하므로 논리적으로는 매월 1,977만원의 돈을 유치권자의 부당이득에 대한 손해배상금 명목으로 받을 수 있는 판결을 받았다.

그러나 이 많은 돈을 물어주려고 했다면 터무니없는 허위 유치권으로 남의 재산을 갉아 먹었을 리 없을 터이고, 있는 재산도 식구들 앞으로 이전해 놓고 작정하고 덤비는 완전 무자력자이니 재판에 이겨도 돈을 받아 낼 방법이 없다.

박사장은 동산에 관한 소송도 이겨서 모텔의 집기나 비품까지 완전히 자기의 것이라는 판결을 받았지만, 엉터리 유치권자에게 오히려 2,000만원이라는 돈을 더 주고 영업권을 사들일 수밖에 없었다.

울며 겨자먹기 식으로, 유치권을 없앤 점에 만족해야 했다.

대법원 1994.9.30. 선고 94다20389,20396 판결　손해배상(기), 건물명도(반소)

【판시사항】

가. 임차인이 지출한 간판설치비가 유익비 인지의 여부

나. 임차인이 임차목적물을 반환할 때에는 일체 비용을 부담하여 원상복구를 하기로 약정한 경우, 임차인의 유익비상환청구권을 포기하기로 한 특약이라고 볼 것 인지의 여부

다. 임대차계약 종료 후 임차인이 동시이행의 항변권을 행사하여 임차목적물을 계속 점유한 경우 불법점유로 인한 손해배상책임이 발생하는지 여부

【판결요지】

가. 민법 제626조 제2항에서 임대인의 상환의무를 규정하고 있는 유익비란 임차인이 임차물의 객관적 가치를 증가시키기 위하여 투입한 비용을 말하는 것이므로, 임차인이 임차건물부분에서 간이 음식점을 경영하기 위하여 부착시킨 시설물에 불과한 간판은 건물부분의 객관적 가치를 증가시키기 위한 것이라고 보기 어려울 뿐만 아니라, 그로 인한 가액의 증가가 현존

하는 것도 아니어서 그 간판설치비를 유익비라 할 수 없다.

나. 임대차계약 체결시 임차인이 임대인의 승인하에 임차목적물인 건물부분을 개축 또는 변조할 수 있으나 임차목적물을 임대인에게 명도할 때에는 임차인이 일체 비용을 부담하여 원상복구를 하기로 약정하였다면, 이는 임차인이 임차목적물에 지출한 각종 유익비의 상환청구권을 미리 포기하기로 한 취지의 특약이라고 봄이 상당하다.

다. 임대차계약의 종료에 의하여 발생된 임차인의 임차목적물 반환의무와 임대인의 연체차임을 공제한 나머지 보증금의 반환의무는 동시이행의 관계에 있는 것이므로, 임대차계약 종료 후에도 임차인이 동시이행의 항변권을 행사하여 임차목적물을 계속 점유하여 온 것이라면 임차인의 그 건물에 대한 점유는 불법점유라고 할 수 없으므로, 임차인이 임차목적물을 계속 점유하였다고 하여 바로 불법점유로 인한 손해배상책임이 발생하는 것은 아니라고 보아야한다.

【참조조문】

가.나. 민법 제626조 제2항 가. 민법 제654조(제615조) 다. 민법 제618조, 제536조

【참조판례】

가. 대법원 1991.10.8. 선고 91다8029 판결(공1991,2682)

다. 대법원 1989.10.27. 선고 89다카4298 판결(공1989,1784)

　　　1992.5.12. 선고 91다35823 판결(공1992,1840)

　　　1993.11.23. 선고 92다38980 판결(공1994상,162)

【원심판결】 서울민사지방법원 1994.2.18. 선고 93나30036,30043(반소) 판결

【주 문】

상고를 모두 기각한다. 상고비용은 각자의 부담으로 한다.

【이 유】

1. 원고(반소피고, 이하 원고라 한다)의 상고이유를 본다.

가. 제1점에 대하여

원심이, "이 사건 임대차계약이 1991.10.5.자 원고의 해지 의사표시에 의하여 종료되었다"는 원고의 주장을 배척한 데에 소론과 같은 채증법칙 위배로 인한 사실오인 및 임대차계약 해지에 관한 법리오해의 위법이 없으므로, 논지는 이유가 없다.

나. 제2점에 대하여

원심판결 이유에 의하면, 원심이 임차목적물인 이 사건 건물부분에서 간이음식점영업을 한 소외 황○조가 1992.10.분부터 1993.3.분까지의 차임 합계액 금 4,200,000원을 "원고"에게 직접 지급하였다고 인정하고 있음은 소론과 같다.

그러나 원심이 위 사실을 인정함에 있어 인용한 증거들을 기록에 비추어 살펴보면, 위 인정사실은 원심 증인 황○조의 증언에 의한 것으로 보이는바, 위 황○조의 증언을 보면 동인이 위 차임을 직접 지급한 상대방은 '피고(반소 원고, 이하 피고라 한다)'라고 증언하고 있고, 또한 원심이 피고가 원고에 대하여 반환의무를 지는 임차보증금 22,000,000원에서 공제되는 이 사건 건물부분 명도일까지의 연체차임을 계산함에 있어서 위 차임 합계액 금 4,200,000원을 피고에게 이미 지급된 차임 속에 포함시켜 공제하고 있는 점 등에 비추어 보면, 원심이 위 황○조가 위 차임을 직접 지급한 상대방을 '원고'로 설시한 것은 '피고'의 단순한 오기임이 분명하므로, 원심판결에 소론과 같은 이유모순 또는 채증법칙 위배로 인한 사실오인의 위법이 있다고 할 수 없다. 논지도 이유가 없다.

다. 제3점에 대하여

원심이 '원·피고 사이에 이 사건 건물의 준공검사지연으로 인한 원고의 영업상 손해를 배상하여 주기로 하는 약정이 이루어졌다'는 원고의 주장을 배척하였음은 옳고, 거기에 소론과 같은 사실오인의 위법이 없으므로, 논지 또한 이유가 없다.

라. 제4점에 대하여

민법 제626조 제2항에서 임대인의 상환의무를 규정하고 있는 유익비란 임차인이 임차물의 객관적 가치를 증가시키기 위하여 투입한 비용을 말하는 것인바(당원 1991.10.8. 선고 91다8029 판결 참조), 원심이, 이 사건 간판은 원고가 이 사건 건물부분에서 간이 음식점을 경영하기 위하여 부착시킨 시설물에 불과하여 위 건물부분의 객관적 가치를 증가시키기 위한 것이라고 보기 어려울 뿐만 아니라, 그로 인한 가액의 증가가 현존하는 것도 아니어서 그 간판설치비를 유익비라 할 수 없다고 인정·판단하였음은 이러한 법리에 따른 것으로서 옳고, 거기에 소론과 같은 사실오인 및 법리오해의 위법이 있다고 할 수 없으므로 논지는 이유가 없다.

마. 제5점에 대하여

원심은, 원고가 피고와의 합의 아래 임차목적물인 이 사건 건물부분에 그 판시 공사비를 투입하여 보일러 시설공사를 한 사실과 아울러 이 사건 임대차계약체결시 임차인인 원고는 임대인인 피고의 승인하에 이 사건 건물부분을 개축 또는 변조할 수 있으나 임차목적물을 임대인에게 명도할 때에는 임차인이 일체 비용을 부담하여 원상복구를 하기로 약정한 사실을 인정하였는바, 기록에 의하여 관계증거를 살펴보면 원심의 위 사실 인정을 수긍할 수 있고, 거기에 소론과 같은 사실오인의 잘못이 있다고 할 수 없다.

그리고 원심판시와 같이 원고가 이 사건 건물부분을 임대인인 피고에게 반환할 때에는 일체 비용을 부담하여 원상복구를 하기로 약정하였다면, 이는 원고가 위 임차목적물에 지출한 각종 유익비의 상환청구권을 미리 포기하기로 한 취지의 특약이라고 봄이 상당하므로, 이와 같은 취지에서 원고의 위 보일러 시설 공사비 상환청구권을 배척한 원심의 판단은 옳고, 거기에 유익비상환청구권의 포기에 관한 법리오해가 있다 할 수 없다. 논지도 역시 받아들일 수 없다.

2. 피고의 상고이유를 본다.

가. 제1점에 대하여

원심이, 원고가 1991.11.경부터 1992.3.경까지 5개월 동안 이 사건 임차건물부분을 계속 점유하기는 하였으나 거기에서 간이음식점 영업을 하지 못함으로써 본래의 임대차계약상의 목적에 따라 사용, 수익하지 못하였다고 인정·판단하였음은 옳고, 거기에 소론과 같은 채증법칙 위배로 인한 사실오인 및 처분권주의 위배의 위법이 없으므로, 논지는 이유가 없다.

나. 제2점에 대하여

임대차계약의 종료에 의하여 발생된 임차인의 임차목적물 반환의무와 임대인의 연체차임을 공제한 나머지 보증금의 반환의무는 동시이행의 관계에 있는 것이므로, 임대차계약종료 후에도 임차인이 동시이행의 항변권을 행사하여 임차목적물을 계속 점유하여 온 것이라면 임차인의 그 건물에 대한 점유는 불법점유라고 할 수 없으므로, 임차인이 임차목적물을 계속 점유하였다고 하여 바로 불법점유로 인한 손해배상책임이 발생하는 것은 아니라고 보아야 할 것인바(당원 1989.10.27. 선고 89다카2498 판결 참조), 소론과 같이 원심이 피고의 변론기일에서의 진술에 대하여 그 주장의 취지가 이 사건 임대차계약상의 임차기간만료일부터 임차건물부분 명도시까지의 원고의 임차목적물 점유로 인한 차임 상당의 손해배상을 구하는 것인지를 석명하여 이를 심리한다고 하더라도, 원고의 손해배상책임이 인정되어 피고가 원고에게 반환할 임차보증금에서 공제될 수는 없을 것이므로, 결국 원심이 원고의 임차보증금에서 임차기간 만료 후 임차건물부분 명도 시까지의 차임 상당을 공제하지 아니하였음은 옳고, 거기에 소론과 같은 석명권불행사나 심리미진의 위법이 있다고 할 수 없다. 논지도 역시 받아들일 수 없다.

3. 이에 상고를 모두 기각하고, 상고비용은 각자의 부담으로 하기로 관여 법관의 의견이 일치되어 주문과 같이 판결한다.

대법관   김형선(재판장) 박만호(주심) 박준서 이용훈

대법원 2009.1.15. 선고 2008다70763 판결 유치권확인

【판시사항】

근저당권설정 후 경매로 인한 압류의 효력 발생 전에 취득한 유치권으로 경매절차의 매수인에게 대항할 수 있는지 여부(적극)

【판결요지】

부동산 경매절차에서의 매수인은 민사집행법 제91조 제5항에 따라 유치권자에게 그 유치권으로 담보하는 채권을 변제할 책임이 있는 것이 원칙이나, 채무자 소유의 건물 등 부동산에 경매개시결정의 기입등기가 경료되어 압류의 효력이 발생한 후에 채무자가 위 부동산에 관한 공사대금 채권자에게 그 점유를 이전함으로써 그로 하여금 유치권을 취득하게 한 경우, 그와 같은 점유의 이전은 목적물의 교환가치를 감소시킬 우려가 있는 처분행위에 해당하여 민사집행법 제92조 제1항, 제83조 제4항에 따른 압류의 처분금지효에 저촉되므로 점유자로서는 위 유치권을 내세워 그 부동산에 관한 경매절차의 매수인에게 대항할 수 없다. 그러나 이러한 법리는

경매로 인한 압류의 효력이 발생하기 전에 유치권을 취득한 경우에는 적용되지 아니하고, 유치권 취득시기가 근저당권설정 후라거나 유치권 취득 전에 설정된 근저당권에 기하여 경매절차가 개시되었다고 하여 달리 볼 것은 아니다.

【참조조문】 민사집행법 제83조 제4항, 제91조 제5항, 제92조 제1항

【참조판례】

대법원 2005. 8. 19. 선고 2005다22688 판결(공2005하, 1503)

대법원 2006. 8. 25. 선고 2006다22050 판결(공2007상, 263)

【원심판결】 부산고법 2008. 8. 21. 선고 2007나17697 판결

【주 문】

상고를 모두 기각한다. 상고비용은 각자가 부담한다.

【이 유】

상고이유를 판단한다.

1. 원고의 상고이유에 대하여

증거의 취사선택과 사실인정은 그것이 자유심증주의에 위반되는 등의 특별한 사정이 없는 한 사실심법원의 전권에 속한다(대법원 2006. 5. 25. 선고 2005다77848 판결 등 참조). 그리고 부동산 경매절차에서 유치권 행사가 허위채권에 기한 것일 경우 매각대금을 부당하게 하락시켜 경매의 공정성을 훼손하고 이해관계인의 권리를 침해할 우려가 있으므로, 유치권 성립 여부에 대한 판단은 신중하게 할 필요가 있다.

원심은 채용 증거를 종합하여, 원고들이 이 사건 건물 중 이 사건 사무실 부분만을 점유하여 온 사실을 인정한 다음, 이 사건 건물 중 이 사건 사무실 부분에 대하여만 유치권확인 및 점유방해금지청구를 인용하고, 나머지 부분에 대한 유치권확인 및 점유방해금지청구와 점유회수청구를 기각하였는바, 위 법리와 기록에 비추어 살펴보면 이러한 원심의 사실인정과 판단은 정당하고, 거기에 상고이유의 주장과 같은 법리오해 또는 채증법칙 위배 등의 위법이 없다.

2. 피고의 상고이유에 대하여

부동산 경매절차에서의 매수인은 민사집행법 제91조 제5항에 따라 유치권자에게 그 유치권으로 담보하는 채권을 변제할 책임이 있는 것이 원칙이나, 채무자 소유의 건물 등 부동산에 경매개시결정의 기입등기가 경료되어 압류의 효력이 발생한 이후에 채무자가 위 부동산에 관한 공사대금 채권자에게 그 점유를 이전함으로써 그로 하여금 유치권을 취득하게 한 경우, 그와 같은 점유의 이전은 목적물의 교환가치를 감소시킬 우려가 있는 처분행위에 해당하여 민사집행법 제92조 제1항, 제83조 제4항에 따른 압류의 처분금지효에 저촉되므로 점유자로서는 위 유치권을 내세워 그 부동산에 관한 경매절차의 매수인에게 대항할 수 없다 (대법원 2005. 8. 19. 선고 2005다22688 판결 참조). 그러나 이러한 법리는 경매로 인한 압류의 효력이 발생하기 전에 유치권을 취득한 경우에는 적용되지 아니하고, 유치권 취득시기가 근저당권 설정 이후라거나 유치권 취득 전에 설정된 근저당권에 기하여 경매절차가 개시되었다고 하여 달리 볼 것은 아니다.

원심은 채용 증거를 종합하여, 이 사건 건물에 관하여 2002. 9. 27. 농업협동조합중앙회에 채권최고액 18억 2,000만원의 근저당권이 설정된 사실, 소외 회사가 2003. 9. 2. 이 사건 건물의 소유권을 취득한 후 2004. 5.경까지 이 사건 건물을 찜질목욕탕으로 개조하는 공사를 시행한 사실, 원고들은 소외 회사로부터 위 공사의 일부를 도급받아 시행하였는데 소외 회사가 2004. 6. 9.경 부도가 나는 바람에 공사대금을 받지 못하자 그 무렵 이 사건 건물 중 이 사건 사무실 부분에 대한 유치권을 행사하기 시작한 사실, 그 후 농업협동조합중앙회가 이 사건 건물에 대하여 위 근저당권에 기한 임의경매신청을 하여 2004. 7. 15. 임의경매개시결정이 내려지고 같은 달 19. 임의경매개시결정 기입등기가 이루어졌으며 이 경매절차에서 피고가 2006. 1. 10. 이 사건 건물을 경락받아 소유권을 취득한 사실 등을 인정한 다음, 원고들이 이 사건 사무실 부분에 대하여 유치권을 가지고 있으므로 피고가 원고들의 유치권을 부정하고 있는 이상 그 확인의 이익이 있으며, 피고는 원고들의 점유를 방해하지 않을 의무가 있다고 판단하고, 나아가 원고들은 그 유치권 취득 이전부터 설정되어 있던 위 근저당권에 기한 경매절차의 매수인인 피고에게 대항할 수 없다는 취지의 피고의 주장을 배척하였는바, 위 법리와 기록에 비추어 보면 이러한 원심의 사실인정 및 판단은 정당한 것으로 수긍이 가고, 거기에 상고이유의 주장과 같은 유치권과 신의칙에 관한 법리오해, 담보권 설정에 관한 법리오해, 채증법칙 위배, 심리미진 등의 위법이 없다.

한편, 피고가 상고이유에서 들고 있는 대법원 1987. 3. 10. 선고 86다카1718 판결은 근저당권 설정 이후에 대항력 있는 임차권을 취득한 임차인이 그 이후 개시된 강제경매절차의 경락인에 대해 대항할 수 없다는 것으로서, 이 사건과는 그 사안을 달리하여 이 사건에 원용하기에는 적절하지 아니하다.

3. 결 론

그러므로 상고를 모두 기각하고, 상고비용은 패소자들 각자가 부담하도록 하여 관여 대법관의 일치된 의견으로 주문과 같이 판결한다.

대법관   김영란(재판장) 이홍훈 안대희(주심) 양창수

대법원 2011.12.22. 선고 2011다84298 판결 유치권부존재확인

【판시사항】

가. 사실상 최우선순위담보권인 유치권의 제도적 취지와 한계

나. 채무자 소유의 목적물에 이미 저당권 기타 담보물권이 설정되어 있는데 채권자가 자기 채권의 우선적 만족을 위하여 채무자와 의도적으로 유치권의 성립요건을 충족하는 내용의 거래를 하고 목적물을 점유함으로써 유치권이 성립한 경우, 유치권을 저당권자 등에게 주장하는 것이 허용되는지 여부(소극) 및 이 경우 저당권자 등이 경매절차 기타 채권실행절차에서 유치권을 배제하기 위하여 그 부존재확인 등을 소로써 청구할 수 있는지 여부(적극)

다. 채무자 갑 주식회사 소유의 건물 등에 관하여 을 은행 명의의 1순위 근저당권이 설정되어 있었는데, 2순위 근저당권자인 병 주식회사가 갑 회사와 건물 일부에 관하여 임대차계약을 체결하고 건물 일부를 점유하고 있던 중 을 은행의 신청에 의하여 개시된 경매절차에서 유치권신고를 한 사안에서, 병 회사가 경매절차에서 유치권을 주장하는 것은 신의칙상 허용될 수 없다고 본 원심판단을 수긍한 사례

【판결요지】

가. 우리 법에서 유치권제도는 무엇보다도 권리자에게 그 목적인 물건을 유치하여 계속 점유할 수 있는 대세적 권능을 인정한다(민법 제320조 제1항, 민사집행법 제91조 제5항 등 참조). 그리하여 소유권 등에 기하여 목적물을 인도받고자 하는 사람(물건의 점유는 대부분의 경우에 그 사용수익가치를 실현하는 전제가 된다)은 유치권자가 가지는 그 피담보채권을 만족시키는 등으로 유치권이 소멸하지 아니하는 한 그 인도를 받을 수 없으므로 실제로는 그 변제를 강요당하는 셈이 된다. 그와 같이 하여 유치권은 유치권자의 그 채권의 만족을 간접적으로 확보하려는 것이다. 그런데 우리 법상 저당권 등의 부동산담보권은 이른바 비점유담보로서 그 권리자가 목적물을 점유함이 없이 설정되고 유지될 수 있고 실제로도 저당권자 등이 목적물을 점유하는 일은 매우 드물다. 따라서 어떠한 부동산에 저당권 또는 근저당권과 같이 담보권이 설정된 경우에도 그 설정 후에 제3자가 그 목적물을 점유함으로써 그 위에 유치권을 취득하게 될 수 있다. 이와 같이 저당권 등의 설정 후에 유치권이 성립한 경우에도 마찬가지로 유치권자는 그 저당권의 실행절차에서 목적물을 매수한 사람을 포함하여 목적물의 소유자 기타 권리자에 대하여 위와 같은 대세적인 인도거절권능을 행사할 수 있다. 따라서 부동산유치권은 대부분의 경우에 사실상 최우선순위의 담보권으로서 작용하여, 유치권자는 자신의 채권을 목적물의 교환가치로부터 일반채권자는 물론 저당권자 등에 대하여도 그 성립의 선후를 불문하여 우선적으로 자기 채권의 만족을 얻을 수 있게 된다. 이렇게 되면 유치권의 성립 전에 저당권 등 담보를 설정받고 신용을 제공한 사람으로서는 목적물의 담보기치기 지신이 애초 예상·계산하였던 것과는 달리 현저히 하락하는 경우가 발생할 수 있다. 이와 같이 유치권제도는 "시간에서 앞선 사람은 권리에서도 앞선다"는 일반적 법원칙의 예외로 인정되는 것으로서, 특히 부동산담보거래에 일정한 부담을 주는 것을 감수하면서 마련된 것이다.

유치권은 목적물의 소유자와 채권자와의 사이의 계약에 의하여 설정되는 것이 아니라 법이 정하는 일정한 객관적 요건(민법 제320조 제1항, 상법 제58조, 제91조, 제111조, 제120조, 제147조 등 참조)을 갖춤으로써 발생하는 이른바 법정담보물권이다.

법이 유치권제도를 마련하여 위와 같은 거래상의 부담을 감수하는 것은 유치권에 의하여 우선적으로 만족을 확보하여 주려는 그 피담보채권에 특별한 보호가치가 있다는 것에 바탕을 둔 것으로서, 그러한 보호가치는 예를 들어 민법 제320조 이하의 민사유치권의 경우에는 객관적으로 점유자의 채권과 그 목적물 사이에 특수한 관계(민법 제320조 제1항의 문언에 의하면 "그 물건에 관한 생긴 채권"일 것, 즉 이른바 '물건과 채권과의 견련관계'가 있는 것)가 있는 것에서 인정된다. 나아가 상법 제58조에서 정하는 상사유치권은 단지 상인 간의 상행위에 기하여 채권을 가지는 사람이 채무자와의 상행위(그 상행위가 채권 발생의 원인이 된 상행위일 것이 요구되지 아니한다)에 기하여 채무자 소유의 물건을 점유하는 것만으로 바로 성립하는 것으로서, 피담보채권의 보호가치라는 측면에서 보면 위와 같이 목적물과 피담보채권 사이의 이른바 견련관계를 요구하는 민사유치권보다 그 인정범위가 현저하게 광범위하다.

이상과 같은 사정을 고려하여 보면, 유치권제도와 관련하여서는 거래당사자가 유치권을 자신의 이익을 위하여 고의적으로 작출함으로써 앞서 본 유치권의 최우선순위담보권으로서의 지위를 부당하게 이용하고 전체 담보권질서에 관한 법의 구상을 왜곡할 위험이 내재한다. 이러한 위험에 대처하여, 개별 사안의 구체적인 사정을 종합적으로 고려할 때 신의성실의 원칙에 반한다고 평가되는 유치권제도 남용의 유치권 행사는 이를 허용하여서는 안 될 것이다.

나. 채무자가 채무초과의 상태에 이미 빠졌거나 그러한 상태가 임박함으로써 채권자가 원래라면 자기 채권의 충분한 만족을 얻을 가능성이 현저히 낮아진 상태에서 이미 채무자 소유의 목적물에 저당권 기타 담보물권이 설정되어 있어서 유치권의 성립에 의하여 저당권자 등이 그 채권 만족상의 불이익을 입을 것을 잘 알면서 자기 채권의 우선적 만족을 위하여 위와 같이 취약한 재정적 지위에 있는 채무자와의 사이에 의도적으로 유치권의 성립요건을 충족하는 내용의 거래를 일으키고 그에 기하여 목적물을 점유하게 됨으로써 유치권이 성립하였다면, 유치권자가 그 유치권을 저당권자 등에 대하여 주장하는 것은 다른 특별한 사정이 없는 한 신의칙에 반하는 권리행사 또는 권리남용으로서 허용되지 아니한다. 그리고 저당권자 등은 경매절차 기타 채권실행절차에서 위와 같은 유치권을 배제하기 위하여 그 부존재의 확인 등을 소로써 청구할 수 있다고 할 것이다.

다. 채무자 갑 주식회사 소유의 건물 등에 관하여 을 은행 명의의 1순위 근저당권이 설정되어 있었는데, 2순위 근저당권자인 병 주식회사가 갑 회사와 건물 일부에 관하여 임대차계약을 체결하고 건물 일부를 점유하고 있던 중 을 은행의 신청에 의하여 개시된 경매절차에서 유치권신고를 한 사안에서, 경매개시결정 기입등기가 마쳐지기 전에 임대차계약이 체결되어 병 회사가 건물 일부를 점유하고 있으며, 병 회사의 갑 회사에 대한 채권은 상인인 병 회사와 갑 회사 사이의 상행위로 인한 채권으로서 임대차계약 당시 이미 변제기에 도달하였고 상인인 병 회사가 건물 일부를 임차한 행위는 채무자인 갑 회사에 대한 상행위로 인한 것으로 인정되므로, 병 회사는 상사유치권자로서 갑 회사에 대한 채권 변제를 받을 때까지 유치 목적물인 건물 일부를 점유할 권리가 있으나, 위 건물 등에 관한 저당권 설정 경과, 병 회사와 갑 회사의 임대차계약 체결 경위와 내용 및 체결 후의 정황, 경매에 이르기까지의 사정 등을 종합하여 보면, 병 회사는 선순위 근저당권자인 을 은행의 신청에 의하여 건물 등에 관한 경매절차가 곧 개시되리라는 사정을 충분히 인식하면서 임대차계약을 체결하고 그에 따라 유치목적물을 이전받았다고 보이므로, 병 회사가 선순위 근저당권자의 신청에 의하여 개시된 경매절차에서 유치권을 주장하는 것은 신의칙상 허용될 수 없다고 본 원심판단을 수긍한 사례.

대법원 1966.12.20. 선고 66다1857 판결 유익비

【판시사항】

경작자가 숙전을 만든 경우에 유익비와 필요비

【판결요지】

자기들의 생산고를 높이기 위하여 토지에 적지 않은 퇴비 기타 비료를 넣고 또 배토 등을 하여 완전한 열전으로 만듦에 소요된 비용은 객관적으로 유익비로 볼 수 없고 경작자 자신들이 부담할 통상의 필요비라 할 것이다.

【참조조문】 민법 제203조2항

【원심판결】 제1심 목포지원, 제2심 광주고등 1966. 8. 17. 선고 66나122 판결

【주 문】

상고를 기각한다.
상고소송비용은 원고의 부담으로 한다.

【이 유】

원심이 원고 등 및 그들의 전점유자들이 본건 토지에 노력 및 비용을 투하한 것은 그들이 원래 위 토지를 전답으로 경작하기 위하여 당시 소유자이던 소외 정○조 또는 소외 대○기업주식회사로부터 그 생산물의 반분내지는 기타약간의 임료를 주기로 하고, 위 토지를 임차하여 경작하면서 농작물을 생산하고, 또는 더욱 많은 생산고를 올리기 위한 것이었던 것으로 원고 등은 위 생산을 위하여 위 토지에 매년 적지 않은 퇴비와 기타 비료를 넣고 또 목포 시에서 처리되어 나오는 오물 섞인 토사를 실어다가 배토 등을 하여 그 결과 위 토질이 좋아지고, 또 지대도 자연원지보다 차차 돋아져서 이제는 완전한 숙전에 이르게 된 사실을 적법히 확정하고, 위 비용은 농작물의 생산을 위한 다시 말하면 토지를 경제적용법에 따라서 사용수익 하기위한 통상의 비용으로서 일종의 필요비에 속한다할 것이고, 이 비용은 당사자의 특약이 없을 경우라도 우리나라 관습상 토지임차인이 부담함이 원칙인 바, 위와 같은 비용은 토지의 객관적 가격을 높이기 위한 유익비라고 할 수 없고, 일반적으로 물건의 점유자가 과실을 취득한 경우에는 점유자는 회복자에게 대하여 통상의 필요비를 청구할 수 없는 것이니, 반증이 없는 본건에 있어서, 원고 등은 피고에게 대하여 위 비용을 청구할 수 없다고 하여 원고 등의 본소청구를 배척하였는바, 원심은 원고들의 생산고를 높이기 위한 위에 적시한바와 같은 여러 가지 비용은 객관적으로 유익비로 볼 수 없고, 경작자 자신들이 부담할 통상의 필요비로 인정한 취지이며, 원심의 위와 같은 인정에 아무 위법이 없으며, 원심에 심리 미진 내지 채증법칙에 어긋난 점이 있다할 수 없으므로, 상고 논지는 모두 이유 없다.

그러므로 관여한 법관 전원의 일치된 의견으로 주문과 같이 판결한다.

대법원판사 나항윤(재판장) 손동욱 방순원 주운화

거의 다 지은 빌라
12명의 유치권자 몰아내기

가장 나이 어린 제자가 사건 한 개를 들고 왔다.

꼭 사서 유치권도 직접 해결해 보고 싶은 물건인 것 같았으나, 겉보기에는 상당히 복잡해 보였다.

하지만 찬찬히 내용을 살펴보니 유치권 중에서는 가장 쉬운 사건으로 보였다.

우선 어떤 물건인지 살펴보기로 하자.

1. 어떤 물건, 어떤 유치권인가?

인천광역시 남구 주안동 000-00번지

토지 219.2㎡(66.3평)

건물 833㎡(252평)

다가구(원룸 등) 건축물로 감정평가금액 900,496,000원이고,

두 번 유찰되어 최저매각가격 441,243,000원이다.

감정평가금액이 굉장히 적은 이유는 공정이 약 70% 정도가 되는 미완성 빌라이기 때문인데, 이 사건의 유치권을 신고한 사람은 무려 13명에 이르며 금액도 4억원에 이르니 제법 만만치 않다.

이 건물에서 경인전철 주안역까지는 거의 직선으로 460m 정도의 거리이므로 인천에서는 비교적 교통여건과 교육여건, 생활여건이 좋은 곳이다.

이 집을 마무리 하려면 약 2억원 정도의 공사비를 추가로 부담해야 할 것이다.

그런데 이 집의 유치권신고사항을 점검해 보면 상당히 재미있는 점을 알 수 있다. 이 건물의 실제 소유자가 유치권신고인 12명의 유치권신고를 혼자서 전부 법원에 접수한 것이다.

건축주(엄밀하게 말하면 전 건축주이며 현 건축주의 오빠)가 혼자 12건의 유치권신고서를 법원에 제출하다 보니 서류가 부실했는데, 심지어 유치권을 신고한 사람의 주소는 물론 전화번호까지 빼먹은 것도 수두룩했다.

5억원 정도에 낙찰을 받아서 부동산인도명령신청을 하기로 했다.

2. 유형별 인도명령신청

1) 소유자에 대한 인도명령신청

부동산 인도명령 신청

사　　건　2014 타경 40499 부동산임의경매

신 청 인　정○현
　　　　　경남 김해시 지내동

피신청인　임○순
　　　　　인천시 남동구 문화로

신 청 취 지

피신청인은 별지목록기재부동산의 점유를 풀고 신청인에게 인도하라.
는 취지의 결정을 구합니다.

신 청 이 유

1. 사실관계

신청인은 별지목록기재부동산이 귀원 2014 타경 40499 부동산임의경매사건에 계류 중, 이를 매수하여 경락대금 전부를 2015. 4. 13. 납입한 정당한 원시취득자입니다.

이 사건 별지목록기재부동산에는 집행법원에 유치권을 신고한 자가 전부 13명에 이르고 있습니다.

13명의 유치권신고자 중에 무려 12명의 유치권권리신고를 피신청인이 불법하게도 위임장에 막도장을 찍어서 하는 방법으로 집행법원에 접수하였습니다.

그러므로 이 사건에서 유치권신고인 12명이 과연 자신의 의사에 부합하여 유치권권리신고를 하였는지에 대하여서는 의문이 되지 않을 수 없습니다.

피신청인은 2010. 2. 17. 별지목록기재부동산의 소유권을 취득하여 2012. 4. 27. 여동생인 임○순에게 소유권을 이전하였으나 이후 4건의 근저당권설정에는 채무자가 되는 등의 행위로 볼 때, 피신청인이 실제 소유권자이며 허위 유치권자들을 부추겨 허위의 유치권권리신고를 접수한 허위유치권의 몸통이고 계속하여 실제로 별지목록기재부동산을 관리하고 있는 장본인이 므로 인도명령신청이 불가피하다고 하겠습니다.

2. 허위의 유치권신고

가. 12명에 대한 유치권권리신고접수를 피신청인이 대행

피신청인은 실제 별지목록기재부동산의 소유자이고 건축주이면서 양○주, 장○상, 김○수, 김○춘, 윤○우, 오○근, 이○우, 백○현, 고○욱, 유○정, 안○서 등 12명을 대신하여 전부 막도장을 찍은 허위의 유치권권리신고서로 보이는 문건을 직접 집행법원에 접수하였습니다.

별지목록기재부동산의 토지부분의 등기부를 보면 피신청인은 2012. 4. 27. 동생인 임○순에게 소유권이전등기를 하였으나 피신청인과 임○순의 관계를 보면, 2010. 2. 17. 피신청인이 소유권을 취득하며 신청채권자에게 근저당권을 설정하면서 임○순을 채무자로 하였습니다.

2012. 7. 6. 소유자가 임○순인 상태에서 피신청인이 채무자로 채권최고액 7천만원의 근저당권을 설정하였습니다.

이렇게 소유가 다르면서 근저당권설정의 채무자가 된다는 점은 피신청인이 실 소유자로써 동생에게 명의신탁을 하였을 뿐 모든 권리를 행사하고 있음이 입증되는 것입니다.

나. 공무집행을 방해하는 허위의 유치권권리신고

피신청인이 접수한 유치권권리신고 12인 분을 보면 공사대금을 담보한다는 유치권자의 주소가 전혀 없습니다.

집행법원에서는 유치권을 신고한 12명에게 심문서를 보내거나 심문기일소환장을 보낼 수조차 없습니다. 뿐만 아니라 신청인이 이들에게 인도명령을 신청하여도 송달될 수 있는 장소가 전혀 없습니다.

이렇게 주소를 전혀 기재하지 않고 터무니없는 유치권권리신고를 제출하는 것은 부동산경매의 모든 절차를 고의적으로 지연시키려는 목적임이 분명합니다.

즉 피신청인은 고의적이며 악의적으로 부동산경매절차를 방해하려는 의도가 분명한 것이므로 위계에 의한 공무집행방해의 혐의는 별론으로 하여도 피신청인에 대한 본건 신청의 인용이 시급한 일입니다.

다. 인장도용 사문서 위조, 동행사의 범죄까지 서슴치 않는 피신청인

피신청인은 2014. 11. 18. 집행법원에 12인의 위임을 받았다고 위임장을 첨부한 유치권권리신고서를 접수하면서 유치권신고인 김○춘의 도장은 윤○우의 이름이 새겨진 막도장을 날인하였으며, 윤○우의 유치권권리신고서 역시 똑같은 인장을 날인하여 신고한 것을 알 수 있습니다.

설령 막도장을 윤○우 본인이 직접 파서 자신의 유치권권리신고서에 날인하였다 하여도, 똑같은 인장을 날인하여 유치권권리신고서를 접수한 김○춘의 신고서는 위임을 받아서 법원에 접수한 피신청인이 윤○우의 인장을 도용하여 김○춘의 유치권신고서라는 사문서를 위조하였으며 이를 집행법원에 접수함으로써 사문서위조의 행사를 한 것입니다.

이런 위험한 범법행위를 하는 자가 접수한 유치권권리신고까지 전부 유치권으로 인정한다면 부동산경매의 질서는 혼란스러워질 것이며 매수인에게는 막대한 손해를 강요하게 됩니다.

불법을 중심축으로 하는 피신청인에게는 본 신청이 인용되는 결정이 되어야 하며, 이 사건의 모든 유치권권리신고는 부정되어야 합니다.

3. 피신청인이 불법을 저지르며 허위의 유치권을 신고한 이유

신청인이 2015. 3. 13. 귀원 입찰법정에서 이 사건의 최고가매수신고인이 되었을 때, 신청인을 제외하고 이 사건에 입찰가액 445,550,000원으로 응찰하였던 응찰인의 주소지가 인천시 부평구 연성동로 18번갈 20, xxx동 xxxx호로 소유자 별지목록기재부동산의 소유권을 취득한 후, 가등기를 경료한 가등기권자였던 신청 외 김○진의 주소지와 동일하며, 이 사실은 집행기록에 편철되어 있는 입찰표를 통하여 즉시 확인할 수 있습니다.

피신청인은 자신이 소유권을 취득한 후 소유권을 보호하기 위하여 가등기를 하였으며 가등기권자와 동일한 세대구성원으로 하여금 4억4500여 만원에 최고가매수신고하여 다시 소유권을 취득하려고 획책하였음이 나타나는 것입니다.

이 사건 등기부에 있는 채무의 총액은 금1,410,000,000원에 이릅니다.

피신청인은 극도의 도덕적 해이로 14억원이 넘는 채무를 변제하지 않고 허위의 유치권을 다량 신고하므로 별지목록기재부동산의 교환가치를 대폭 감소시켜서 피신청인이 갚아야 할 채무의 3분의 1에도 미치지 못하는 금액으로 다시 소유권을 취득하고자 함이 그 목적이었던 것입니다.

피신청인의 도덕적 해이는 채권자들에게 10억원에 이르는 채권을 면탈하려는 악의적인 것입니다.

피신청인에 대한 이 사건 인도명령신청은 인용되어야 합니다.

2015. 4.   .

위 신청인(선정당사자)   정 ○ 현

인천지방법원 경매 11계 귀중

2) 창호, 잡철 공사자라고 유치권신고한 사람에 대한 인도명령신청

부동산 인도명령 신청

사　　건　2014 타경 40499 부동산임의경매

신 청 인　정 ○ 현
　　　　　경남 김해시 지내동

피신청인　정 ○ 배 x-00 동○창호
　　　　　인천시 동구 만석동

신 청 취 지

피신청인은 별지목록기재부동산의 점유를 풀고 신청인에게 인도하라.
는 취지의 결정을 구합니다.

신 청 이 유

1. 사실관계

신청인은 별지목록기재부동산이 귀원 2014 타경 40499 부동산임의경매사건에 계류 중, 이
를 매수하여 경락대금 전부를 2015. 4. 13. 납입한 정당한 원시취득자입니다.
이 사건 별지목록기재부동산에는 집행법원에 유치권을 신고한 자가 전부 13명에 이르고 있습
니다. 피신청인도 그 중에 한 사람입니다.

그러나 피신청인은 불법으로 문서를 위조하여 유치권권리신고를 한 자이므로 피신청인에게는 유치권이 성립될 수 없습니다.

2. 피신청인에게 유치권이 성립될 수 없는 이유

가. 허위의 공사도급계약서

피신청인은 창호공사를 하는 자로 2014. 11. 18. 집행법원에 피신청인이 접수한 유치권 권리신고서 및 공사도급계약서에 의하면 피신청인은 2010. 5. 경 샤시, 유리, 잡철공사를 하였다고 기재되어 있음을 알 수 있습니다.

원래 건물의 공사 중에서 창호공사는 건물의 외벽까지 건축된 이후에 할 수 있는 것입니다. 인천시 지도포탈에서 작성한 항공사진을 보면 2010. 4.월에서 9월까지 4회 촬영한 이 사건 별지목록기재부동산은 촬영되지 않고 나대지 상태임을 알 수 있습니다.

피신청인의 주장대로 2010. 5. 경에는 창호공사는커녕 건물의 기초공사조차도 되어 있지 않음이 명백함(이 사건 건물의 착공개시일은 2010. 9. 19.임)에도 불구하고 피신청인은 창호공사를 하였다고 허위의 공사도급계약서를 제시하므로 피신청인 스스로가 허위의 계약서를 제시하였음을 입증하는 증거가 되는 것입니다.

피신청인의 상대방으로 공사의 도급인인 임○순의 주소도 당시에는 인천시 동구 송현동 37-4 백○그린빌라 xxx호(도로명 주소는 인천시 동구 송현로5x번길 x-x)로 피신청인이 공사도급계약서에 기재된 주소와는 전혀 다른 것이므로 피신청인이 허위의 계약서로 유치권권리신고를 접수하였음이 명백합니다.

나. 점유의 부재

피신청인은 마치 301호를 점유하고 있는 것처럼 건설표준하도급계약서에 301호라고 기재하고 철근공사는 계약서에는 201호로 적었음을 볼 수 있습니다.

그러나 감정평가서의 사진에서 보는 바와 같이 별지목록기재부동산에는 3층의 단 한 세대만 사람이 살 수 있을 정도이므로 피신청인이 점유를 주장할 아무런 근거가 없습니다. 피신청인은 점유를 하지 않았음이 명백하므로 피신청인에게는 유치권이 성립될 수 없습니다.

3. 결 어

피신청인은 전혀 사실과 다른 허위의 계약서로 집행법원과 신청인을 기망하고 있습니다. 피신청인에게는 공사대금을 담보하는 채권과 점유를 소명할 아무런 증거를 찾을 수 없습니다. 신청인의 신청은 인용되어야 합니다.

귀원소속 집행관으로 하여금 별지목록기재부동산에서 피신청인의 점유를 풀고 신청인에게 인도하라는 취지의 명령을 하여 주시기 바랍니다.

첨부서류

1. 인천시 지도포탈 항공사진

2015. 4. .

위 신청인(선정당사자) 정 ○ 현

인천지방법원 경매 11계 귀중

3) 물품대금의 채권을 주장하는 유치권신고인에 대한 인도명령신청

부동산 인도명령 신청

사　건　2014 타경 40499 부동산임의경매

신 청 인　정 ○ 현
　　　　　경남 김해시 지내동

피신청인　이 ○ 우
　　　　　인천시 남구 주안동

신 청 취 지

피신청인은 별지목록기재부동산의 점유를 풀고 신청인에게 인도하라.
는 취지의 결정을 구합니다.

신 청 이 유

1. 사실관계

신청인은 별지목록기재부동산이 귀원 2014 타경 40499 부동산임의경매사건에 계류 중, 이를 매수하여 경락대금 전부를 2015. 4. 13. 납입한 정당한 원시취득자입니다.

이 사건 별지목록기재부동산에는 집행법원에 유치권을 신고한 자가 전부 12명에 이르고 있습니다. 피신청인도 그 중에 한 사람입니다.

피신청인은 철근납품대금 3700만원의 채권을 담보하는 유치권이 있다고 주장하고 있습니다.

2. 피신청인에게 유치권이 성립될 수 없는 이유

가. 매매대금 채권으로는 유치권성립불가

피신청인은 철근납품대금 금37,000,000원을 변제받지 못하여 이 물품대금을 담보하는 유치권이 있다고 주장합니다.

그러나 피신청인인의 건축자재대금채권은 그 건축자재를 공급받은 건축주와의 매매계약에 따른 매매대금채권에 불과한 것이고, 피신청인이 공급한 건축자재가 수급인 등에 의해 위 건물의 신축공사에 사용됨으로써 결과적으로 위 건물에 부합되었다고 하여도 건축자재의 공급으로 인한 매매대금채권이 위 건물 자체에 관하여 생긴 채권이라고 할 수는 없다. (대법원 2012.1.26. 선고 2011다96208 판결 건물명도사건 참조)는 대법원의 판례의 태도에 비추어 본다면 피신청인이 건축자재의 매매대금채권으로는 유치권이 성립될 수 없는 것입니다.

나. 피신청인의 점유부재

이 사건에서는 피신청인이 점유를 인정할만한 아무런 근거가 없으며, 지금 현재도 건물의 현황이 피신청인의 점유를 인정할 수 없는 상황입니다. 피신청인 자신도 점유에 대하여서는 점유의 장소나 점유시기 등을 진술하지 못하고 있습니다.

경매개시결정으로 집행관의 현황조사명령이나 감정평가사의 감정평가보고서 어느 곳에도 피신청인의 점유를 인정할만한 아무런 근거도 찾을 수 없음이 분명합니다.

피신청인은 공사대금을 담보하는 채권도 없을 뿐 아니라 점유도 인정받을 수 없음이 분명하므로 피신청인이 집행법원에 신고한 유치권은 성립될 수 없습니다.

피신청인에 대한 신청인의 인도명령신청은 인용되어야 합니다.

2015. 4. .

위 신청인(선정당사자) 정 ○ 현

인천지방법원 경매 11계 귀중

4) 레미콘 납품으로 유치권을 신고한 사람에 대한 인도명령신청

부동산 인도명령 신청

사 건 2014 타경 40499 부동산임의경매

신 청 인 정 ○ 현
경남 김해시 지내동

피신청인 백 ○ 현
인천시 남구 주안동

신 청 취 지

피신청인은 별지목록기재부동산의 점유를 풀고 신청인에게 인도하라.
는 취지의 결정을 구합니다.

신 청 이 유

1. 사실관계

신청인은 별지목록기재부동산이 귀원 2014 타경 40499 부동산임의경매사건에 계류 중, 이를 매수하여 경락대금 전부를 2015. 4. 13. 납입한 정당한 원시취득자입니다.

이 사건 별지목록기재부동산에는 집행법원에 유치권을 신고한 자가 전부 12명에 이르고 있습니다. 피신청인도 그 중에 한 사람입니다.

피신청인은 레미콘납품대금 3,275만원의 채권을 담보하는 유치권이 있다고 주장하고 있습니다.

2. 피신청인에게 유치권이 성립될 수 없는 이유

가. 매매대금 채권으로는 유치권성립불가

피신청인은 레미콘납품대금 금32,750,000원을 변제받지 못하여 이 물품대금을 담보하는 유치권이 있다고 주장합니다.

그러나 피신청인인의 건축자재대금채권은 그 건축자재를 공급받은 건축주와의 매매계약에 따른 매매대금채권에 불과한 것이고, 피신청인이 공급한 건축자재가 수급인 등에 의해 위 건물의 신축공사에 사용됨으로써 결과적으로 위 건물에 부합되었다고 하여도 건축자재의 공급으로 인한 매매대금채권이 위 건물 자체에 관하여 생긴 채권이라고 할 수는 없다. (대법원 2012.1.26. 선고 2011다96208 판결 건물명도사건 참조)는 대법원의 판례의 태도에 비추어 본다면 피신청인이 건축자재의 매매대금채권으로는 유치권이 성립될 수 없는 것입니다.

나. 피신청인의 점유부재

이 사건에서는 피신청인이 점유를 인정할만한 아무런 근거가 없으며, 지금 현재도 건물의 현황이 피신청인의 점유를 인정할 수 없는 상황입니다.

피신청인 자신도 점유에 대하여서는 점유의 장소나 점유시기 등을 진술하지 못하고 있습니다. 경매개시결정으로 집행관의 현황조사명령이나 감정평가사의 감정평가보고서 어느 곳에도 피신청인의 점유를 인정할만한 아무런 근거도 찾을 수 없음이 분명합니다.

피신청인은 공사대금을 담보하는 채권도 없을 뿐 아니라 점유도 인정받을 수 없음이 분명하므로 피신청인이 집행법원에 신고한 유치권은 성립될 수 없습니다.
피신청인에 대한 신청인의 인도명령신청은 인용되어야 합니다.

2015. 4.   .

위 신청인(선정당사자) 정 ○ 현

인천지방법원 경매 11계 귀중

5) 다른 사람의 도장을 찍어서 유치권을 신고한 사람에 대한 인도명령신청

부동산 인도명령 신청

사　　건　　2014 타경 40499 부동산임의경매

신 청 인　　정 ○ 현
　　　　　　　경남 김해시 지내동

피신청인　　김 ○ 춘
　　　　　　　인천시 남구 주안동

신 청 취 지

피신청인은 별지목록기재부동산의 점유를 풀고 신청인에게 인도하라.
는 취지의 결정을 구합니다.

신 청 이 유

1. 사실관계

신청인은 별지목록기재부동산이 귀원 2014 타경 40499 부동산임의경매사건에 계류 중, 이를 매수하여 경락대금 전부를 2015. 4. 13. 납입한 정당한 원시취득자입니다.

이 사건 별지목록기재부동산에는 집행법원에 유치권을 신고한 자가 전부 12명에 이르고 있습니다. 피신청인도 그 중에 한 사람입니다.

피신청인은 외장 및 페인트공사대금 3540만원의 채권을 담보하는 유치권이 있다고 주장하고 있습니다.

2. 피신청인에게 유치권이 성립될 수 없는 이유

가. 위, 변조된 계약서 등으로는 유치권성립불가

피신청인은 외장 및 페인트공사대금 금35,400,000원을 변제받지 못하여 이 공사대금을 담보하는 유치권이 있다고 주장합니다.

그러나 임○순이 피신청인을 대리하여 접수한 유치권권리신고서를 보면 피신청인의 인장이 날인된 것이 아니라 윤○우의 인장이 찍혀 있음을 육안으로 식별할 수 있습니다.

유치권권리신고를 접수하는 자가 다른 사람의 인장을 찍어서 집행법원에 유치권권리신고를 한다는 점이 과연 인정받을 수 있을지 하는 점에 대하여서는 어느 누구도 긍정의 답변을 할 수 없을 것입니다.

김○춘이 윤○우의 도장을 사용하여 중대한 처분문서인 유치권권리신고를 한다는 점은 납득할 수 없는 일이므로 결론에 가서는 김○춘이 주장하는 유치권은 성립될 수 없습니다.

나. 피신청인의 점유부재

이 사건에서는 피신청인이 점유를 인정할만한 아무런 근거가 없으며, 지금 현재도 건물의 현황이 피신청인의 점유를 인정할 수 없는 상황입니다.

피신청인 자신두 점유에 대하여서는 점유의 장소나 점유시기 등을 진술하지 못하고 있습니다.

경매개시결정으로 집행관의 현황조사명령이나 감정평가사의 감정평가보고서 어느 곳에도 피신청인의 점유를 인정할만한 아무런 근거도 찾을 수 없음이 분명합니다.

피신청인은 공사대금을 담보하는 채권도 없을 뿐 아니라 점유도 인정받을 수 없음이 분명하므로 피신청인이 집행법원에 신고한 유치권은 성립될 수 없습니다.

피신청인에 대한 신청인의 인도명령신청은 인용되어야 합니다.

2015. 4. .

위 신청인(선정당사자) 정 ○ 현

인천지방법원 경매 11계 귀중

6) 채무자의 근보증인이 유치권신고한 경우의 인도명령 신청

부동산 인도명령 신청

사　건　　2014 타경 40499 부동산임의경매

신 청 인　정 ○ 현
　　　　　　경남 김해시 지내동

피신청인　윤 ○ 우
　　　　　　인천시 남구 주안동

신 청 취 지

피신청인은 별지목록기재부동산의 점유를 풀고 이를 신청인에게 인도하라.
는 취지의 결정을 구합니다.

신 청 이 유

1. 사실관계

신청인은 별지목록기재부동산이 귀원 2014 타경 40499 부동산임의경매사건에 계류 중, 이를 매수하여 경락대금 전부를 2015. 4. 13. 납입한 정당한 원시취득자입니다.
이 사건 별지목록기재부동산에는 집행법원에 유치권을 신고한 자가 전부 12명에 이르고 있습니다. 피신청인도 그 중에 한 사람입니다.
피신청인은 돌계단공사대금 2150만원의 채권을 담보하는 유치권이 있다고 주장하고 있습니다.

2. 피신청인에게 유치권이 성립될 수 없는 이유

가. 근저당권설정계약의 연대보증인으로는 유치권성립불가

피신청인은 돌계단공사대금 금21,500,000원을 변제받지 못하여 이 물품대금을 담보하는 유치권이 있다고 주장합니다.

그러나 피신청인은 경매사건의 신청채권자와 채무자인 임○순사이의 근저당권에 기한 피담보채권에 대하여 근보증서 계약을 체결하고, 채무자 임○순의 대출금에 대하여 연대보증한 연대보증인입니다.

채무자와 연대하여 채무를 변제하여야 할 의무가 있는 연대보증인이 허위로 유치권을 주장하는 경우는 참 드물며 황당한 경우라고 하지 않을 수 없습니다.

나. 피신청인의 점유부재

이 사건에서는 피신청인이 점유를 인정할만한 아무런 근거가 없으며, 지금 현재도 건물의 현황이 피신청인의 점유를 인정할 수 없는 상황입니다.

피신청인 자신도 점유에 대하여서는 점유의 장소나 점유시기 등을 진술하지 못하고 있습니다.

경매개시결정으로 집행관의 현황조사명령이나 감정평가사의 감정평가보고서 어느 곳에도 피신청인의 점유를 인정할만한 아무런 근거도 찾을 수 없음이 분명합니다.

피신청인은 공사대금을 담보하는 채권도 없을 뿐 아니라 점유도 인정받을 수 없음이 분명하므로 피신청인이 집행법원에 신고한 유치권은 성립될 수 없습니다.

피신청인에 대한 신청인의 인도명령신청은 인용되어야 합니다.

2015. 4.   .

위 신청인(선정당사자) 정 ○ 현

인천지방법원 경매 11계 귀중

7) 노무대금채권으로 유치권을 신고한 사람에 대한 인도명령신청

부동산 인도명령 신청

사　건　　2014 타경 40499 부동산임의경매

신 청 인　정 ○ 현
　　　　　경남 김해시 지내동

피신청인　김 ○ 수
　　　　　인천시 남구 주안동

신 청 취 지

피신청인은 별지목록기재부동산의 점유를 풀고 이를 신청인에게 인도하라.
는 취지의 결정을 구합니다.

신 청 이 유

1. 사실관계

신청인은 별지목록기재부동산이 귀원 2014 타경 40499 부동산임의경매사건에 계류 중, 이를 매수하r여 경락대금 전부를 2015. 4. 13. 납입한 정당한 원시취득자입니다.
이 사건 별지목록기재부동산에는 집행법원에 유치권을 신고한 자가 전부 13명에 이르고 있습니다. 피신청인도 그 중에 한 사람입니다.
피신청인은 철근인건비 2,620만원의 채권을 담보하는 유치권이 있다고 주장하고 있습니다.

2. 피신청인에게 유치권이 성립될 수 없는 이유

가. 인건비 등 노무대금채권으로는 유치권성립불가

피신청인은 철근인건비 금26,200,000원을 변제받지 못하여 이 인건비대금을 담보하는 유치권이 있다고 주장합니다.

그러나 인건비의 채권이 별지목록기재부동산에 관하여 생긴 채권으로 보기는 어려울 것입니다. 피고의 철근공사인건비채권은 그 노동력을 공급받은 철근업자와의 근로계약에 따른 인건비채권에 불과한 것이고, 피신청인이 공급한 노동력이 수급인 등에 의해 위 건물의 신축공사에 사용됨으로써 결과적으로 위 건물에 부합되었다고 하여도 인건비의 공급으로 인한 노무대금채권이 위 건물 자체에 관하여 생긴 채권이라고 할 수는 없을 것입니다.

더욱이 피신청인이 과연 유치권 권리신고를 집행법원에 한 것인지도 알 수 없으므로 이 사건 실제 소유자가 일괄적으로 접수한 유치권권리신고는 유치권자로 인정받기에 현저히 신빙성이 결여되었다고 할 것입니다.

나. 피신청인의 점유부재

이 사건에서는 피신청인이 점유를 인정할만한 아무런 근거가 없으며, 지금 현재도 건물의 현황이 피신청인의 짐유를 인징힐 수 없는 싱황입니다.

피신청인 자신도 점유에 대하여서는 점유의 장소나 점유시기 등을 진술하지 못하고 있습니다. 경매개시결정으로 집행관의 현황조사명령이나 감정평가사의 감정평가보고서 어느 곳에도 피신청인의 점유를 인정할만한 아무런 근거도 찾을 수 없음이 분명합니다.

피신청인은 공사대금을 담보하는 채권도 없을 뿐 아니라 점유도 인정받을 수 없음이 분명하므로 피신청인이 집행법원에 신고한 유치권은 성립될 수 없습니다.

피신청인에 대한 신청인의 인도명령신청은 인용되어야 합니다.

2015. 4.   .

위 신청인(선정당사자)   정 ○ 현

인천지방법원 경매 11계 귀중

3. 인도명령을 받기 위한 진정서의 제출

서고, 돌붙임, 현관문, 목문 등의 잡다한 유치권신고인은 상황에 따라 각각 인도명령신청을 제출하면 될 것이므로 이 책에 올리지 않아도 지금까지 7건의 인도명령신청으로 충분히 포인트를 잡아서 인도명령신청서를 작성할 수 있을 것이다.

나는 담당한 사법보좌관이나 담당 판사가 이 사건의 문제점을 소상하게 알 수 있게 하기 위하여 별도로 사건 전체를 알 수 있는 진정서를 작성하여 제출하게 하였다.

진 정 서

사   건   2014 타경 40499

진 정 인(매수인)   정 ○ 현

위 사건에 대하여 매수인은 다음과 같이 진정서를 제출합니다.

다 음

1. 이 사건은 고의적이며 악의적인 유치권이 12건이나 신고되었습니다.

매수인인 진○인이 매수한 이 사건 부동산에는 전부 12명이 유치권 권리신고를 하였습니다.
그러나 이러한 유치권은 아주 보기 드문 경우로서 진정인은 문제를 정리하기에 많은 시간이
요할 수 있다는 점에 주목하며 진정을 접수하오니 선처하여 주시면 감사하겠습니다.

---

2. 유치권자의 주소는 단 한 사람만 있을 뿐입니다.

이 사건 부동산의 실제 소유자인 임○순이 12건의 유치권권리신고를 소위 유치권을 주장하는 자들로부터 위임받았다고 막도장을 찍은 위임장을 첨부하여 집행법원에 접수한 바 있습니다.

진○인은 유치권자들에 대하여 경락부동산인도명령을 전부 신청하오나, 소유자가 접수한 유치권권리신고인들의 주소는 아예 없습니다.

주소가 없다면 심문서 혹은 인도명령 결정문이 송달될 곳도 없다는 점은 확실하며 이런 상태에서는 진○인이 신청한 인도명령을 집행법원에서 인용한다고 하여도 어느 세월에 집행을 할 수 있을지 염려스럽고 의심스럽습니다.

등기부상의 전 소유자이나 실제 소유권자인 임○순은 바로 이런 점들을 노리고 허위의 유치권권리신고를 접수한 것으로 보입니다.

사실 신고인의 유치권권리신고를 직접 접수 받으면서 주소조차도 없는 문서를 받았다는 점 자체가 진○인으로써는 이해가 되지 않기도 합니다.

3. 유치권은 점유 없이는 성립될 수 없으므로 일단은 주소지를 경락 물건지로 하였습니다.

유치권자들에 대하여 지정이 등이 그 주소지를 알 수 있는 방법이 없으므로 진정인은 부동산인도명령신청을 하며 피신청인들의 주소지를 일단은 물건소재지로 하였습니다만, 미완성 건물에 송달이 제대로 될 수 없다는 점은 명약관화하다고 할 것입니다.

그러나 진○인으로써는 송달이 되지 않으면 집행이 되지 않으므로 유치권이 허위 혹은 악의를 불문하고 유치권자들의 주소지는 알아야 당연할 것이며 아는 것이 정당할 것입니다.

어디에 사는 누가 유치권을 신고했는지 조차도 파악하지 않고 유치권권리신고를 접수받아서 이를 매각물건명세서에 그대로 올린 법원이라면, 최소한 유치권자들의 주소지는 파악하여 줄 수는 있을 것입니다.

다행히 유치권 신고인들의 전화번호는 유치권권리신고서에 기재되어 있으므로 진○인이 야간 특별송달, 공시송달 등으로 힘을 빼고 어려움에 봉착하지 않도록 담당자께서는 수고스럽지만 전화로 주소지를 확인하는 절차를 밟아주시면 대단히 감사하겠습니다.

바쁘신 중이라도 도움을 부탁드리오니 유치권자의 주소지나 알고 일을 처리할 수 있도록 도와

주시기 바랍니다.

2015. 4. .

위 진정인 정 ○ 현

인천지방법원 경매 11계 귀중

4. 드디어 대법원 '나의 사건 검색'에 "인용"이라고 올라갔다. 그러나 .. 80일 간을 기다린 결정문

소유자와 전 소유자까지 전부 14건의 인도명령을 신청하고 결과를 기다리던 중, 한 달 정도 경과된 후 드디어 대법원 '나의 사건 검색'란에서는 "전부 인용"이라는 두 글자가 올라갔다.

여기서 우리가 반드시 알고 있어야 하는 점은 경매사건의 인도명령신청에 대하여 "인용"이라고 올라가는 시점인데, 담당 사법보좌관이 인용한다는 결정문을 만들어서 담당 판사에게 올리는 바로 그 시점이라는 것이다.

이 문서를 담당 판사가 보고서 도장을 찍어줘야 비로소 결정문이 만들어져서 경락인과 유치권자 등 인도명령의 피신청인에게로 송달이 된다.

대법원 '나의 사건 검색'란에 "인용"이라고 떠올라서 결정문이 송달되기를 아무리 기다려봐도 소식이 없어, 결국은 인천지방법원에 찾아가서 물을 수밖에 없었다.

담당 경매계장은 "결재를 올렸는데 판사님이 도장을 찍지를 않으시네요." 라고 할 뿐 더 이상은 감감했다.

기다리다 못해서 인도명령결정촉구서까지 만들어서 제출하였지만, 역시 묵묵부답이었다.

이렇게 아무 이유가 없어 보이는데도 판사들이 결재를 하지 않는 일은, 내가 알고 있는 것만으로도 한 두 사건이 아니다.

어떤 경우에는 항고장을 접수해도 항고심으로 넘기지도 않고 두 달 이상 붙들고 있는 경우까지도 보았다.

관계법령은 2주 이내에는 항고법원에 보내라고 되어 있는데, 일부 판사님들은 법과 규정 위에 계신 것 같기도 하다.

인도명령결정촉구서를 접수해도 소식이 없기는 마찬가지였다.

결국 담당 판사가 다른 분으로 바뀌고 난 다음에 결국 결정문에 도장을 찍어서 보내주기는 했지만, 이런 경우 우리 국민들은 법원에 대해 믿음이 가지 않게 되고 '판사'라는 분들에 대하여 좋은 인상을 가질 수 없게 될 것이다.

결정이 늦어지면 늦는 이유라도 알려주는 것이, 과연 법원의 권위에 어긋나는 것일까?

부동산인도명령 결정 촉구서를 보도록 하자.

부동산인도명령 결정 촉구서

사　건　2015 타인 285
　　　　2015 타인 288
　　　　2015 타인 289-299

신 청 인　정 ○ 현
피신청인　임 ○ 순 외 12

신청인은 유치권을 신고한 위 13명에 대하여 인도명령을 신청하여 2015. 6. 22. 자로 신청이 인용되었다고 대법원사이트에는 등재되어 있습니다.

그러나 실제로는 2015. 6. 29. 현재에도 결정문이 나오지 않고 있습니다.

이 사건의 특징은 다른 사건과는 달리 2015 타인 288(피신청인 정○배)를 제외하고는 전부 피신청인 임○순이 막도장, 남의 도장 등을 찍어서 허위의 유치권신고를 집행법원에 제기한 바 있습니다.

신청인은 임○순에 대하여서도 인도명령을 신청하는 한편 남인천 경찰서에 임○순을 사문서 위조 및 동 행사의 혐의로 형사고소를 제기하였습니다.

담당한 경제3팀 사법경찰관 경위 이○철은 임○순이 두 달간 연락을 취하여 경찰에 출두하기로 하였으나 약속을 어기고 출석하지 않아 결국 2015. 6. 16. 송치번호 2015-007492 기소중지의견으로 인천지방검찰청에 송치하였습니다.

신청인이 어머니와 함께 매수한 이 사건의 경락잔대금을 납부한지도 벌써 3개월이 다가오고 있습니다만 아직도 인도명령이 결정되지 않아서 건물을 인수하여 건축공사의 마무리작업을 하지 못하고 있습니다.

장마철이 시작되었습니다만, 본격적인 장마로 많은 비가 내린다면 기 건축부분의 붕괴 우려가 있으며 건물전체의 침수로 매수인은 많은 피해를 당하지 않을 수 없는 절박한 입장이라 감히 인도명령결정을 촉구 드리오니, 참작하여 주셔서 매수인 신청인이 장마, 홍수의 피해 없이 건물 마무리공사를 할 수 있도록 인도명령 결정문을 보내주시면 대단히 감사하겠습니다.

첨부 서류

1. 임○순에 대한 사건처리결과 통지문

2015. 6. 30.
위 매수인   정 ○ 현

인천지방법원 귀중

5. 뛰는 놈 위에 나는 놈 (유치권자 내몰고 점유하고 있는 사람)

세상에는 뛰는 사람 위에 나는 사람이 있다고 한다.

이 집을 처리하면서 정말로 그렇게 느끼지 않을 수 없었다.

이 집은 대부분 미완성인 상태인데, 4층 401호만 유독 방화문도 달고 내부 시설도 사람이 살 만큼 해 놓았다. 그리고 실제로 한 가족이 살고 있었다.

그런데 이 가족은 유치권자 12명에 포함되어 있지도 않았다.

강모씨라고 하는 분은 오히려 유치권자들을 내쫓고 집을 잘 지키며, 새로운 집주인이 될 경락인이 오기를 기다리고 있었다.

그리고 전 소유자가 빌라를 짓는다고 하여, 유치권자들을 대신해 상당한 빚을 갚았다고 한다.

이 분은 오직 목표가 여기서 멀쩡한 집을 하나 얻기 위하여 공사업자들의 점유를 막아 왔으니, 일면 제대로 된 경우라고 해야 할 것이다.

마무리 공사를 할 건축업자도 데리고 왔으나, 실제 공사비 보다 턱없이 높은 가격을 부르는 사람이었다. 이 분은 집 한 채에 1억 5,000만원씩 전부 15억원은 받아지니 수지가 맞는 장사라고 바람을 잡기도 했다.

집 한 채에 1억 5,000만원이 아니라 1억 3,000만원만 잡고 그 중 1억원을 받고 그간의 공로를 생각해서 3,000만원은 집값에서 빼주는 것으로 결론을 내렸다.

여기에 이의가 없는 것으로 봐서는 집값이 1억3,000만원은 되는 모양이고, 시세차익은 5억 이상은 될 것이다.

관련 판례
대법원 2012.1.26. 선고 2011다96208 판결 건물명도

【판시사항】

[1] 유치권의 피담보채권이 되기 위한 요건

[2] 갑이 건물 신축공사 수급인인 을 주식회사와 체결한 약정에 따라 공사현장에 시멘트와 모래 등의 건축자재를 공급한 사안에서, 갑의 건축자재대금채권이 건물에 관한 유치권의 피담보 채권이 된다고 본 원심판결에 법리오해의 위법이 있다고 한 사례

【판결요지】

[1] 민법 제320조 제1항은 "타인의 물건 또는 유가증권을 점유한 자는 그 물건이나 유가증권에 관하여 생긴 채권이 변제기에 있는 경우에는 변제를 받을 때까지 그 물건 또는 유가증권을 유치할 권리가 있다."고 규정하고 있으므로, 유치권의 피담보채권은 '그 물건에 관하여 생긴 채권'이어야 한다.

[2] 갑이 건물 신축공사 수급인인 을 주식회사와 체결한 약정에 따라 공사현장에 시멘트와 모래 등의 건축자재를 공급한 사안에서, 갑의 건축자재대금채권은 매매계약에 따른 매매대금채 권에 불과할 뿐 건물 자체에 관하여 생긴 채권이라고 할 수는 없음에도 건물에 관한 유치권 의 피담보채권이 된다고 본 원심판결에 유치권의 성립요건인 채권과 물건 간의 견련관계에 관한 법리오해의 위법이 있다고 한 사례.

【참조조문】 [1] 민법 제320조 제1항 [2] 민법 제320조 제1항

【원심판결】 부산지법 2011. 10. 5. 선고 2011나6769 판결

【주 문】

원심판결을 파기하고, 사건을 부산지방법원 본원 합의부에 환송한다.

【이 유】

상고이유를 살펴본다.

1. 가. 원심판결 이유에 의하면, 원심은 제1심판결을 인용하여 다음과 같은 사실을 인정하였다.

(1) 피고는 주식회사 에○○오아이디(이하 '에○○오아이디'라고 한다)로부터 부산 사하구 하단동 529-14 및 529-22 지상 한○엠비시어스 주상복합건물 신축공사를 도급받은 주식회사 한○(이하 '한○'이라고 한다)에게 2003. 4. 1.부터 2004. 7.경까지 위 공사현장에 시멘트, 모래 등 건축자재를 공급하였고, 그 대금 중 136,384,293원을 지급받지 못하였다.

(2) 에이치오아이디는 위 건물에 관하여 2004. 7. 5. 소유권보존등기를 마쳤고, 원고는 2005. 2. 15. 개시되어 2005. 2. 17. 경매개시결정 기입등기가 이루어진 강제경매절차에서 위 건물 중 원심 별지 목록 기재 부동산(제5층 제503호, 이하 '이 사건 아파트'라고 한다)을 매수하여 2010. 5. 6. 대금을 납부하고 소유권을 취득하였다.

(3) 피고는 한○과 에○○오아이디의 승낙을 받아 2004년 말부터 이 사건 아파트에 거주하면서 2005. 1. 20. 전입신고를 하였고, 위 경매절차에서 2005. 3. 10. 경매법원에 다른 공사업자들과 함께 이 사건 아파트를 비롯한 위 건물의 각 호실에 대하여 유치권 신고를 하였다.

나. 원고는 피고가 위 건물 신축공사에 시멘트와 모래 등 건축자재를 공급하였을 뿐이므로 건축자재대금채권에 불과한 피고의 채권은 이 사건 아파트와 견련관계가 없어 유치권의 피담보채권이 될 수 없다고 주장하여 피고를 상대로 이 사건 아파트의 인도를 구하였고, 이에 대하여 원심은, 피고가 위 건물 신축공사에 필요한 자재인 시멘트와 모래 등을 공급하였고 위 건축자재가 공사에 사용되어 이 사건 아파트의 구성 부분으로 부합된 이상, 위 건축자재대금채권은 이 사건 아파트와 견련관계가 인정되어 이 사건 아파트에 관한 유치권의 피담보채권이 된다고 판단하여 원고의 위 주장을 배척하였다.

2. 그러나 원심의 위와 같은 판단은 다음과 같은 이유에서 수긍할 수 없다.

(1) 민법 제320조 제1항은 "타인의 물건 또는 유가증권을 점유한 자는 그 물건이나 유가증권에 관하여 생긴 채권이 변제기에 있는 경우에는 변제를 받을 때까지 그 물건 또는 유가증권을 유치할 권리가 있다."고 규정하고 있으므로, 유치권의 피담보채권은 '그 물건에 관하여 생긴 채권'이어야 한다 .

(2) 그런데 원심판결 이유에 의하면, 피고는 위 건물 신축공사의 수급인인 한○과의 약정에 따라 그 공사현장에 시멘트와 모래 등의 건축자재를 공급하였을 뿐이라는 것인바, 그렇다면 이러한 피고의 건축자재대금채권은 그 건축자재를 공급받은 한울과의 매매계약에 따른 매매대금채권에 불과한 것이고, 피고가 공급한 건축자재가 수급인 등에 의해 위 건물의 신축공사에 사용됨으로써 결과적으로 위 건물에 부합되었다고 하여도 건축자재의 공급으로 인한 매매대금채권이 위 건물 자체에 관하여 생긴 채권이라고 할 수는 없다.

(3) 그럼에도 불구하고 원심은 그 판시와 같은 이유만으로 피고의 건축자재대금채권이 이 사건 아파트와 견련관계가 인정되어 이 사건 아파트에 관한 유치권의 피담보채권이 된다고 판단하였는바, 원심판결은 유치권의 성립요건인 채권과 물건 간의 견련관계에 관한 법리를 오해하여 판단을 그르친 것이다.

3. 그러므로 나머지 상고이유에 관한 판단을 생략한 채, 원심판결을 파기하고, 사건을 다시 심리·판단하게 하기 위하여 원심법원에 환송하기로 하여, 관여 대법관의 일치된 의견으로 주문과 같이 판결한다.

대법관   박일환(재판장) 신영철 민일영(주심) 박보영

09

똑같은 유치권 회사에
인도명령결정을 두 번 받은 조선소

1. 사건의 개요

경남 고성에 있는 한 조선소가 경매에 나왔다.

땅이 5,000평 인데 바로 남쪽으로는 바다와 붙어 있었고, 북쪽에는 아스팔트 포장이 된 폭 12m의 2차선 지방도가 맞물려 있었다.

앞에는 비사도 라는 무인도가 바다 위에 펼쳐져 있으니, 보기에는 참으로 근사하기도 하고 요즘 유행하고 있는 오토캠핑을 하기에는 아주 적합한 장소로 보였다.

평지에 토지가 넓으니 수영장, 족구장 등 운동시설을 만들기에도 괜찮고, 특히 고속도로 요금소에서 10분 이내의 거리이므로 접근성도 용이한 장점이 있었다.

고성에서도 삼산면의 바다는 호수처럼 잔잔한 편이다 보니, 미국에 가서 신형 보트를 몇 척 가져다 놓으면 낚시까지 겸하여 즐길 수 있는 유명한 캠핑장이 될 수 있을 것이라고 판단했다.

창원지방법원 통영지원 2014타경 750

경상남도 고성군 삼산면 두포리 000

잡종지   감정가 1,539,896,000원

건물은 매각제외, 토지 16,887㎡(5108.3평)

이 사건에는 주식회사 대○조선에서 11억여원의 유치권신고를 하였고, ○○종합가스가 장비대금으로 8,500만원의 유치권권리신고를 하여 유치권 신고액의 합계금은 모두 12억원에 이르렀다.

이 유치권을 어떻게 인도명령을 작성하여 없애게 되었는가를 살펴볼 필요가 있을 것이다.

실제로 이 물건을 낙찰 받아서 잔금을 치른 후, 나는 캘리포니아주에 가서 놀이용 겸 낚싯배 4척과 카라반을 직접 사들고 왔다. 지금은 오토캠핑장의 막바지 공사를 하고 있는 중이다.

유치권은 없앴지만, 유치권자의 몸부림은 쉽게 막아지지 않아서 시간이 걸린 것이다.

부동산 인도명령 신청

사　건　2014 타경 750 부동산임의경매

신 청 인　삼○플러스 주식회사
　　　　　부산시 부산진구 양정동

피신청인　주식회사 대○조선
　　　　　통영시 인평동

신 청 취 지

1. 피신청인은 신청인에게 별지목록기재부동산을 인도하라.
는 취지의 결정을 하여 주시기 바랍니다.

신 청 이 유

1. 사실관계

신청인은 이 사건이 귀원 2014 타경 750 부동산임의경매로 진행 중, 이에 응찰하여 최고가매수신고인이 되었으며, 2014. 1. 22. 매각대금을 전액 납부하여 정당한 원시취득자가 되었습니다.

피신청인은 별지목록기재 부동산에 대하여 시설공사비 금707,723, 560원과 민원해결비 금336,385,000원의 채권이 존재한다고 진술하며 유치권을 주장하고 있습니다.

그러나 피신청인은 어느 모로 보아도 유치권자라고 할 수 없으므로 이 사건 신청인의 인도명령신청을 인용하여 주시기 바랍니다.

2. 피신청인의 새로운 이름은 이 사건 부동산의 소유자입니다.

신청인이 제시하는 법인등기부에서 보는 바와 같이 피신청인은 이미 2012. 2. 27. 현재의 소유자인 엣○시중공업 주식회사로 상호를 변경하여 2012. 2. 28. 새로운 회사명으로 변경등기를 하였습니다.
유치권자라고 주장하는 주식회사 대○조선은 더 이상 존재하지 않으며, 피신청인은 등기부에 명의변경이 접수되므로 경매를 당한 소유자인 엣○시중공업 주식회사와 동일인입니다.

피신청인이 유치권을 주장한다는 것은 소유자가 자기 자신이 소유한 부동산에 대하여 유치권을 주장하는 것과 다를 바가 전혀 없습니다.
민법 제 320조 제 1항에서는 유치권의 성립은 타인의 물건을 점유한 자에게 해당되는 것이므로, 피신청인과 같이 자신이 소유한 부동산에 대하여서는 유치권을 주장할 수 없다고 할 것이므로 피신청인의 유치권 주장은 성립될 수 없습니다.

3. 피신청인의 유치권 주장은 압류의 처분금지효에 저촉됩니다.

이 사건에 대하여 귀원의 현황조사명령을 받은 귀원 소속 집행관이 2014년 02월04일13시24분 별지목록기재부동산을 방문하여 작성한 점유관계조사보고서에 의하면 별지목록기재부동산이 방치되어 점유자도 없으며 영업을 하고 있는 자도 없다는 취지로 현황조사보고서를 작성하여 집행기록에 편철되어 있습니다.

대법원의 확립된 판례의 태도는 이 사건과 같이 경매개시결정이 기입등기되어 압류의 처분금지효가 발생한 이후에 매각부동산을 점유한 경우에는
"채무자 소유의 건물 등 부동산에 강제경매개시결정의 기입등기가 경료되어 압류의 효력이 발생한 이후에 채무자가 위 부동산에 관한 공사대금 채권자에게 그 점유를 이전함으로써 그로 하여금 유치권을 취득하게 한 경우, 그와 같은 점유의 이전은 목적물의 교환가치를 감소시킬 우려가 있는 처분행위에 해당하여 민사집행법 제92조 제1항, 제83조 제4항에 따른 압류의 처분금지효에 저촉되므로 점유자로서는 위 유치권을 내세워 그 부동산에 관한 경매절차의

매수인에게 대항할 수 없다." (대법원 2005. 8. 19 선고 2005다22688 건물명도 등 참조) 라고 하여 유치권의 성립가능성을 배제하였습니다.

피신청인은 별지목록기재 부동산을 실제 점유도 하지 않고 있지만, 설령 점유를 하고 있다하여도, 집행관의 현황조사서에는 전혀 기재가 없으므로, 최소한 집행관의 현황조사보고서를 작성한 이후에야 비로써 점유를 할 수 있었다고 추정되므로 피신청인은 유치물이 없는 유치권을 주장하였다고 할 것입니다.
피신청인에 대한 유치권 주장은 배척되어야 하며, 신청인의 신청은 인용되어야 합니다.

입 증 방 법
1. 피신청인의 법인등기부 등본1

2015. 1. 22.

위 신청인(매수인) 삼○플러스 주식회사
대표이사 황 ○ 철

창원지방법원 통영지원 경매 4계 귀중

참고로 이 토지의 소유자는 엣○시 중공업주식회사인데 이 회사가 회사 이름을 바꾸기 전의 명칭은 주식회사 대○조선이었다.

그러므로 주식회사 대○조선이 유치권을 신고하였다는 점은 곧 엣○시 중공업 주식회사(소유자)가 유치권을 주장하였다는 점과 다를 바가 없으며, 어느 누구도 자기 소유의 물건에 대하여서는 유치권을 주장할 수 없는 것이므로 주식회사 대○조선이 유치권을 주장할 수 없는 것이다.

2. 유치권을 신고한 것은 주식회사 대○조선이 아니라 주식회사 대○이란다.

이 사건 인도명령 심문기일에 엉뚱한 사건이 벌어졌다.

유치권을 신고한 회사가 주식회사 대○조선이 아니라, 주식회사 대○이라고 하며 변호사 사무실에서 유치권신고를 하면서 회사 이름을 잘못 기재하였단다.

법원에서는 엣○시 중공업주식회사(구 상호 주식회사 대○조선)라는 피신청인의 이름으로 인도명령이 인용되었다.

그러나 주식회사 대○이 유치권자라고 주장하므로 다시 인도명령을 신청하여 받아들여졌다. 그러자 주식회사 대○은 항고를 제기하고 인도집행으로 조선소 바닥을 철거한 공사에 대하여 자신의 건조물을 철거하였다고 형사고소를 제기하였다.

물론 형사고소에 대하여서는 혐의가 없다는 통보를 받았으며, 이들의 항고는 당연히 기각되었다.

다음의 문건은 인도명령 항고사건에 대한 참고서면이다.

참 고 서 면

사　건　　2015 라 157 인도명령

항 고 인　주식회사 대○

상 대 방　삼○플러스 주식회사

위 사건에 대하여 신청인인 항고사건의 상대방은 다음과 같이 참고서면을 제출합니다.

다　음

1. 신청인이 불법으로 항고인의 소유물을 철거하는 집행을 한다는 주장에 대하여

항고인은 신청인이 불법으로 항고인의 소유물을 집행관에게 집행의뢰하지 않고 직접 철거하고 있다고 주장하고 있습니다.

그러나 항고인이 주장하는 소유물의 철거는 항고인의 소유가 아니라 신청인의 소유물이 된 부동산의 바닥 콘크리트 부분입니다.

신청인이 별지 사진 중에 "ㄱ"부분으로 표시한 토지로, 일부는 도로인 토지(139-1 도)를 불법으로 콘크리트를 부어서 못쓰게 만든 것을 신청인이 군청의 요청을 받아들여서 철거하기에 이른 것입니다.(항고인이 제출한 을 제 7호 증의 사진으로 보아도 139-1 도로 위를 포함하여 콘크리트시설을 한 것을 알 수 있습니다.)

도로가 아닌 부분은 신청인 소유의 토지에 콘크리트부분을 철거한다고 하여 항고인 소유물을 철거하였다는 주장은 부당한 것입니다.

2015. 4. 29. 11:30 심문절차에서도 항고인의 대리인은 도로에 불법으로 콘크리트 타설을

하여 항고인의 대표이사가 구속되었다는 진술을 한 부분이기도 합니다.

2. 항고인이 점유하고 있다는 주장에 대하여

항고인은 컨테이너를 설치하고 이 사건 토지를 점유하고 있다고 주장하지만 그 점도 사실이 아닙니다.

본 참고서면 후면에 첨부한 사진 중에 (ㄷ)부분이 항고인이 주장하고 있는 점유부분입니다.

그러나 항고인이 을 제 7호 증으로 제출한 사진도면을 보아도 컨테이너가 있는 이 자리가 이 사건의 토지가 아니라 고성군 삼산면 두포리 139-1 도로임을 알 수 있습니다.

항고인은 도로를 점유하고 있음이 명백함에도 불구하고 신청인 소유의 토지를 점유하고 있다는 주장을 하는 것이 틀림없으므로, 결론에 가서는 항고인의 이 사건 유치권 주장과 명도소송의 주장은 신청인을 괴롭히려는 저의가 있을 뿐이라는 판단이 가능한 것입니다.

항고인의 항고는 각하되어야 합니다.

2015. 4.   .

위 신청인(상대방) 삼○플러스 주식회사

대표이사 황 ○ 철

창원지방법원 제 11민사부 귀중

참 고 서 면

사　건　　2015 라 157 인도명령

항 고 인　　주식회사 대○

상 대 방　　삼○플러스 주식회사

위 사건에 대하여 신청인인 항고사건의 상대방은 다음과 같이 참고서면을 제출합니다.

다　음

1. 일자별로 판단하여야 할, 항고인 진술의 진위

항고인은 경락부동산인도명령에 대하여 즉시항고를 하였으나, 상대방인 피항고인이 항고인 소유인 콘크리트 구조물을 임의로 철거하였다고 진술하고 있습니다.
그러나 이런 항고인의 진술은 본 사건을 일자별로 정리한다면 사실과 다르다는 점을 알 수 있습니다.

가. 부동산인도명령인용결징 및 송달

　　항고인에 대한 인도명령결정은 원심법원에서 2015. 4. 7. 인용되는 결정이 났으며 2015. 4. 10. 상대방에게 송달받았습니다.

나. 콘크리트구조물의 철거공사

피항고인은 2015. 4. 18.부터 2015. 4. 20.까지 콘크리트를 철거하는 공사를 하였습니다.
(콘크리트구조물은 건설폐기물이므로 덮개를 씌워 보관해야 하는데. 덮개를 씌우지 않고 보관하였다
는 혐의로 2015. 4. 25. 항고인의 고발에 따라 고성군청 환경과에서 현장조사를 하였으므로 피항고인
의 진술은 정확합니다.)

다. 항고사건 심문기일소환장 송달

2015. 4. 20. 피항고인에게 본 사건의 심문기일소환장이 송달되므로 상대방인 피항고인
은 비로써 항고인의 항고사실을 알게 되었던 것입니다.

라. 소 결

그러므로 항고인이 항고를 제기하고 집행정지결정(공탁금의 제공여부를 피항고인에게는 확인
되지 않으므로 집행정지결정의 효용이 실제적인지에 대한 의문은 있습니다.)을 받았음에도 불구하
고 피항고인이 철거공사를 계속하였다는 항고인의 진술은 전혀 사실과 다르다는 점을 알
수 있습니다.

2. 항고인은 자격과 점유의 부분을 특정하여 주장하여야 합니다.

가, 항고인의 자격여부에 대한 피항고인의 의견

이 사건 토지의 정문에는 (주)대○조선의 상호와 S○C조선의 상호가 아래 위로 현재에도
붙어 있습니다.
피항고인은 (주)대○조선과 S○C조선을 상대로 인도명령결정을 전부 인용받았습니다.
항고인은 (주)대○조선과 S○C조선의 인도명령심문기일에 보조참가신청을 내면서 유치
권자정정신고를 한 것이 전부이며, 이때에는 피항고인은 경락대금을 전부 납부하고 소유
권을 취득한지 이미 한 달도 넘은 때이므로 항고인은 부동산경매사건의 이해관계인이라고
할 수 없습니다.

이해관계인이 아닌 자가 인도명령심문절차에서 보조참가신청을 하였다고 하여 이해관계인이 될 수는 없을 것으로 보여 지므로 항고인이 적법한 항고인인지에 대하여 재판부에 판단을 구합니다.

나. 항고인의 진술에는 적법한 점유부분은 없습니다.

항고인이 점유하였다고 주장하는 컨테이너 부분은 전부 피항고인이 매수한 부동산의 경계를 벗어나서 도로부분에 자리 잡고 있는 것입니다.
항고인이 진술하는 어떤 부분에 대하여서도 항고인이 점유를 하고 있다는 아무런 근거가 없습니다.

콘크리트구조물을 항고인이 설치하였다고 하지만 실제로 항고인이 콘크리트구조물을 설치할 권리가 있는지, 콘크리트구조물을 설치하여 점유할 본권이 무엇인지에 대하여 어떠한 증거도 제시한 사실이 없습니다.
결국 항고인은 아무 곳에도 적법한 점유를 하지 않은 상태에서 유치권을 주장한다는 결론에 이르게 됩니다.
항고인의 항고는 각하되어야 합니다.

입 증 방 법
1. 소 갑 제 1호 증 : (대법원) 2015 타인 7 사건일반내용
2. 소 갑 제 2호 증 : (대법원) 2015 타인 7 사건진행내용(송달)
3. 소 갑 제 3호 증 : (대법원) 2015 라157 사건일반내용
4. 소 갑 제 4호 증 : (대법원) 2015 라157 사건진행내용(송달)

2015. 6.   .
피항고인 삼○플러스 주식회사
대표이사 황 ○ 철

창원지방법원 제 11민사부 귀중

3. 인도명령결정에 대한 항고의 기각결정문

창 원 지 방 법 원
제 11 민 사 부
결   정

사   건   2015 라 157 부동산인도명령
신청인, 피항고인   삼○플러스 주식회사
                  부산 부산진구 양정동
                  대표이사 황○철
피신청인, 항고인   주식회사 대○
                  통영시 국치안길
                  대표이사 최○호
                  소송대리인 변호사 송○옥
제 1 심   결 정   창원지방법원 통영지원 2015. 4. 7.자 2015타인7 결정

주   문

이 사건 항고를 기각한다.

이   유

1. 항고이유의 요지

피신청인은 2009. 10, 경 주식회사 동○조선으로부터 이 사건 부동산을 임차한 후, 그곳에

시설비 787,723,560원, 민원해결비 336,385,000원 합계 1,124,108,560원의 비용을 투입하여 선박건조시설을 설치함으로써 동○조선 주식회사에 대하여 위 1,124,108.560원의 유익비상환청구권을 가지게 되었고, 이후 현재까지 계속하여 이 사건 부동산을 점유하고 있으므로, 이 사건 부동산인도명령 신청을 받아들인 제1심결정은 부당하다.

2. 판단

가. 유치권 주장에 관한 판단

기록 및 심문 전체의 취지에 의하여 인정되는 다음과 같은 사정들, 즉

① 이 사건 경매절차에서 제출된 부동산현황조사보고서에 의하면, 2014. 2. 4.에 있었던 부동산현황조사 당시 이 사건 경남 고성군 삼산면 두포리 134, 136-2, 174 부동산은 공장부지로 이용 중이나 현재 영업하지 않고 방치되어 있는 것으로, 같은 리 134-2, 136부동산은 점유자가 없었던 것으로 나타날 뿐인 점,

② 제1심법원에 2014. 5. 15. 이 사건 부동산의 소유자인 엣○시 중공업 주식회사의 변경 전 상호인 주식회사 대○조선 명의로 위 1,124,108,560원의 유익비 상환청구권에 관한 유치권 신고서가 제출되었다가, 신청인이 2015. 1. 22. 주식회사 대○조선을 상대로 부동산인도명령을 신청한 이후인 2015. 2. 4.에 이르러서야 위 유치권 신고인 명의에 오기가 있다는 이유로 그 명의를 피신청인 명의로 정정하는 유치권 신고 정정서가 제출된 점 등을 종합하여 보면, 피신청인이 제출한 자료만으로는 피신청인이 주장하는 지출 비용이 이 사건 부동산의 객관적인 가치를 증대시켰다고 보기 부족하고 달리 이를 인정할 자료도 없으며, 피신청인이 이 사건 경매개시결정의 기입등기 경료 이전부터 이 사건 부동산을 점유하면서 유치권을 행사하였다고 볼 만한 충분한 자료도 없으므로, 신청인에게 대항할 수 있는 피신청인의 유치권이 존재한다고 볼 수도 없다.

따라서 피신청인의 주장은 받아들일 수 없다.

나. 심리절차상의 위법주장에 관한 판단

민사집행법 제 136조 제 4항은 "법원이 채무자 및 소유자 외의 점유자에 대하여 제 1항

또는 3항의 규정에 따른 인도명령을 하려면 그 점유자를 심문해야 한다. 다만 그 점유자가 매수인에게 대항할 수 있는 권원에 의하여 점유하고 있지 아니함이 명백한 때 또는 그 점유자를 심문한 때에는 그러하지 아니한다."라고 규정하고 있다.

청인이 이 사건 신청 전 엣○시중공업 주식회사를 상대로 신청한 부동산인도명령 사건의 심문기일에 피신청인이 자신이 이 사건 부동산의 유치권자라고 주장하며 엣○시중공업 주식회사의 보조참가인으로 출석하였고, 그에 따라 신청인이 엣○시중공업 주식회사를 상대로 한 인도명령 신청을 취하하고 이후 피신청인을 상대로 이 사건 부동산인도명령을 신청하였는바, 제1심법원은 위 심문기일에서 이미 피신청인을 심문하였으므로 이 사건에서 피신청인에 대한 심문을 생략하였더라도 절차상 하자가 있다고 할 수 없고, 설령 하자가 있다 하더라도 당심에서 피신청인에 대하여 심문절차를 진행함으로써 그 하자는 치유되었으므로, 이 사건 심리절차에 위법사유가 있다 할 수 없다.

따라서 피신청인의 위 주장도 받아들일 수 없다.

3. 결론

그렇다면 이 사건 부동산인도명령 신청을 인용한 제1심결정은 정당하고, 이 사건 항고는 이유 없으므로 기각하기로 하여 주문과 같이 결정한다.

2015. 6. 12.

재판장   판 사   박 민 수

판 사   이 승 호

판 사   김 현 주

10

12억원, 제대로 된 유치권이 신고 된 공장, 인도명령도 기각되었다.

1. 제대로 유치권이 신고 된 공장

경상남도 함안군 칠북면 영동리 xxx 번지 지상에 제대로 유치권이 신고된 공장이 있었다.

토지가 8,257㎡(2497.7평)이고 건물은 1,949㎡(589.6평)인데, 얼마나 유치권이 제대로 신고되었는가 살펴보자. 경매를 신청한 채권자인 경○은행이 4억원과 1억원의 유치권 권리신고를 한 공사업자들을 상대로는 유치권 권리배제 신청을 경매법원에 하였으나, 7억 7,500만원의 유치권을 신고한 공사의 수급인에 대하여서는 유치권 권리배제 신청조차도 하지 못하였음을 보면, 유치권이 제대로 된 것인지 아니면 허술한 유치권인지를 알 수 있을 것이다.

이 사건의 감정평가액은 20억 7,640만원인데 최저매각가격은 680,394,000원까지 떨어졌다.

이 공장과 바로 이웃하여 상당한 규모의 공단이 건설 중이고, 주변은 모두 다 공장지대로 감정가액도 저평가된 것으로 판단된다.

4억원과 1억원의 유치권신고는 유치권 초보자가 보아도 별 것 아닌 것 같은 유치권인데, 7억 7,500만원은 요지부동의 유치권으로 보인다.

그러나 보이기만 그렇게 보일 뿐이고, 경○은행 관리팀에서는 유치권을 제대로 이해하지 못하고 있기 때문에 유치권권리배제 신청을 하지 못한 것이다.

이 공장을 싸게 낙찰 받아서 유치권을 없앤다면 수익은 상당하겠다는 생각은 누구나 할 수 있을 것이다.

그러나 고양이 목에 방울을 매는 용기는 각자의 선택에 따른 것이므로 심각하게 판단해야 할 일인데, 대부분의 사람들은 결정적인 순간에 용기를 버림으로써 부자의 대열에 들어가지 못한다.

이 사건 토지에는 소유자와 공사도급계약을 체결한 수급인이 9억 2,950만원의 근저당권을 설정한 후 근저당권 실행을 위한 경매를 시작했고, 유치권 권리신고까지 했음을 알 수 있다.

이 사건에서 소유자와 수급인 사이의 분쟁으로 공사의 기성고에 대한 감정평가 금액도 7억원이 넘어서고 있으므로(경○은행 관리팀의 진술) 누구나 유치권을 의심하지 않게 되는 것이다.

그러나 나는 경○은행에 가서 볼 수 있는 자료 중에, 수급인과 도급인 사이의 공사대금청구소송의 서류를 휴대폰 카메라에 담아서 왔다.

수급인은 7억 7,000만원을 청구하였는데 도급인은 3억원 이상은 못준다고 버티는 소송이었는데, 결과는 공사업자인 수급인은 7억 7,000만원의 공사대금청구에 관한 근거와 증빙서류를 재판부에 제출하지 못하므로 재판부에서는 도급인의 손을 들어서 공사대금은 3억원만 주라고 판결을 한 것이다.(그나마도 2심 재판에서는 수급인과 도급인이 아무것도 주고받을 것이 없는 것으로 조정이 성립되었다.)

유치권을 취급하면서 언제나 항상 걱정스러운 일은 수급인과 도급인이 서로 양보를 하면서 하나가 되는 것이다.

도둑질도 손발이 맞아야 한다는 말이 있다. 공사를 맡긴 도급인과 공사를 직접 시공하는 수급인이 기왕 경매가 되어서 부동산이 없어지는 판국이라면, 서로 입을 맞추고 통모하여 없는 유치권을 만들어 내는 일이 종종 있다.

그러나 실제로는 대부분의 경우 도급인과 수급인이 완전히 원수가 되어 서로 물어뜯기 때문에 유치권의 성립이 어려워지는 안타까운 현실을 보게 되는 사례가 더 많다.

이 사건도 도급인과 수급인이 서로 물어뜯고 싸우고 자기의 이익만을 생각함으로써, 생길 뻔한 유치권이 없어진 케이스에 들어간다.

지금부터 은행도 생각을 하지 못했던 유치권부존재의 사실이 어떻게 밝혀졌는지, 그 생생한 법리전쟁의 스토리를 들어보도록 하자.

특히 이 사건은 인도명령신청이 보기 좋게 기각되었고, 인도명령신청의 기각에 따른 항고와 더불어 접수한 건물인도청구의 소를 통해서 유치권이 부존재함을 밝혀내고 건물의 인도를 받을 수 있었다.

2. 부동산 인도명령의 신청

가. 4억원의 유치권자에 대한 인도명령신청

부동산인도명령 신청

사　　건　　2012 타경 200 부동산임의경매

신 청 인　　정 ○ 현
　　　　　　김해시 지내동

피신청인　　대○강건 주식회사
　　　　　　경남 사천시 용현면 신복리
　　　　　　대표이사　김 ○ 석

신 청 취 지

1. 피신청인은 별지목록기재부동산의 점유를 풀고 신청인에게 인도하라.

는 취지의 결정을 하여 주시기 바랍니다.

신 청 이 유

1. 사 실 관 계

신청인은 별지목록기재부동산이 귀원 2012 타경 200호 부동산임의경매사건으로 계류 중,

이에 응찰하여 매수인이 되었고, 2014. 11. 24. 경락대금을 전부 납부하여 정당한 원시취득자가 되었습니다. 피신청인은 위 부동산경매사건의 유치권자라고 주장하며 집행법원에 유치권권리신고를 제출한 자입니다.

그러나 피신청인은 유치권자가 아닙니다.

2. 피신청인이 유치권자가 될 수 없는 이유

피신청인은 유치권을 주장하고 있습니다만, 실제 피신청인은 아무것도 유치하고 있는 것이 없습니다.

다시 말씀드리면 피신청인은 유치하고 있는 유치물이 아무것도 없으면서 유치권권리신고를 한 것입니다.

이 사건에 대하여 창원지방법원 마산지원 집행관은 1차로 2012. 1. 18. 11:30과 2차로 2013. 10. 4. 11:50에 각각 집행법원의 현황조사명령에 따라 점유관계조사를 하여보고하였음은 집행기록과 같습니다.

집행관이 작성하여 보고한 점유관계조사서에는 어디에도 피신청인이 점유하고 있다는 보고는 없었습니다.

그렇다면 피신청인은 경매개시결정이 기입등기되므로 민사집행법 제 83조 제 4항에 의하여 압류의 처분금지효가 시작되었을 때, 별지목록기재부동산에 점유를 한 사실이 없었습니다.

피신청인의 유치권주장은 압류의 처분금지효에 저촉되므로, 피신청인에게는 유치권이 인정될 수 없습니다.

대법원이 2005. 8. 19. 선고한 2005다22688 건물명도사건의 판결요지에서는 "채무자 소유의 건물 등 부동산에 강제경매개시결정의 기입등기가 경료되어 압류의 효력이 발생한 이후에 채무자가 위 부동산에 관한 공사대금 채권자에게 그 점유를 이전함으로써 그로 하여금 유치권을 취득하게 한 경우, 그와 같은 점유의 이전은 목적물의 교환가치를 감소시킬 우려가 있는 처분행위에 해당하여 민사집행법 제92조 제1항, 제83조 제4항에 따른 압류의 처분금지효에 저촉되므로 점유자로서는 위 유치권을 내세워 그 부동산에 관한 경매절차의 매수인에게 대항할 수 없다."라고 판시하였습니다.

피신청인의 유치권이 인정될 수 없는 대법원의 판례입니다.

피신청인과 채무자와의 채권의 성립여부는 별론으로 하여도, 피신청인에게는 정당한 유치물이 없으며, 유치물이 없는 상태에서 집행법원에 유치권권리신고를 접수한 피신청인에게 민사집행법 제 91조 제5항의 규정에 따른 유치권자의 자격이 부여되어서는 안 될 것입니다. 피신청인에게는 민사집행법 제 136조에 따른 신청인의 부동산인도명령신청이 인용되어야 합니다.

첨 부 서 류
1. 피신청인의 법인등기부 등본 1

2014. 11. .

위 신청인(매수인)   정 ○ 현

창원지방법원 마산지원 경매 2계 귀중

나. 공사수급인에 대한 인도명령신청

부동산 인도명령 신청

사　　건　　2012 타경 200 부동산임의경매

신 청 인　　정 ○ 현
　　　　　　경남 김해시 지내동

피신청인　　주식회사 인○종합건설
　　　　　　창원시 마산 합포구 산호동

신 청 취 지

1. 피신청인은 별지목록기재부동산의 점유를 풀고 신청인에게 인도하라.
는 취지의 결정을 하여 주시기 바랍니다.

신 청 이 유

1. 사 실 관 계

신청인은 별지목록기재부동산이 귀원 2012 타경 200호 부동산임의경매사건에 진행 중 최고
가매수신고인의 지위를 취득하였으며, 2014. 11.30. 경 경락잔대금을 전액 납부하여 정당한
원시취득자가 되었습니다.

피신청인은 별지목록기재부동산에 대하여 775,407,530원의 공사대금을 담보하는 채권이 있다고 집행법원에 유치권을 권리신고하였습니다.

그러나 피신청인은 민법 제320조 제1항에 규정된 유치권자가 아닙니다.

2. 피신청인에게 유치권이 존재하지 않는 이유

가. 피신청인은 이 사건 부동산의 불법점유로 형사처벌을 받았습니다.

별지목록기재부동산이 경매개시결정이 될 당시, 피신청인은 별지목록기재부동산을 점유한다는 명목으로 입구를 컨테이너로 막았다가 이 사건 소유자에 의하여 2차에 걸쳐서 업무방해 등 혐의로 고소를 당하여 2회에 걸쳐서 형사처벌을 받아서 확정된 사실이 있습니다.

민법 제320조 제2항에는 불법점유인 경우에는 유치권이 성립될 수 없다고 규정하였습니다.

불법점유자로 형사상의 처벌이 확정된 자에게는 유치권이 성립될 여지가 없습니다.

위와 같은 신청인의 주장의 진위여부는 피신청인을 심문하시면 확인할 수 있는 사실입니다.

불법점유자인 피신청인에게는 유치권이 성립될 수 없습니다.

나. 실제 점유의 부재

1) 송달보고서를 통하여 판단할 수 있는 피신청인의 점유여부

피신청인은 별지목록기재부동산을 사실상 점유하고 있지 않습니다.

이 사건에 대하여 집행법원의 송달부를 보게 되면 이 사건 채무자 겸 소유자인 주식회사 ○창에 대한 경매개시결정문의 송달을 비롯한 모든 송달이 별지목록기재부동산의 주소지에서 정상적으로 이루어졌음을 송달보고서를 통하여 알 수 있습니다.

심지어는 유치권을 신고한 피신청인에 대한 경매개시결정의 송달도 채무자인 주식회사 성○의 대표이사인 박○빈이 영수하였음을 송달보고서를 통하여 알 수 있습니다.

결론은 별지목록기재부동산은 피신청인이 점유하고 있는 것이 아니라, 채무자가 점유하고 있었으므로 피신청인이 주장하는 유치권은 민법 제320조 제1항의 규정에 반하는 것으로 성립될 수 없습니다.

2) 별지목록기재부동산의 시건장치 소유자 및 각종 문서의 소유자

별지목록기재부동산의 입구에는 쇠사슬로 입구를 봉쇄하고 열쇠를 3개 열어야 쇠사슬을 열고 차량의 출입이 가능하게 시건장치가 되어 있습니다.

이 열쇠의 소유자는 피신청인이 아니라 채무자의 대표이사인 신청 외 박○빈이 소유하고 있음을 신청인은 확인하였습니다.

피신청인은 열쇠가 없으므로 별지목록기재부동산에 출입을 할 수 없음은 당연하며, 출입을 할 수 없는 자가 점유자로 판단될 수는 없습니다.

피신청인의 유치권 주장은 민법 제 320조 제 1항에 저촉되는 것이므로 피신청인에게는 민사집행법 제 91조 제 5항에 규정된 유치권자로 인정 되어서는 안 될 것입니다.

또 별지목록기재부동산의 공장 부분에는 서류뭉치가 쌓여 있으며, 이 서류뭉치는 전부 채무자인 신청외 주식회사 성창의 장부 등입니다.

피신청인의 점유를 입증할 만한 아무런 서류나 집기비품류는 없습니다.

피신청인의 유치권권리는 존재할 수 없습니다.

3) 피신청인 스스로가 일지의 작성으로 인정한 점유의 부재

피신청인이 집행법원에 제출한 "(주)성○ 공장 신축공사 관련 진행일지"라는 문건이 이 사건 집행기록에 편철되어 있습니다.

이 일지에 의하면 27번 항목 (2011. 8. 21.작성)에는 "(주)성○의 유치권점유를 풀어줌: 주변의 만류와 경비과다지출로 인하여.." 라고 기재하였습니다.

이 사건 토지에 대하여서는 2012. 1. 10. 경매개시결정되어 같은 날 함안등기소에 접수되므로 압류의 처분금지효가 시작되었습니다.

피신청인은 2010. 1. 27. 까지 일지를 작성한 것으로 되어 있으나 일지의

어디에도 별지목록기재부동산에 대하여 점유를 재개하였다는 기록은 찾아볼 수 없습니다.

이 사건 토지와 건물에 대하여서는 2013. 9. 12. 채권자 주식회사 경○은행의 근저당권 실행을 위한 경매신청에 따른 경매개시결정이 되었으며, 2013. 10. 4. 귀원 집행관이 현

황조사를 위해 현장을 방문하였으나, 피신청인을 만나지 못하였고, 이 사건의 근저당권자이기도 한 피신청인이 법원 집행관실에 찾아와서 신축공사계약서 및 정산서 등을 제출한 사실이 있음을 신청인은 현황조사를 담당한 집행관실의 직원에게 확인한 바 있습니다.

따라서 유치권을 주장하는 피신청인은 압류의 처분금지효력이 발생하기 이전부터 별지목록기재부동산에 점유한 사실이 없음이 확인되는 것입니다.
피신청인의 유치권 권리주장은 민사집행법 제 83조 제 4항에 규정된 압류의 처분금지효에 저촉되는 것입니다.

3. 공사대금을 담보하는 채권의 존재여부 및 변제기에 관하여

피신청인은 별지목록기재부동산 중 공장을 건축하는 부분에 금775,407,530원의 공사대금을 담보하는 채권이 있다고 유치권권리신고를 하였습니다.
그러나 2014. 9. 5. 피신청인이 창원지방법원 마산지원 2014 가합 123 공사대금청구사건에서 재판부는 신청 외 이 사건 채무자인 (주)성○이 피신청인에게 공사대금으로 3억원을 지급하라. 는 판결이 있을 뿐입니다.

775,407,530원의 공사대금을 담보하는 채권이 있다고 유치권권리신고를 한 피신청인은 민법 제 2조에 규정된 신의성실 원칙을 위반하여 공사대금을 260%나 부풀리어 허위의 공사대금을 청구한 위법이 있습니다.
또한 피신청인은 이 사건 건물의 공사대금청구로 유치권이 성립될 수 없습니다.

대법원은 1993. 3. 26. 선고한 91다 14116 손해배상(기) 사건에서 판결요지를 통하여
" 바. 유치권은 타물권인 점을 비추어볼 때 수급인의 재료와 노력으로 건축되었고 독립한 건물에 해당되는 기성부분은 수급인의 소유라 할 것이므로 수급인은 공사대금을 지급받을 때까지 이에 대하여 유치권을 가질 수 없다."라고 판시하였습니다.
피신청인은 별지목록기재부동산에 대하여 골조를 올리는 공사를 하였을 뿐이므로 피신청인 자신의 재료와 노력으로 골조를 건축하였다고 한다면 이는 피신청인의 소유이므로 타인의 물

건이 아닌 것으로, 유치권이 성립될 수 없다는 것이 유치권에 대한 확립된 대법원의 판례의 태도입니다.

자신의 소유의 물건에 대하여 유치권을 가질 수 없으며, (주)성○에 대한 공사대금의 채권이 소멸되지 않음에도 불구하고 피신청인은 유치권의 법리를 오해하여 스스로 유치권자로 착각하고 있습니다.

4. 피신청인에게는 신청인의 인도명령신청인 인용되어야 합니다.

피신청인은 점유를 하지 않고 있으며, 피신청인이 주장하는 점유는 불법점유에 불과합니다.

뿐만 아니라 법리적으로 피신청인의 재료와 노력으로 공장의 골조를 건축하였다고 하여도 이 기성부분은 피신청인의 소유라 할 것이므로 유치권이 타물권인 점으로 비추어 볼 때 유치권을 가질 수 없습니다.

피신청인의 유치권권리신고로 인하여 신청인은 민사집행법 제 91조 제 5항의 저촉여부로 재산권행사에 불리한 입장이며, 금융권의 대출지원을 받지 못하여 공장의 정상적인 가동을 준비하지 못하는 입장입니다.

신청인의 신청을 조속히 인용하여 주시어서, 피신청인에 대하여 별지목록기재부동산의 점유를 풀고 신청인에게 인도하라는 취지의 인용결정을 하여 주시기 바랍니다.

2014. 12.   .

위 신청인(매수인)   정 ○ 현

창원지방법원 마산지원 경매 2계 귀중

피신청인은 예상했던 바와 같이 변호인을 선임하여 답변서를 제출하였다.

피신청인인 수급인의 답변서를 반박하는 준비서면을 작성하였다.

준 비 서 면

사　　건　2014 타기 531 부동산인도명령

　　　　　(원 사건 2012 타경 200 부동산임의경매)

신 청 인　정 ○ 현

피 신 청 인　(주) 인○종합건설

위 사건에 대하여 신청인은 다음과 같이 준비서면을 제출합니다.

다 음

1. 법리상 점유에 대한 피신청인의 오해에 대하여

가. 불법점유로 인한 형사처벌은 받지 않았고, 업무방해로 형사처벌을 받았다는 피신청인의
주장에 대하여 피신청인은 2012. 4. 2. 창원지방법원 마산지원 2012 고약 1012 업무방
해 사건으로 형이 확정된 약식명령사건의 결정문을 증거로 제시하면서 피신청인이 업무방
해로 처벌을 받은 것일 뿐, 이 사건 부동산을 불법점유함으로써 처벌을 받은 것은 아니라
고 항변하고 있습니다.

그러나 별지에 기재된 범죄사실에 의하면 피신청인은 "2012. 1. 4. 시간불상경부터 같은

달 16. 시간불상경까지 함안군 칠북면 영동리 xxx 공장신축공사현장으로 들어가는 입구에 컨테이너를 설치하여 (주)성○의 직원 및 공사관련 차량의 출입을 통제함으로써 위력으로 (주)성○의 시공업무를 방해하였다."라고 기재하였습니다.

피신청인이 이 사건 부동산에 대하여 경매를 신청하여 함안등기소에 경매개시결정이 기입등기된 날은 2012. 1. 10. 이며 이때부터 압류의 처분금지효력이 발생하게 됩니다.

위 범죄사실에 의하면 피신청인은 2012. 1. 16.까지 이 사건 부동산의 입구를 불법으로 점유하며 공장신축공사현장으로 들어가는 입구에 컨테이너를 설치하여 (주)성○의 직원 및 공사관련 차량의 출입을 통제함으로써 위력으로 (주)성○의 업무를 방해한 것으로 입증됩니다.

위와 같은 사실에 의하여 피신청인이 형사처벌을 받았다면, 피신청인은 이 사건 부동산에 경매개시결정이 기입등기되어 압류의 처분금지효력이 발생하는 시간인 2012. 1. 10.이 지난 같은 해 1. 16경 까지 피신청인은 불법으로 공장신축현장으로 들어가는 입구에 컨테이너를 설치하여 (주)성○의 직원 및 공사관련 차량의 출입을 통제한 것이지, 이 사건 부동산의 어느 곳이라도 정당하게 점유한 사실이 없습니다.

결국 정당하게 점유를 하였다는 피신청인의 주장은 아무런 근거가 없는 궤변에 불과하다는 결론에 이르게 됩니다.

점유를 주장하는 피신청인의 진술은 아무런 근거가 없으므로 배척되어야 합니다.

나. 피신청인은 고의적으로 허위의 진술을 감행하고 있습니다.

피신청인이 제시한 증거에 의하여 피신청인이 신청한 경매사건의 경매개시결정이 될 무렵을 지나서인 2012. 1. 16.까지 피신청인은 이 사건 부동산의 입구를 불법으로 막았음이 인정되고 있음에도 불구하고 피신청인은 답변서 제 "1"항 "가"목의 (8)을 통하여 "박○

기(피신청인)가 박○빈으로부터 고소를 당한 시점은 이 사건 부동산 경매개시결정(2012. 1. 10) 될 당시에 일어난 것이 아니라 그 이전에 일어난 것이었고,..” 라고 진술하고 있습니다.

피신청인이 제출한 범죄사실에 의하면 피신청인의 범죄행위는 2012. 1. 4경부터 2012. 1. 16경 까지 라는 사실이 명백하며 민사집행법 제 83조 제 4항에 의하여 경매개시결정이 기입등기 되어 압류의 처분금지효력이 발생하는 2012. 1. 10.은 피신청인의 범죄기간 내에 들어간다는 점은 누구나 알 수 있으며 피신청인 자신도 잘 알고 있습니다.

그럼에도 불구하고 경매개시결정될 당시에 일어난 것이 아니라는 피신청인의 주장은 정상적인 사고에서 할 수 있는 진술이 아닙니다.

피신청인은 고의로 허위의 진술을 하고자 함이 명백하므로 피신청인의 주장은 전부 배척되어야 합니다.

그러나 피신청인은 오히려 “가”목의 (9)를 통하여 신청인의 주장이 거짓이라고 진술하고 있습니다.

압류의 처분금지효력이 발생할 시간에 공사현장을 불법으로 막아서 형사처벌을 받은 피신청인이 이때 이 형사처벌을 받은 사건과는 달리 어떻게 이 사건 부동산의 점유를 하였다는 것인지 피신청인은 명백한 점유의 방법과 증거를 석명하여야 할 것입니다.

2. 점유에 관한 피신청인의 허위 주장

가. 건물의 수호경비에 대한 피신청인의 허위 진술

피신청인은 답변서 “1”항의 “나‘목의 (2)를 통하여 “또한 경비원 박○성, 조○환(2013. 4. 경부터는 소외 김○성)으로 하여금 위건축물을 수호하도록 하고 있습니다.”라고 진술하고 있습니다.

그러나 신청외 김○성씨는 신청인과의 대화를 통하여 “(피신청인이) 경매에서 낙찰되고 난 다음부터 신경이 곤두서서 경비를 부탁하고 있다.

그 전에는 개 운동시키려고 오토바이 타고 둘러보는 정도였다.

건물의 샌드위치 판넬을 누가 떼어 갈까봐 한 번씩 둘러 본다"라고 진술하므로 샌드위치판넬이 피신청인 소유가 아니라 건물주인 (주)성○의 소유이므로, 위 신청외 김○성씨가 피신청인을 위하여 위 건축물을 수호하고 있다는 피신청인의 주장은 전혀 설득력이 없습니다.

나. (주)성○이 피신청인 대신 경매사건의 송달을 받은 사실의 소명

경매사건의 송달보고서에 의하면 피신청인에게로 보낸 경매개시결정문이 경매사건의 채무자인 (주)성○의 대표이사인 박○빈이 영수한 사실을 보게 됩니다.

피신청인의 주장과는 달리 피신청인이 이 사건 공장의 공사현장에서 송달을 받은 사실은 전혀 없음을 송달보고서를 통하여 알 수 있습니다.

그렇다면 피신청인은 채무자인 (주)성○의 대표이사와 같이 공동으로 점유를 하고 있었다는 주장을 하는 것이라야 옳을 것입니다.

점유의 직접적인 정의는 타인지배의 가능성을 배제하는 것이라고 판단하는 것이라면 (주)성○의 대표이사가 현장을 지배하여 모든 특별송달을 직접 수령하고 있음에 반하여 피신청인은 어떤 형태의 점유를 하였다는 것인지 석명을 하여야 할 것입니다.

다. 출입구의 시건장치를 통제하는 자

신청인이 제 2호 증으로 제출하는 증거는 (주)성○의 대표이사인 박○빈과의 통화내역을 녹취한 것입니다.

녹취록의 제 2쪽의 하단부에 박○빈이 공장입구에 열쇠를 채워놓고 체인가지고 가서 채워놓고 있다고 하면서 자신이 공장의 출입을 통제한다고 하는 사실을 알 수 있습니다.

피신청인도 현재에는 피신청인이 자물쇠를 구입, 설치하여 놓은 상태에 있다고 진술하며 신청 외 (주)성○의 대표이사인 박○빈이 경락될 때까지 실제로 출입을 통제하였음을 간접 인정하고 있습니다.

집행기록에 점철된 송달보고서로 보아서, 채무자인 (주)성○의 대표이사인 박○빈의 점유

가 확실하며, 출입구를 (주)성○에서 시건장치로 통제하고 있음에도 불구하고 피신청인은 답변서를 통하여 이 사건 토지 위에 점유하고 있다고 억지의 주장을 하고 있습니다.

고장난 자물쇠만 달려 있었으므로 누구나 쇠사슬을 풀고 출입이 가능한 상황이었다는 피신청인의 진술로 피신청인은 아무런 시건장치도 없었으며, 이 사건 부동산의 현장은 (주)성○의 통제 아래 있었음이 확실하며, 피신청인이 주장하는 점유는 불법임이 명확하다는 결론에 이르게 됩니다.

피신청인이 주장하는 점유는 민법 제 320조 제 2항에서 규정한 불법점유일 뿐이며 불법점유자는 민사집행법 제 91조 제 5항에 규정된 유치권자가 될 수 없습니다.

3. 유치권이 고무줄이 아닙니다.

유치권은 일정한 요건이 갖추어지면 법률에 의하여 인정되는 법정담보물권입니다.

피신청인이 답변서를 통하여 주장하는 바와 같이 피신청인이 유치권행사를 보류하거나 혹은 공사포기에 기하여 유치권행사보류가 해제되거나 하는 것이 아닙니다.

피신청인은 유치권의 법리를 무시하고 아무런 근거가 없는 점유를 주장하는 한편 피신청인 자신이 청구한 민사재판을 통하여서 3억원의 공사대금채권만 인정받았을 뿐임에도 불구하고 마치 고의로 일부의 내용을 진술하지 않아서 결국 300,000,000원에 대하여만 판결을 받았다는 앞뒤가 없는 주장을 하고 있습니다.

4. 피신청인 집행법원에 제출한 일지에 대하여 석명하여 주시기 바랍니다.

2011. 7. 22. 피신청인이 작성한 일지에는 "(주)인○종합건설의 박○기가 현장의 출입구를 봉쇄하고 유치권점유에 들어감."이라고 기재하였으며, 2011. 8. 21. 작성한 일지의 27번에서는 "(주)성○의 유치권 점유를 풀어 줌: 주변의 만류와 경비과다지출로 인하여...."라고 기재한 것을 집행법원에 증거로 제출하여 집행기록에 편철되어 있습니다.

그리고 40. 2012. 1. 9.에는 "더 이상 (주)성○의 해결능력을 믿지 못하여 부동산임의경매절차를 집행함." 이라고 기재하였습니다.

피신청인은 유치권을 시작하였든 사실, 끝을 낸 사실, 그리고 2012. 1. 9.에는 근저당권자로서 임의경매신청을 한 것 까지 기록하였으며 2012. 1. 27.까지 일지의 형식으로 기록한 것으로 보입니다.

그러나 유치권자임을 주장하는 피신청인이 다시 유치권을 행사하였다는 막중한 사실에 대하여서는 일언반구도 없으면서, 김○근이 공사포기를 하여 유치권행사보류가 해제되어 유치·점유를 하게 되었다는 납득할 수 없는 해괴한 주장을 하고 있습니다.

신청인은 피신청인이 공장건축물의 어느 부분을 유치하였고 어디를 점유하였는지 피신청인의 석명을 요구합니다.

피신청인은 어떤 논리로 주장하여도 이 사건 유치권자로서 점유의 인정을 받을 방법이 없음을 인정해야 합니다.

신청인의 이 사건 인도명령신청은 인용되어야 합니다.

첨 부 서 류

1. 증 제 1호: 공장건물의 수호자라는 김○성과 신청인과의 대화 녹취록
2. 증 제 2호: 채무자 (주)성○의 대표이사 박○빈과의 통화내용 녹취록

2014.   12.

위 신청인(매수인)   정 ○ 현

창원지방법원 마산지원 경매 2계 귀중

그러나 이 사건 인도명령신청은 매수인이 접수한지 한 달 보름 만에 특별한 이유의 설명도 없이 그저 '이유가 없다고 기각'되었다.

유치권자에 대한 인도명령 신청의 기각률은 서울중앙지방법원에서 멀수록 상당히 높아지는 경향을 보이는 것이 현실이다.

중앙에서 소외된 지역의 법원일수록 유치권에 대한 인도명령신청을 기피한다는 의미로 보아야 할 것 같다.

경남의 T지원의 경우에는 경매를 담당한 판사는 유치권자가 제시한 세금계산서를 관할 세무서에 조회한 결과 허위세금계산서가 밝혀졌으나, 유치권자에 대한 인도명령신청의 기각결정을 하면서 '유치권자가 제시한 세금계산서는 비록 허위인 것으로 보이지만 유치권자에 대한 인도명령은 기각한다'는 신비스런(?) 결정을 하여 빈축을 사기도 했다.

지방 벽지지역의 법원에서 경매를 담당한 판사일수록 유치권의 존재유무를 판단하는 업무를 기피하고 있는 듯하고, 변호사의 입김에 휩싸이는 것처럼 보이는 게 현실이다.

모든 공무원들이 투명해지고 국가정책도 선명해져 가는 현재의 상황에서, 오직 법원만이 구태를 벗어나지 못하고 있는 모습이 참으로 안타깝다.

3. 항고장과 건물인도청구 소장의 접수

부동산인도명령 신청의 기각에 대한 항고장을 접수하면서, 인도명령만을 믿을 수 없다는 생각으로 유치권부존재 및 건물인도청구의 소를 같이 제기하였다.

소장의 작성도 인도명령의 신청과 맥을 같이 한다고 보아야 할 것이다.

다음과 같이 소장을 보도록 한다.

소 장

원 　 고 　 정 ○ 현
　　　　　 경남 김해시 지내동

피 　 고 　 주식회사 인○종합건설
　　　　　 창원시 마산 합포구 산호동

건물인도 및 유치권부존재확인청구의 소

청 구 취 지

1. 피고가 주장하는 유치권은 존재하지 않는다.
　 피고는 원고에게 별지목록기재 건물을 인도하고, 2014. 11. 24.부터 인도하는 날까지 매
　 월 5,000,000원의 비율에 의한 손해배상금을 지급하라.
2. 소송비용은 피고의 부담으로 한다.
3. 위 제1항은 가집행할 수 있다.
라는 판결을 구합니다.

청 구 이 유

1. 사 실 관 계

원고는 별지목록기재부동산이 귀원 2012 타경 200호 부동산임의경매사건에 진행 중 최고가
매수신고인의 지위를 취득하였으며, 2014. 11.24 경락잔대금을 전액 납부하여 정당한 원시
취득자가 되었습니다.

피고는 별지목록기재부동산에 대하여 775,407,530원의 공사대금을 담보하는 채권이 있다고 집행법원에 유치권을 권리신고하였으며, 유치권을 주장하며 원고의 별지목록기재부동산에 대한 인도청구를 거절하고 있습니다.

그러나 피고는 민법 제320조 제1항에 규정된 유치권자가 아니므로 민사집행법 제91조 제5항의 규정에 의한 인도거절권을 원고에게 행사할 수 없습니다.
원고는 피고가 주장하는 유치권이 존재할 수 없음을 밝히고 피고로부터 별지목록기재부동산을 인도받기 위하여 본소를 제기하는 것입니다.

2. 피고에게 유치권이 존재할 수 없는 이유

가. 피신청인은 이 사건 부동산의 불법점유로 형사처벌을 받았습니다.

별지목록기재부동산이 2012. 1. 10. 별지목록기재부동산에 대하여 경매개시결정이 되어 등기소에 기입등기되어 압류의 처분금지효가 발생할 당시, 피고는 별지목록기재부동산을 점유한다는 명목으로 2012. 1. 4.부터 2012. 1. 16.까지 별지목록기재부동산의 입구를 컨테이너로 막았다가 당시 이 사건 소유자인 ㈜성○에 의하여 2차에 걸쳐서 업무방해 등 혐의로 고소를 당하여 피고는 각 3,000,000원씩의 벌금형으로 2회 형사처벌을 받아서 확정된 사실이 있습니다.

점유가 압류와의 관계에서는, "채무자 소유의 건물 등 부동산에 강제경매개시결정의 기입등기가 경료되어 압류의 효력이 발생한 이후에 채무자가 위 부동산에 관한 공사대금 채권자에게 그 점유를 이전함으로써 그로 하여금 유치권을 취득하게 한 경우, 그와 같은 점유의 이전은 목적물의 교환가치를 감소시킬 우려가 있는 처분행위에 해당하여 민사집행법 제92조 제1항, 제83조 제4항에 따른 압류의 처분금지효에 저촉되므로 점유자로서는 위 유치권을 내세워 그 부동산에 관한 경매절차의 매수인에게 대항할 수 없다(대법원 2005.08.19. 선고 2005다22688 판결)"고 하여 압류의 처분금지효 때문에 압류 이후의 유치권은 매수인에게 대항력을 갖지 못한다고 하였습니다.
집행기록을 보면 피고는 불법행위는 2012. 1. 4. 이루어졌고, 압류의 처분금지효는 2012. 1. 10.부터 발생하였으므로 압류의 처분금지효에 저촉되지 않는다고 주장하지만,

이러한 주장은 피고 스스로가 자신의 공소장에 기재된 범죄행위에 비추어 거짓임을 알면서 하는 허위의 주장에 지나지 않습니다.

민법 제 320조 제 2항에는 불법점유인 경우에는 유치권이 성립될 수 없다고 규정하였습니다.

특히 불법점유자로 형사상의 처벌이 확정된 자에게는 유치권이 성립될 여지가 없습니다. 위와 같은 원고가 제기하는 주장의 진위여부는 피고를 기소한 공소장에 기재된 범죄사실을 통하여 명확하게 알 수 있습니다.

피고는 별지목록기재부동산에 대하여 불법점유를 저질렀으며 우리 민법은 불법점유자인 피고에게는 유치권이 성립을 부정하고 있습니다.

유치권제도는 "시간에서 앞선 사람은 권리에서도 앞선다"는 일반적 법원칙의 예외로 인정되는 것으로서, 특히 부동산담보거래에 일정한 부담을 주는 것을 감수하면서 마련된 것이므로 근저당권자 등 채권자를 보호하기 위해서는 유치권을 주장하는 자가 과연 적법한 유치권자로 법률이 보호해야 할 대상이 되는 지에 대하여 상당한 심리를 하여야 할 것입니다. 피고가 이 사건의 1순위 근저당권자에 비하여 시간에서 늦으면서도 유치권이라는 권리를 내세워 권리에 앞서기 위하여서는 유치권에서 필수적인 요소인 점유가 반드시 적법하고 정당해야 할 것입니다.

불법점유가 명백한 피고에게는 유치권이 존재할 수 없습니다.

나. 피고가 별지목록기재부동산을 점유하지 못한 증거들

1) 송달보고서를 통하여 판단할 수 있는 피고의 점유부재

2012. 1. 11. 마산지방법원 창원지방법원이 경매개시결정을 채무자 겸 소유자인 ㈜성○에게 별지목록기재부동산의 주소지인 함안군 칠북면 영동리 xxx번지로 송달하기 시작하면서 2014. 12. 2.까지, ㈜성○에게 각종 소송 및 경매사건의 특별송달이 전부 23회 이루어 졌으며, 피고에 대한 송달은 이 사건 부동산의 경매개시결정문의 특별송달이 1회 실행되므로 전부 24건의 특별송달이 이루어졌습니다.

그리고 법원의 특별송달의 수령인은 전부 경매를 당한 별지목록기재부동산의 소유권자인

주식회사 성○의 대표이사인 박○빈이었습니다.

법원에서 우편배달부를 통하여 피고가 수령해야 할 문서를 포함하여 3년 간에 걸쳐서 모두 24회의 특별송달을 하였는데 수령인이 하나 같이 모두 ㈜성○의 대표이사인 박○빈이라면 피신청인은 별지목록기재부동산에 전혀 점유를 하지 않았고 별지목록기재부동산의 진정한 점유자는 채무자 겸 소유자인 ㈜성○이었음을 누구나 쉽게 납득할 수 있습니다.

따라서 피고는 별지목록기재부동산을 사실상 점유하고 있지 않습니다.

결론은 별지목록기재부동산은 피고가 점유하고 있는 것이 아니라, 채무자 겸 소유자가 점유하고 있으므로 피고가 주장하는 유치권은 민법 제 320조 제 1항의 규정된 타인 소유의 물건에 반하는 것으로 성립될 수 없습니다.

피고에게 유치권이 성립될 수 없다면 피고는 원고에게 별지목록기재부동산의 점유를 즉시 이전하여 주는 것이 당연할 것입니다.

2) 법원의 특별송달로 비추어 보는 피고의 점유 여부

창원지방법원 마산지원 2012타경200 (3건 송달) -사건별 송달현황 첨부
 - 2012.01.11. 개시결정정본 ㈜성○ 박○빈 수령
 - 2012.02.23. 임차인통지서 점유자 ㈜인○종합건설 박○빈수령
 - 2013.09.17. 중복경매통지서 박○빈수령

창원지방법원 마산지원 2012타기219 (6건 송달) -사건별 송달현황 첨부
 - 2012.02.01. 보정명령등본 ㈜성○ 박○빈 수령
 - 2012.02.06. 답변서 ㈜성○ 박○빈 수령
 - 2012.02.07. 심문기일통지서 ㈜성○ 박○빈 수령
 - 2012.02.28. 심문기일통지서 ㈜성○ 박○빈 수령
 - 2012.03.13. 준비서면부본 ㈜성○ 박○빈 수령
 - 2012.03.19. 결정정본 ㈜성○ 박○빈 수령
창원지방법원 마산지원 2012카합152 (1건 송달) -사건별 송달현황 첨부
 - 2012.12.20. 결정정본 ㈜성○ 박○빈 수령

창원지방법원 마산지원 2012가합2989 (5건 송달) -사건별 송달현황 未첨부

- 2013.01.02. 소장부본/소송안내서 ㈜성○ 박○빈 수령
- 2013.03.13. 판결선고기일통지서(무변론) ㈜성○ 박○빈 수령
- 2013.04.01. 변론기일통지서 ㈜성○ 박○빈 수령
- 2013.05.30. 준비서면부본 ㈜성○ 박○빈 수령
- 2013.07.31. 판결정본 ㈜성○ 박○빈 수령

창원지방법원 마산지원 2013카기244 (1건 송달) −사건별 송달현황 未첨부
- 2013.08.30. 결정경정정본 ㈜성○ 박○빈 수령

창원지방법원 마산지원 2014가합123 (5건 송달) −사건별 송달현황 未첨부
- 2014.03.03. 변론기일통지서 ㈜성○ 박○빈 수령
- 2014.05.30. 변론기일통지서 ㈜성○ 박○빈 수령
- 2014.08.27. 소취하서부본 ㈜성○ 박○빈 수령
- 2014.09.01. 판결선고기일통지서 ㈜성○ 박○빈 수령
-
- 2014.09.12. 판결정본 ㈜성○ 박○빈 수령

부산고등법원(창원재판부) 2014나3255 (2건 송달) −사건별 송달현황 未첨부
- 2014.10.21. 항소장부본/소송안내서 ㈜성○ 박○빈 수령
- 2014.12.02. 준비명령등본/준비서면 ㈜성○ 박○빈 수령

창원지방법원 마산지원 2014타기532 (1건 송달) −사건별 송달현황 첨부
- 2014.12.02. 결정정본 ㈜성○ 박○빈 수령

총 13건의 송달내역이 미첨부된 상태로 대법원 나의 사건검색으로 증거자료 제출하였습니다.
사건별 송달현황이 미첨부된 사건은
창원지방법원 마산지원 2012가합2989 (5건 송달)
창원지방법원 마산지원 2013카기244 (1건 송달)
창원지방법원 마산지원 2014가합123 (5건 송달)
부산고등법원(창원재판부) 2014나3255 (2건 송달)

에 대하여서는 대법원 홈페이지 나의 사건검색에서 문서접수 및 송달사항을 출력하여 제출합니다.

피고는 이 사건 경매개시결정이 등기소에 기입등기되어 압류의 처분금지효가 발생한 2012. 1. 10.부터 현재까지 함안군 칠북면 영동리 xxx번지인 이 사건 공장을 점유하고 있다고 주장하고 있습니다.

그러나 부동산경매사건의 채무자였던 ㈜성○의 대표이사가 이 사건(2012 타경200 부동산임의경매사건)의 경매개시결정문과 피신청인에 대한 집행법원의 통지서, 그리고 위에 열거한 모든 문서를 송달받았음은 신청인이 제시하는 송달보고서와 같습니다.

모든 송달은 채무자인 ㈜성○의 대표이사가 전부 수령하였음에 반하여 피고는 별지목록기재부동산을 피고가 점유하고 있다고 주장하고 있습니다.

그렇다면 법원의 특별송달은 피고에게 보낸 것까지 채무자법인의 대표이사가 수령한 이유가 무엇인지?

이런 사실에 기초하여도 피고가 과연 별지목록기재부동산에 대하여 적법한 점유를 하였다고 주장할 수 있는지, 하는 점에 대하여 피고의 확실한 석명이 있어야 할 것입니다.

3) 별지목록기재부동산의 시건장치 소유자 및 각종 문서의 소유자

별지목록기재부동산의 입구에는 쇠사슬로 입구를 봉쇄하고 열쇠를 3개 열어야 쇠사슬을 열고 차량의 출입이 가능하게 시건장치가 되어 있습니다.

이 열쇠의 소유자는 피고가 아니라 채무자의 대표이사인 소외 박○빈이 소유하고 있음을 신청인은 확인하였으며 그 증거로 녹취록을 작성하였습니다.

피고는 열쇠가 없으므로 별지목록기재부동산에 출입을 할 수 없음은 당연하며, 출입을 할 수 없는 자가 별지목록기재부동산의 점유자로 판단될 수는 없습니다.

피고의 유치권 주장은 민법 제 320조 제 1항에 저촉되는 것이므로 피고에게는 민사집행법 제 91조 제 5항에 규정된 유치권자로 인정되어서는 안 될 것입니다.

또 별지목록기재부동산의 공장 부분에는 서류뭉치가 쌓여 있으며, 이 서류뭉치는 전부 채무자인 소외 주식회사 성○의 장부 등입니다.

부동산경매사건에서 원고가 최고가매수신고인이 될 때까지 피고의 점유를 입증할 만한 아무런 서류나 집기비품의 종류는 없었으며, 원고가 제시하는 서류사진의 증거와 같이 채무

자의 점유증거만 있을 뿐이었습니다.

피고의 유치권권리는 존재할 수 없습니다.

4) 2중 경매신청을 기준으로 하여도 압류의 처분금지효에 저촉

이 사건 토지와 건물에 대하여서는 2013. 9. 12. 채권자 주식회사 경○은행의 근저당권실행을 위한 경매신청에 따른 2중 경매개시결정이 되었으며, 2013. 10. 4. 귀원 집행관이 현황조사를 위해 현장을 방문하였으나, 피고를 만나지 못하였고, 이 사건의 근저당권자이기도 한 피고가 법원 집행관실에 찾아와서 신축공사계약서 등을 제출한 사실이 있음을 신청인은 현황조사를 담당한 집행관실의 직원에게 확인한 바 있습니다.

따라서 유치권을 주장하는 피고는 피고가 신청한 본 경매사건은 물론, 경남은행이 신청한 2중 경매신청의 경매개시결정이 등기부에 기입등기되므로, 2중으로 압류의 처분금지효력이 발생하기 이전부터 별지목록기재부동산에 점유한 사실이 없음이 확인되는 것입니다.

피고의 유치권 권리주장은 본 경매사건은 물론 2중 경매 신청사건에서 까지도 민사집행법 제 83조 제 4항에 규정된 압류의 처분금지효에 저촉되는 것입니다.

5) 집행관이 피고의 점유부분에 대하여 도면 및 사진촬영을 하지 못한 이유

피고가 별지목록기재부동산을 유치권에 기하여 점유하고 있었다면, 집행법원으로부터 현황조사명령을 받아서 별지목록기재부동산에 대하여 점유관계조사 및 임대차조사 등 현황을 조사하는 집행관은 현황을 조사하면서 피고의 점유부분에 대한 도면을 작성하고 점유부분에 대한 사진을 촬영하여 보고서에 반드시 첨부하여야 합니다.

그러나 별지목록기재부동산의 점유는 부동산의 소유자인 ㈜성○이 하고 있었으며 피고는 점유한 부분이 없었습니다.

또 피고가 별지목록기재부동산의 현장에서 조사를 받은 것이 아니고, 집행관실에 가서 진술을 하였으므로 집행관은 피고의 진술을 기록하였을 뿐이지, 본권에 따른 점유부분은 기재하지 못하였고 점유부분에 대한 도면도 작성하지 못하였고, 점유부분에 대한 사진촬영을 하여 현황조사보고서에 첨부하지 못한 것입니다.

피고는 점유부분도 없이 별지목록기재부동산을 점유한다고 주장하는 것이므로 피고의 점유는 인정될 수 없으며, 타인의 물건에 대한 점유를 전제로 하는 유치권은 점유가 없으면 성립될 수 없으므로 피고가 주장하는 유치권도 성립될 수 없습니다.

6) 피고는 별지목록기재부동산의 소유자로부터 점유를 승인받은 사실이 없습니다.

피고가 별지목록기재부동산에 대하여 유치권이 존재한다고 주장은 하고 있으나, 피고는 적법하게 이 사건의 소유자였던 ㈜성○으로부터 별지목록기재부동산의 점유를 승인받은 아무런 증거를 제시하지 못하고 있습니다.

결국 피고의 주장은 단지 주장에 그치기만 할 뿐이지 피고 자신의 주장을 입증할 만한 아무런 증거도 제시하지 못하고 있습니다.

피고는 공사대금의 채권과 유치권의 법리를 혼동하는 오해를 하므로 지속적으로 피고 자신이 유치권자라는 착오에서 벗어나지 못하고 있습니다.

다. 소 결

피고는 2012. 1. 4.부터 같은 해 1. 16.까지 별지목록기재부동산의 입구를 가로막고 공사 현장출입을 방해하므로, 별지목록기재부동산이 소유자였던 ㈜성○이 에○다 종합건설에 도급하여 시공 중인 건축공사업무를 방해하므로 업무방해의 죄목으로 벌금300만원의 형사처벌을 2회 받았고, 벌금형은 확정되었습니다.

확정된 형사처벌을 2회나 받은 피고의 업무방해행위가 곧 점유가 될 수 없으므로 2012. 1. 10. 날짜로 보아 업무방해의 범행 도중에 피고의 점유장소는 별지목록기재부동산의 입구를 가로막은 것이지, 정당한 점유를 하지 못하였으며 적법한 점유를 할 수도 없었다는 사실이 입증되는 것입니다.

점유를 주장하는 피고는 별지목록기재부동산에 대하여 전부 24회에 걸친 법원의 특별송달 문건을 단 한 건도 수령한 사실이 없으며, 심지어는 경매사건의 개시결정의 특별송달까지도 별지목록기재부동산의 소유자가 받았으니, 피고의 점유는 입증될 방법이 없는 것입니다.

피고는 점유를 주장하지만 별지목록기재부동산의 입구에 있는 출입문에 대한 시건장치는 소유하지 못하였습니다.

시건장치는 별지목록기재부동산의 소유자인 ㈜성○이 소유하고 있었음이 입증되므로 피고의 점유는 사실이 아니라는 증거가 됩니다.

피고의 점유 주장과는 달리 피고는 본 경매 혹은 2중 경매에 따른 압류의 처분금지효에도 저촉될 만큼 별지목록기재부동산을 전혀 점유하지 못한 것입니다.

피고는 별지목록기재부동산의 소유자로부터 점유의 승인을 받은 사실도 없으며 창원지방법원 마산지원 소속 집행관은 집행법원의 현황조사명령에 따라서 현장을 방문하였으나 피고의 점유부분이 없으므로 도면상 점유부분의 표시 및 사진촬영조차 할 수 없었습니다.

피고는 전혀 점유를 하지 않고 있으면서도 유치권을 주장하므로, 피고에게 유치권은 성립될 수 없으며, 건물의 인도를 구하는 원고의 청구는 인용되어야 할 것입니다.

3. 피고의 유치권 포기

피고가 집행법원에 제출한 "㈜성○ 공장 신축공사 관련 진행일지"라는 문건이 이 사건 집행기록에 편철되어 있습니다.

이 일지에 의하면 27번 항목 (2011. 8. 21.작성)에는 "㈜성○의 유치권점유를 풀어줌: 주변의 만류와 경비과다지출로 인하여.."라고 기재하였습니다.

이 사건 토지에 대하여서는 2012. 1. 10. 경매개시가 결정되어 같은 날 함안등기소에 접수되므로 압류의 처분금지효가 시작되었습니다.

피고는 2010. 1. 27. 까지 일지를 작성한 것으로 되어 있으나 일지의 어디에도 별지목록기재부동산에 대하여 점유를 재개하였다는 기록은 찾아볼 수 없습니다.

피고는 자신이 집행법원에 제시한 일지를 통하여 유치권의 점유를 아무런 조건 없이 스스로 해제한 것을 설명하고 있습니다.

이러한 피고의 진술을 법리적으로 해석한다면, "피고는 건축공사업에 종사하는 경험으로 건물에 대한 점유를 유지하기만 하면 공사대금의 채권의 담보를 위한 유치권을 취득하게 된다는 점을 알고 있었음에도 불구하고, (2011. 8. 21.) 아무런 조건 없이 이 사건 건물 전부를 소유자에게 인도하여 주었다고 봄이 상당하고, 이로써 점유를 상실한 피고는 더 이상 공사대금 채권의 담보를 위하여 이 사건 건물부분에 관한 유치권을 행사할 수 없다. 이와 같이 유치권자가 유치권의 존재를 알면서 물건을 반환한 경우에는 유치권을 포기한 것으로 보아야 한다. (대전고등법원 2009. 1. 22.선고 2008 나 8117 유치권부존재확인. 대법원 1980. 7. 22. 선고 80 다 1174 판결 등 참조)"는 판례의 태도에 비추어 볼 때, 2011. 8. 21. 피고 스스로 유치권을 풀어주었다고 하면서 이미 유치권을 포기한 것으로 판단하는 것이 옳을 것입니다.

다시 점유를 하므로 유치권이 성립되는지에 대한 판례의 태도를 보아도, "앞서 본 유치권의 포기로써 유치권은 종국적으로 소멸하고 다시 점유를 취득하여도 다시 유치권을 취득하게 되는 것은 아니므로, 피고의 위 주장(임대차계약으로 인한 점유로 유치권취득주장) 역시 받아들일 수 없다.(참조: 대전고등법원 2009. 1. 22.선고 2008 나 8117 유치권부존재확인)라고 판시하므로 스스로 점유의 포기를 선언하므로 유치권을 소멸한 경우, 다시 유치권을 취득할 수 없다고 판단한 사실을 알 수 있습니다.

채무자에 대하여 이미 유치권을 포기하고 점유를 상실한 피고가 이후의 경매에서 유치권을 주장하는 것은 유치권의 법리를 오해한 것으로 유치권은 성립될 수 없습니다.

4. 피고의 신의칙 위반

피고는 별지목록기재부동산 중 공장을 건축하는 부분에 금775,407,530원의 공사대금을 담보하는 채권이 있다고 유치권권리신고를 하였습니다.

그러나 2014. 9. 5. 피고와 채무자인 ㈜성○과의 창원지방법원 마산지원 2014 가합 123 공사대금청구사건에서 재판부는 신청 외 이 사건 채무자인㈜성○이 피고에게 공사대금으로 3억원을 지급하라. 는 판결이 있을 뿐입니다.

775,407,530원의 공사대금을 담보하는 채권이 있다고 유치권권리신고를 한 피고는 민법 제2조에 규정된 신의성실 원칙을 위반하여 공사대금을 260%나 부풀리어 허위의 공사대금을 청구한 위법이 있습니다.

또한 피고는 이 사건 건물의 공사대금청구로 유치권이 성립될 수 없습니다.

대법원은 1993. 3. 26. 선고한 91다 14116 손해배상(기) 사건에서 판결요지를 통하여 "바. 유치권은 타물권인 점을 비추어볼 때 수급인의 재료와 노력으로 건축되었고 독립한 건물에 해당되는 기성부분은 수급인의 소유라 할 것이므로 수급인은 공사대금을 지급받을 때까지 이에 대하여 유치권을 가질 수 없다."라고 판시하였습니다.

피고는 별지목록기재부동산에 대하여 골조를 올리는 공사를 하였을 뿐이므로 피고 자신의 재료와 노력으로 골조를 건축하였다고 한다면 이는 피고의 소유이므로 타인의 물건이 아닌 것으로, 유치권이 성립될 수 없다는 것이 유치권에 대한 확립된 대법원의 판례의 태도입니다.

자신의 소유의 물건에 대하여 유치권을 가질 수 없으며, ㈜성○에 대한 공사대금의 채권이 소멸되지 않음에도 불구하고 피고는 유치권의 법리를 오해하여 스스로 유치권자로 잘못된 인식을 하고 있습니다.

5. 피고의 원고에 대한 부당이득금의 반환

원고가 매수인으로 경락된 별지목록기재부동산에 대한 감정평가금액은 금2,076,397,000원입니다.

피고는 이미 2014. 11. 24. 경락대금을 전액 납부함으로 원고의 소유가 된 별지목록기재부동산을 인도하지 않고 성립될 수 없는 유치권을 주장하며 점유의 인도를 거부하므로 최소한 별지목록기재부동산의 감정평가금액의 3%에 이르는 년 62,291,000원의 부당이득을 얻고 있으며, 이 금액은 원고에게 피고가 자신의 부당이득에 따른 손해배상으로 변제하여야 할 의무가 있습니다.

그렇다면 년 62,291,000원을 매월로 환산한 5,190,000원을 피고는 원고에게 이 사건 건물의 인도가 끝날 때까지 지급하여야 할 것이며, 원고는 정당한 부당이득금을 판단 받기 위하여 감정을 신청하고자 합니다.

6. 결 어

피고는 유치권의 필수조건인 점유도 하지 않았다가, 원고가 최고가매수신고인이 된 이후부터 불법점유를 하고 있으므로 적법한 점유자가 될 수 없으므로 피고에게는 유치권이 성립될 수 없습니다.

피고는 실제 유치권을 포기하였음이 피고 자신이 작성하여 집행법원에 제출한 문서로 충분히 판단할 수 있으며, 피고가 유치권권리신고를 하면서 ㈜성○에 대하여 775,407,530원의 공사대금을 담보하는 채권이 있다고 주장하였으나, 실제로는 창원지방법원 마산지원 2014 가합 123 공사대금청구사건에서 재판부는 신청 외 이 사건 채무자인 ㈜성○이 피고에게 공사대금으로 3억원을 지급하라. 는 판결이 있을 뿐이므로 피고의 주장은 신의칙에 위반하는 것으로 피고에게는 유치권이 성립될 수 없으며, 피고는 불법점유자일 뿐이므로 조속히 피고의 유치권이 부존재하며, 피고는 별지목록기재부동산을 원고에게 인도하라는 취지의 판결을 하여 주시기 바랍니다.

입 증 방 법

1. 소 갑 제1호 증 : 별지목록기재부동산의 부동산등기부 등본 각 1
2. 소 갑 제2호 증 : 피고의 법인등기부 등본 1
3. 소 갑 제3호 증 : 피고에 대한 공소장 사본
4. 소 갑 제4호 증 : 송달보고서
5. 소 갑 제5호 증 : 대법원 사건검색의 송달부분
6. 소 갑 제6호 증 : 소유자가 설치한 별지목록기재부동산 입구의 시건장치 사진
7. 소 갑 제7호 증 : 피고가 매각 후 설치한 시건장치 사진
8. 소 갑 제8호 증 : 별지목록기재건물 안에 적치된 ㈜성○의 장부
9. 소 갑 제9호 증 : 피고가 설치한 컨테이너 내부의 사진(매각허가결정 직전)
10. 소 갑 제10호 증 : 2014 가합 123 공사대금청구사건의 판결문 사본 1

제 출 서 류

1. 토지대장등본
2. 건축물대장등본

기타 필요한 증거 및 서류는 소송 진행 시 수시로 제출하겠습니다.

2015. 2. .

위 원고 정 ○ 현

창원지방법원 마산지원 민사과 귀중

대전고등법원 제 2민사부

사   건   2008나8117 유치권부존재확인
원고, 피항소인   ○○중앙회○○○○유동화전문 유한회사서울 송달장소
              대전 대표자 이사 정국○
피고, 항소인   심중○ 공주시 소송대리인 변호사 김대○
제 1 심 판 결   대전지방법원 공주지원 2008. 8. 13. 선고 2008가합43 판결
변 론 종 결   2008. 11. 20.
판 결 선 고   2009. 1. 22.

【주   문】

1. 피고의 항소를 기각한다.
2. 항소비용은 피고가 부담한다.

【청구취지 및 항소취지】

1. 청구취지

별지 목록 기재 각 부동산에 관하여 피고의 공사대금채권 260,000,000원을 피담보채권으로 하는 피고의 유치권이 존재하지 아니함을 확인한다.

2. 항소취지

제1심 판결을 취소한다. 원고의 이 사건 청구를 기각한다.

【이   유】

1. 기초사실

다음 각 사실은 당사자 사이에 다툼이 없거나, 갑 제1 내지 8호 증(가지번호 있는 것은 가지번호 포함)의 각 기재에 변론 전체의 취지를 모아 보면, 이를 인정할 수 있다.

가. ○○협동조합중앙회(이하 '○○'이라 한다)는 2003. 12. 4. 심00에게 750,000,000원을 이

자 연 6.5%, 변제기 2006. 12. 4.로 정하여 대출하여 주었고, 위 대출금 및 장래 부담하게 될 일체의 채무에 대한 담보로 별지 목록 기재 각 부동산(이하 '이 사건 각 부동산'이라 한다)에 관하여 대전지방법원 공주지원 2003. 12. 3. 접수 제36331호로 채무자 심○○, 근저당권자 ○○, 채권최고액 900,000,000원인 근저당권설정등기를 마쳤다.

나. 그 후 심00은 ○○으로부터 2005. 5. 30. 30,000,000원을 이자 연 8.5%, 변제기 2006. 5. 30.로 정하여, 2006. 12. 6. 4,700,000원을 이자 연 8.5%, 변제기 2009. 6. 1.로 정하여 각 추가로 대출받았다.

다. ○○은 심00이 위 대출원금뿐만 아니라 2007. 2. 1.부터 각 대출금에 대한 이자의 지급을 지체하자 2007. 5. 28. 이 사건 각 부동산에 대하여 임의경매를 신청하여, 같은 달 29. 대전지방법원 공주지원 2007타경2710호로 이 사건 각 부동산에 대한 부동산임의경매절차(이하 '이 사건 임의경매절차'라 한다)가 개시되었고, 같은 날 이 사건 각 부동산에 관하여 임의경매 개시결정의 기입등기가 마쳐졌다.

라. 원고는 이 사건 임의경매절차가 진행 중이던 2007. 9. 20. ○○과 사이에 자산양도계약 및 자산관리위탁계약을 체결하여 원고의 심00에 대한 채권을 양수하였고, 같은 달 21. 이를 심00에게 통지하였다.

마. 한편, 피고는 이 사건 각 부동산의 소유자 심00의 남편인 김윤○(이하 심○○과 김윤○을 합하여 '김윤○ 등'이라 한다)과 사이에 작성된 이 사건 부동산 중 건물(이하 '이 사건 건물'이라 한다)에 관한 2003. 12. 1.자 및 2006. 2. 28.자 각 공사계약서와 위 김윤○ 명의의 2006. 4. 2.자 지불각서를 근거로, 2007. 10. 10. 위 경매법원에 위 각 공사계약에 기한 공사대금 260,000,000원을 피담보채권으로 하는 유치권 신고를 하였다.

2. 당사자들의 주장 및 이에 대한 판단

가. 당사자들의 주장

(1) 원고는, ① 피고가 이 사건 각 부동산 소유자인 심00의 친동생으로서, 피고 주장의 위 각 공사계약서와 지불각서는 김윤○ 등과 통모하여 작성된 것에 불과하여 피고 주장은 공사대금채권은 존재하지 아니할 뿐만 아니라, ② 설령 피고 주장의 공사대금채권이 존재한다고 하더라도, 피고는 이 사건 건물에 대한 공사를 모두 마친 후 이 사건 각 부동산을 심00에게 인

도하여 이 사건 임의경매절차가 개시될 당시 이 사건 각 부동산을 점유하고 있지 아니하였으므로, 이 사건 각 부동산에 대한 피고의 유치권은 인정될 수 없다는 취지로 주장한다.

(2) 이에 대하여 피고는, ① 2003. 12. 1. 및 2006. 2. 28. 두 차례에 걸쳐 심00을 대리한 위 김윤○과 사이에 공사도급계약을 체결하고, 이를 김화○ 등에게 하도급 주는 방법으로 공사를 마쳤고, ② 위와 같이 공사를 마친 후에도 공사대금을 받지 못하여 공사가 끝난 직후부터 현재까지 이 사건 각 부동산의 일부인 이 사건 건물 5층 부분을 직접점유하고 있을 뿐만 아니라(피고는 당심 제1회 변론기일에서 이 사건 건물 1, 2층 부분에 대한 점유 주장을 철회하였다) 심00을 통하여 이 사건 각 부동산 전체를 간접점유하고 있으므로, 이 사건 각 부동산에 관한 피고의 유치권이 인정되어야 한다고 다툰다.

나. 판단

(1) 피고가 주장하는 이 사건 유치권의 피담보채권 즉 심00에 대한 이 사건 건물에 관한 공사대금채권의 존부에 관하여 의심의 여지가 없지 않으나, 우선 유치권의 성립요건으로서 피고가 이 사건 건물을 점유하고 있는지 여부에 관하여 본다.

(2) 먼저 피고의 직접점유 주장에 관하여 살피건대, ----기재에 의하면, 피고의 처인 남00이 2007. 3. 4. 심00과 사이에, 이 사건 건물 5층에 대하여 임대기간 2009. 3. 4.까지, 보증금 50,000,000원으로 정하여 임차하기로 하는 내용의 임대차계약(이하 '이 사건 임대차계약'이라 한다)을 체결하고, 그 무렵 피고의 가족들이 이 사건 건물 5층에 전입신고를 한 사실, 특히 당시 초등학교 2학년(8세)인 피고의 아들은 이 사건 임대차계약 체결 직후인 2007. 3. 12. 대전 00초등학교에서 이 사건 건물 인근에 위치한 공주 00초등학교로 전학하여 현재까지 그 초등학교에 재학중인 사실이 인정되고, 위 인정사실에 의하면 남00과 피고를 포함한 그의 가족들이 이 사건 임대차계약 체결일 무렵부터 이 사건 건물 5층 부분에서 거주하고 있다고 볼 수 있다.

그러나 여기에서 나아가 위와 같은 거주 사실로부터 곧바로 유치권 성립요건인 이 사건 건물 5층 부분에 대한 피고의 직접점유를 인정할 수 있는지에 관하여 살피건대, ---를 모아 보면, ① 피고는 1993. 7. 1.부터 1997. 6. 30.까지 및 1999. 4. 7.부터 2000. 12. 31.까지는 각 자신의 명의로(상호 각 '○○○산업'), 2002. 4. 1.부터 2003. 12. 31.까지는 처 남○○ 명의로(상호 '00철강산업') 약 7년 4개월 이상의 기간 동안 각 건축·설비공사업에 종사한 사실, ② 피고는 2003. 12. 1. 위 김○○(피고의 누나의 남편)과 사이에, 피고가 이 사건 건물 1, 2층의 인테리어공사 및 3 내지 5층의 여관객실수리공사 등을 2004. 3. 20.까지 공사대금 320,000,000원에 마치기로 하는 공사도급계약을 체결하고 그에 따른 공사를 마친 사실, ③ 김○○ 등은 위 공사 완료 직후 무렵부터 이 사건 건물 1, 2층 부분에서는 '88과 99'라는 상호로 룸살롱을, 이 사건 건물 3 내지 5층 부분에서는 '○모텔'이라는 상호로 여관을 각 운영하여 온 사실, ④ 그 후 피고는 2006. 2. 28. 위 김○○과 사이에 다시금 이 사건 건물에 관한 공사도급계약을 체결하였는데, 그 공사내용은 이 사건 건물 1, 2층 부분의 '88과 99' 룸살롱을 성인게임장으로 개조하는 공사로서, 김00 등이 여관의 일부로 사용하여 오던 이 사건 건물 5층 부분은 그 공사대상에 포함되어 있지 아니하여 피고가 이 부분에 관한 점유를 다시 취득한 바 없는 사실을 인정할 수 있다. 이러한 인정사실에 의하면, 피고로서는 건축·설비공사업 종사 경험상 건물에 대한 점유를 유지하기만 하면 공사대금채권의 담보를 위한 유치권을 취득하게 된다는 점을 알고 있었음에도 불구하고, 친인척인 김○○ 등과의 관계를 감안하여 위 2003. 12. 1.자 공사계약에 따른 공사완료와 동시에 김○○ 등이 여관의 일부로 사용하여 영업할 수 있도록 아무런 조건 없이 이 사건 건물 5층 부분을 인도하여 주었다고 봄이 상당하고, 이로써 점유를 상실한 피고는 더 이상 위 공사대금채권의 담보를 위하여 이 사건 건물 5층 부분에 관한 유치권을 행사할 수 없게 되었다고 판단된다[이와 같이 유치권자가 유치권의 존재를 알면서 물건을 반환한 경우에는 유치권을 포기한 것으로 보아야 한다(대법원 1980. 7. 22. 선고 80다1174 판결 등 참조)].

따라서, 앞서 본 피고와 그 가족들의 거주사실만으로는 피고가 현재까지 위 공사대금 채권을 담보하기 위하여 이 사건 건물 5층 부분에 관한 유치권 성립요건으로서의 점유를 유지하여 오고 있다고 볼 수 없다.

[유치권의 성립에는 채권과 물건과의 사이에 일정한 관련 즉 견련성(牽連性)이 있으면 족하고 물건의 점유 이전에 대하여서까지 견련성이 요구되지는 않으므로, 물건에 관한 채권이 발생한 후 그 물건이 대하여 점유를 취득한 경우에도 그 채권자는 유치권을 취득하게 되는바(대법원 1965. 3. 30. 선고 64다1977 판결 등 참조), 피고의 주장에 이러한 법리에 기초하여 '이 사건 임대차계약에 따라 이 사건 건물 5층 부분에 거주함으로써 이를 점유하게 되면서부터 유치권을 취득하게 되었다'는 취지가 포함되어 있는 것으로 선해하더라도, 앞서 본 유치권의 포기로써 유치권은 종국적으로 소멸하고 다시 점유를 취득하여도 다시 유치권을 취득하게 되는 것은 아니므로, 피고의 위 주장 역시 받아들일 수 없다.]

(3) 다음으로, 피고가 심○○을 직접점유자로 하는 간접점유를 근거로 이 사건 건물에 관하여 유치권을 주장할 수 있는지 여부에 관하여 본다.

살피건대, 피고는 누나인 심○○을 직접점유자로 하여 이 사건 각 부동산을 간접점유하고 있다는 취지로 주장하나, 피고와 심○○ 사이에 어떠한 점유매개관계가 있음을 인정할 아무런 증거가 없을 뿐만 아니라, 설령 피고가 심○○을 통하여 이 사건 각 부동산을 간접점유한다고 하더라도, 유치권은 목적물을 유치함으로써 채무자의 변제를 간접적으로 강제하는 것을 본체적 효력으로 하는 권리인 점 등에 비추어, 그 직접점유자가 채무자인 경우에는 유치권의 요건으로서의 점유에 해당하지 않는다고 할 것이므로(대법원 2008. 4. 11. 선고 2007다 27236 판결 참조), 위와 같은 간접점유에 의하여 유치권이 성립되었다는 피고의 주장은 더 나아가 살필 필요 없이 이유 없다.

(4) 결국, 피고가 이 사건 건물 5층 부분을 직접점유하거나, 심○○을 통하여 이 사건 각 부동산 전체를 간접점유함으로써 이 사건 각 부동산에 관한 유치권을 취득하였다고 볼 수 없고, 그밖에 피고가 유치권의 성립요건으로서의 이 사건 각 부동산에 대한 점유를 개시하여 이를 계속하고 있다고 볼 아무런 증거가 없다.

3. 결론

그렇다면, 이 사건 부동산에 관하여 피고가 260,000,000원의 공사대금채권을 가지고 있는지 여부에 관하여 나아가 살필 필요 없이 이를 피담보채권으로 하는 피고의 유치권은 존재하지 않고, 피고가 이 사건 임의경매절차에서 유치권의 존재를 주장하고 있는 이상 이해관계인인 원고로서는 이 사건 각 부동산의 매매가격이 낮아져 원고에게 배당될 배당액이 감소할 위험이 있어 피고의 유치권이 부존재한다는 확인을 구할 법률상의 이익이 있다 할 것이므로, 원고의 이 사건 청구는 이유 있어 이를 인용할 것인바, 제1심 판결은 이와 결론을 같이하여 정당하고 피고의 항소는 이유 없으므로 이를 기각하기로 하여, 주문과 같이 판결한다.

이 사건에 대하여 유치권자의 답변서가 있었으므로 나는 구석명신청서와 준비서면을 작성하여 제출하였다.

소송서류는 특별히 새로운 주장이 없다면 읽기에 지루할 것이므로 구석명신청서와 준비서면 1회 분에 한하여 수록하기로 한다.

구 석 명 신 청 서

사   건   2015 라 28 부동산인도명령

항 고 인(신 청 인)   정   ○   현

상 대 방(피신청인)   주식회사 인○종합건설

귀원 2015 라 28 부동산인도명령신청항고 사건에 대하여 항고인은 본 신청사건의 진실을 밝
힐 아래의 핵심적인 부분에 대하여 피신청인의 석명을 명령하여 주시기 바랍니다.

아   래

1. 피신청인은 2012. 1. 4. – 2012. 1. 16.까지 별지목록기재부동산의 입구를 불법으로 통
   제하므로 ㈜성○에 대하여 업무방해의 혐의로 벌금 300만원으로 약식기소되어 확정된 사
   실이 있으나, 이 사건 원심의 답변서를 통하여 이 사건은 2012. 1. 10. 경매개시결정이 기
   입등기되어 압류의 처분금지효가 발생하기 이전인 2012. 1. 4. 불법행위가 발생하였다고
   허위의 답변서를 접수하였습니다.
   피신청인이 제출한 답변서대로 업무방해의 불법행위가 2012. 1. 4.에만 발생한 것인지, 아
   니면 검사의 약식기소에 따른 범죄행위의 기재대로 2012. 1. 4.부터 같은 해 1. 16까지 13
   일 간에 걸쳐서 이루어 진 것인지 석명을 구합니다.

2. 2011. 1. 12.부터 2014. 12. 까지 법원에서 소송서류 경매개시결정 등 모두 25건의 문건
   이 특별송달되었으며 그 중에는 수신자가 피신청인인 특별송달문건도 한 건이 있습니다.

이 문건을 전부 ㈜성○에서 전부 송달을 받았고 피신청인은 단 한 건도 송달 받은 것이 없다는 점을 인정이 하시는지요?

그렇다면 과연 피신청인이 별지목록기재부동산을 점유하고 있었다고 판단할 수 있을까요?

3. 애초 피신청인은 별지목록기재부동산의 입두 쪽에 컨테이너 사무실을 설치했고, 네이버 거리뷰에 의하면 적어도 2013. 7.까지 이 컨테이너는 별지목록기재부동산의 입구 옆 도로변 타인의 토지에 있었음을 알 수 있는데, 언제 피신청인은 이 컨테이너를 공장 옆 곡각지점으로 옮겼는지에 대하여 석명하여 주시기 바랍니다.

4. 피신청인은 답변서를 통하여 2012. 12. 경 김○근이 공사를 포기하자 유치권의 보류가 해제되고 다시 유치권이 시작되었다고 주장하였는데, 그 이후인 2012. 1. 월에도 에○다 종합건설과 서○플랜트가 공사를 계속하였고, 피신청인은 에○다 종합건설의 공사를 방해하다가 업무방해죄로 약식기소된 것이지요?

5. 피신청인은 별지목록기재부동산의 점유의 승인을 언제 누구에게 어떤 방법으로 받았는지 석명을 바랍니다.

6. 별지목록기재부동산의 입구에는 두 개의 밀뚝을 연결하는 체인으로 시건장지를 하였고 자물쇠 3통을 채우고 그 열쇠는 ㈜성○의 대표이사인 박○빈이 소지하고 있었지요?

그런데 2014. 11. 경 신청인이 최고가매수신고된 이후에 피신청인이 자물쇠 2개와 체인을 더 설치하였지요?

그 이유는 무엇인가요?

2015. 3. .

위 원고 정 ○ 현

창원지방법원 마산지원 귀중

준 비 서 면

사　건　2015 가합 151 유치권부존재확인 및 건물인도청구

원　고　　정○현

피　고　　주식회사 인○종합건설

위 사건에 대하여 원고는 다음과 같이 준비서면을 제출합니다.

다　음

1. 자신이 제출한 문서도 부인하는 피고에게 참된 진술을 요구합니다.

가. 형사사건의 처벌을 받은 증거를 제출하고도 이를 부인하는 피고

피고는 2014 타기 531 부동산인도명령사건의 피신청인으로 인도명령사건의 답변서를 통하여, 2012. 4. 2. 창원지방법원 마산지원 2012 고약 1012 업무방해 사건으로 형이 확정된 약식명령사건의 결정문을 증거로 제시하면서 피고는 업무방해로 처벌을 받은 것일 뿐, 이 사건 부동산을 불법점유함으로써 처벌을 받은 것은 아니라고 항변하고 있습니다.(을 제 1호 증을 원용합니다.)

그러나 별지에 기재된 범죄사실에 의하면 피고는 "2012. 1. 4. 시간불상 경부터 같은 달 16. 시간불상 경까지 함안군 칠북면 영동리 xxx 공장신축공사현장으로 들어가는 입구에 컨테이너를 설치하여 ㈜성○의 직원 및 공사관련 차량의 출입을 통제함으로써 위력으로 ㈜성○의 시공업무를 방해하였다."라고 기재하였습니다.

피고가 이 사건 부동산에 대하여 경매를 신청하여 함안등기소에 경매개시결정이 기입등기된 날은 2012. 1. 10. 이며 이때부터 압류의 처분금지효력이 발생하게 됩니다.

피고는 2012. 1. 4경부터 2012. 1.16.경까지 이 사건 공장입구를 불법으로 막아서 채무

자의 업무를 방해하므로, 업무방해죄로 형사상의 처벌을 받았음이 피고 자신이 제출한 약식명령사건의 결정문으로 증명이 되고 있습니다.

그러나 피고는 이에 반하여 자신에 제출한 약식명령사건의 결정문에 적힌 사실을 외면하며 업무방해의 범죄행위는 압류의 처분금지효력이 발생하는 2012. 1. 10. 이전에 이루어진 것이라고 주장하고 있습니다.

업무방해죄로 처벌을 받은 것이지 그것으로 점유를 하지 않았다는 증거가 되는 것은 아니라는 피고의 항변은 듣지 않는 것이 더 나을 것입니다.

문밖에서 업무를 방해하여 처벌을 받은 사람이 어찌 문 안에서 점유를 하고 있었다고 추정할 수 있을 것인지 피고 스스로 판단해 볼 문제입니다.

아무리 재판에서 원고와 피고 사이지만 자신이 직접 증거로 제출한 약식명령의 결정문 내용까지 부인하고 있음으로 원고는 피고가 오히려 측은히 느껴지기도 합니다.

명백히 눈에 보이는 사실 조차도 손바닥으로 하늘을 가리고 하늘이 없다고 하듯 부인한다면 피고의 주장과 진술 중에서 믿을 수 있는 부분이 무엇인지 생각하게 됩니다.

나. 송달이유를 모르겠다는 피고의 진술의 진실에 대하여

피고는 2015. 6. 10. 제출한 준비서면 1항의 "마"항의 (5)목을 통하여 삼창법인이 이 사건 공장의 주소지에서 피고에게로 송달되는 특별송달우편물을 수령하였다는 점이 이해할 수 없는 일이라고 진술하고 있습니다.

피고가 유치권자라면 이 사건 공장의 주소지에 당연히 점유를 하고 있어야 하는 것이며 점유를 하고 있다면 법원에서 보내어 우편배달부가 가지고 오는 특별송달문서를 받아야 옳은 것입니다.

원고는 갑 제4호 증의 1-24까지 전부 24건의 송달상황을 증거로 제출하였으며 경매법원에서 피고에게로 보낸 송달보고서도 증거로 제출하였습니다.

이런 증거를 받아 보고도 자신에게 오는 특별송달우편물을 왜 성○법인의 박○빈 대표이사가 수령하였는지에 대하여 이해가 되지 않는다는 피고의 진술을 다른 말로 바꾼다면 곧 이 사건 공장에 점유를 하지 않고 있었다는 자백과 동일한 것입니다.

점유는 피고가 하고 있으면서 송달은 전부 소유자인 주식회사 성○에서 받았다는 점이 지금과 같이 입증되고 있다면, 곧 피고의 배타적 독점적인 점유자로써의 지위가 없다는 것이

증명되는 것이며, 점유를 주장하는 피고의 주장은 사실이 아니라는 점도 역시 증명되는 것입니다.

즉 점유도 성○법인이 하였고 송달도 성○법인이 받은 것입니다.

그러므로 유치권자로써 점유하였다는 피고의 주장은 성립될 수 없습니다.

2. 피고에게는 이미 공사대금을 담보하는 채권이 없습니다.

피고는 성창법인을 상대로 창원지방법원 마산지원 2014 가합 123 청구금액을 금 704,915,943원으로 하는 공사대금청구의 소를 제기하였으나,

이 사건에 대하여 최종으로 2015. 6. 3. 부산고등법원 창원재판부에서 2014 나 3255 공사대금청구사건으로 피고가 성창법인에 대한 소송은 취하하고 성○법인은 피고에 대한 취하에 동의하며 소송비용은 각자 부담한다는 취지의 화해권고결정이 확정되었습니다.

즉 피고는 성○법인에 대하여 공사대금을 담보하는 채권이 단 한 푼도 없다는 취지로 결정된 것입니다.

피고가 주식회사 성○과의 관계에서 공사대금을 담보하는 채권이 전혀 없으며, 이러한 사실이 법률적으로 확정된 것이라면 피고가 원고에게 유치권을 주장할 수 있는 아무런 근거가 없는 것입니다.

민법 제 320조 제 1항에서 규정하는 유치권은 "타인의 물건 또는 유가증권을 점유한 자는 그 물건이나 유가증권에 관하여 생긴 채권이 변제기에 있는 경우에는 변제를 받을 때까지 그 물건 또는 유가증권을 유치할 권리가 있다."라고 내용을 설명하고 있습니다.

피고는 이 사건 공장에 관하여 공사대금을 담보하는 채권이 아무 것도 없으므로 이 사건 공장을 유치할 권리가 있을 수 없습니다.

피고가 주장하는 유치권은 성립될 수 없습니다.

2015. 6. .

위 원고 정 ○ 현

창원지방법원 마산지원 귀중

4. 판결문

　2015. 10. 16. 드디어 이 소송도 유치권자에게는 유치권이 없는 것으로 판결이 났다.

창원지방법원 마산지원
민　사　부
판　　　결

사	건	2015 가합 151 유치권부존재확인 및 건물인도
		2015 가합 366(독립당사자참가의소) 유치권확인
원	고	정　○　현
		김해시 지네동 ○○아파트 xxx동 xxxx호
		소송대리인 변호사 전○우, 안○진
피	고	1. 주식회사 인○종합건설
		창원시 마산합포구 합포동 4길
		대표이사 박　○　기
		2. 박　○　기
		창원시 마산합포구 회원복천길
		피고들 소송대리인 변호사 이○규
독립당사자참가인		최○권
		구미시 공단동 ○○○○ 아파트 xxx동 xxx호
변 론 종 결		2015. 9. 18.
판 결 선 고		2015. 10. 16.

주   문

1. 독립당사자참가인의 참가신청을 각하한다.
2. 피고들은 원고에게 별지 목록 기재 각 부동산을 인도하라.
3. 소송비용 중 본소로 인한 부분은 피고들이 부담하고, 참가로 인한 부분은 독립당사자 참가인이 부담한다.
4. 제2항은 가집행할 수 있다.

청 구 취 지

본소 : 주문 제 2항과 같다.

독립당사자참가의소 : 원고, 피고들, 독립당사자참가인 사이에서 별지 목록 기재 각 부동산에 관하여 독립당사자참가인에게 유치권이 있음을 확인하고, 원고는 독립당사자참가인에게 155,546,673원 및 이에 대하여 2011. 12. 28.부터 다 갚는 날까지 연 20%의 비율로 계산한 돈을 지급하라.

이   유

1. 본소에 관한 판단

가. 인정 사실

1) 주식회사 성○(이하 '성○'이라고 한다)은 2011. 2. 18. 피고 주식회사 인○종합건설(이하 '피고 인○종합건설'이라고 한다)에 경남 함안군 칠북면 영동리 xxx 외 4필지 지상 공장건물 신축공사를 공사기간 2011. 2. 21.부터 2011. 5. 30.까지, 공사대금 10억 5,000만원(부가가치세 별도)으로 정하여 도급하였다(이하 '이 사건 공사계약'이라고 한다). 피고 인○종합건설은 이 사건 공사계약에 따라 공장건물을 시축하던 중 2011. 4. 경 철골구조 공사를 마쳤다. 그런데 성창이 기성대금을 지급하지 않자 피고 인○종합건설은 그 무렵 공사를 중단하였다. 피고 인○종합건설이 위와 같이 신축한 공장건물은 별지 목록 기재 각 부동산(이하

한꺼번에 '이 사건 건물'이라고 한다)이다.

2) 이 사건 건물에 관하여 2012. 11. 26. 성○ 명의로 소유권보존등기가 마쳐졌고, 2013. 9. 11. 창원지방법원 마산지원 2013 타경8218호로 임의경매개시결정이 내려졌으며, 2013. 9. 12. 임의경매개시결정 기입등기가 마쳐졌다(위 경매사건은 창원지방법원 마산지원 2012타경200호 임의경매사건에 병합되었다).

3) 위 경매절차에서 피고 인○종합건설은 775,407,530원의 공사대금채권을 피보전채권으로 하여 유치권신고를 하였다.

4) 원고는 위 경매절차에서 이 사건 건물을 매수하고 2014. 11. 24. 매각대금을 완납한 후, 2014. 11. 27. 이 사건 건물에 관하여 소유권이전등기를 마쳤다.

5) 피고 인○종합건설과 피고 인○종합건설의 대표이사 피고 박○기는 이 사건 변론 종결일 현재 이 사건 건물로 출입하는 진입로에 시건장치를 설치하고, 이 사건 건물 옆에 컨테이너를 설치하는 등의 방법으로 이 사건 건물에 사람들이 출입할 수 없게 하고 이 사건 건물을 점유하고 있다.

[인정 근거] 다툼 없는 사실, 갑 제 1, 2, 6내지 8, 12, 16호 증, 을 제2 내지4(가지번호 포함)의 각 기재 및 영상, 이 법원의 현저한 사실, 변론 전체의 취지

나. 청구원인에 관한 판단

위 인정 사실에 의하면, 피고들은 이 사건 건물을 점유한 채 원고가 이 사건 건물에 관한 소유권을 행사하는 것을 방해하고 있으므로, 특별한 사정이 없는 한 피고들은 원고에게 이 사건 건물을 인도할 의무가 있다.

다. 피고들의 항변에 관한 판단

1) 피고들은 성창으로부터 이 사건 건물에 관한 공사대금을 지급받지 못하여 2011. 5. 초경부터 적법하게 이 사건 건물을 점유하면서 유치권행사를 하고 있으므로 원고의 인도청구에 응할 수 없다고 주장한다.

살피건대 물건에 대한 점유는 유치권의 성립요건이므로 유치권은 점유의 상실로 소멸한다(민법 제320조, 제328조). 설령 피고들이 그 주장과 같이 2011. 5. 초순경부터 이 사건 건물을 점유하였다고 하더라도, 갑 제11호 증의 기재에 변론 전체의 취지를 더하여 보면, 피고들은 2011. 8. 21. 경 스스로 이 사건 건물에 관한 점유를 해제한 사실을 인정할 수 있으

므로, 이 사건 건물에 대한 점유를 상실한 2011. 8. 21.경 피고들의 유치권은 소멸되었다고 보는 것이 타당하다.

2) 이에 대하여 피고들은, 성창이 2011. 8. 초경 김○근에게 이 사건 건물에 관한 공사를 마무리 하도록 하고 준공검사를 득한 후 공사대금을 지급하겠다고 하면서 피고들에게 유치권 행사를 보류하여 줄 것을 요구하였고, 이에 공사대금을 받기 위해서 점유를 해제하고 유치권 행사를 보류하였으나. 김○근이 공사를 진행하지 못하고 2011. 12. 11. 공사를 포기하자 그 때부터 다시 이 사건 건물을 점유하면서 유치권을 행사하였다고 주장한다.

그러나 을 제5호 증의 기재만으로는 피고들과 성○ 사이에 피고들이 주장하는 바와 같은 조건으로 유치권 행사를 보류한다는 내용의 합의가 있었다고 보기 어렵고, 달리 이를 인정할 증거가 없다.

피고들의 주장은 일시적으로 이 사건 건물의 점유를 상실하였다가 2011. 12. 11.경 이 사건 건물의 점유를 회복하여 유치권을 다시 회복하였다는 취지로도 보인다.

피고들이 단시간 내에 적법하게 이 사건 건물의 점유를 회복하였는지에 관하여 보건데, 갑 제3호 증의 2, 을 제6호 증의 각 기재에 의하면, 피고들이 2012. 1. 4.부터 2012. 1. 16.까지 사이에 이 사건 건물 신축현장 입구에 컨테이너를 설치한 사실, 이 사건 건물의 부지인 성○ 소유의 경남 함안군 칠북면 영동리 xxx 전1,408㎡ 등에 관하여 실시된 창원지방법원 마산지원 2012타경200호 임의경매절차의 부동산 현황 조사에서 2012. 1. 18.경 피고 인○종합건설이 이 사건 건물로 출입하는 진입로에 컨테이너 1동을 설치하고 위 컨테이너에 유치권 행사 중이라는 내용의 현수막을 설치하여 이 사건 건물을 점유한 것으로 조사된 사실은 인정된다. 그러나 갑 제 3호 증의 2, 제4호 증의1, 제14, 16, 17, 18호 증, 제22호 증의 4, 내지 7의 각 기재 및 영상에 변론 전체의 취지를 더하여 인정할 수 있는 다음의 사정, 즉

① 피고 인○종합건설의 대표이사인 피고 박○기는 위와 같이 2012. 1. 4.부터 2012. 1. 16.까지 사이에 이 사건 건물 신축 현장 입구에 컨테이너를 설치한 사실로 인하여 업무방해죄로 약식명령을 받은 점(차원지방법원 마산지원 2012고약1012),

② 위 창원지방법원 마산지원 2012타경200호 임의경매절차에서 점유자인 피고 인○종합건설에 대한 임차인통지서 송달이 이 사건 건물이 소재하는 경남 함안군 칠북면 영동리 xxx으로 실시되었는데 2012. 2.23. 당시 성○의 대표이사인 박○빈이 위 서류를 송달받았던 점,

③창원지방법원 마산지원 2012카합152 부동산 처분금지가처분 사건에서 2012. 10.

5.부터 2012. 10. 16.까지 실시된 부동산현황조사 당시 촬영된 사진에 의하면 피고들이 설치한 컨테이너가 이 사건 건물로 출입하는 길이 아니라 그 옆에 설치되어 있고, 2013. 7. 경 촬영된 사진에 의하더라도 위 컨테이너는 이 사건 출입하는 길의 옆에 설치되어 있는 점,

④ 피고들은 원래 이 사건 건물의 진입로에 설치된 쇠기둥 및 쇠사슬에 낡은 자물쇠만이 설치되어 있어서 누구나 출입이 가능하여 피고들이 새로 자물쇠를 설치하였다고 주장하나, 위 자물쇠를 설치한 시점에 관하여는 구체적인 증거를 제출하지 못하고 있는 점 등에 비추어 보면, 앞서 인정한 사실만으로는 피고들이 2011. 12. 11.경 적법하게 이 사건 건물의 점유를 회복하였다고 보기 어렵다. 그밖에 피고들이 2011. 8. 21.경 이 사건 건물에 관한 점유를 스스로 해제한 후 이 사건 건물에 관하여 경매개시결정의 기입등기가 마쳐져 압류의 효력이 발생한 2013. 9. 12. 이전에 적법하게 이 사건 건물에 관한 점유를 다시 취득하였다는 점을 입증할 만한 증거도 없다.

따라서 피고들의 위 항변도 나머지 점에 관하여 더 나아가 살펴볼 필요 없이 이유 없다.

3) 결국 피고들의 항변은 모두 이유 없다.

2. 독립당사자참가의 소에 관한 판단

가. 독립당사자참가인의 주장

독립당사자참가인은 2011. 9. 2. 성창과 이 사건 건물 중 판넬시설물 부착공사 등에 관한 공사계약을 체결하였고, 위 계약에 따라 공사를 진행함에 있어 155,546,673원의 비용을 지출하였는데 위 돈을 지급받지 못하였다. 독립당사자참가인은 위와 같은 공사대금 혹은 유익비를 피담보채권으로 하여 이 사건 건물을 유치하고 있으므로, 원고와 피고들, 독립당사자참가인사이에 이 사건 건물에 관한 유치권이 독립당사자참가인에게 있다는 확인을 구하고, 원고는 독립당사자참가인에게 위 155,546,673원 및 이에 대한 지연손해금을 지급할 의무가 있다.

나. 원고의 본안 전 항변

독립당사자참가인의 소는 원고에 대하여 별도의 청구를 하는 것이므로 민사소송법 제79조의 참가요건을 갖추지 못하여 부적법하다.

다. 판단

소송목적의 전부나 일부가 자기의 권리라고 주장하거나, 소송결과에 따라 권리가 침해된다고 주장하는 제3자는 단사자의 양 쪽 또는 한 쪽을 상대방으로 하여 당사자로서 소송에 참가할 수 있는데(민사소송법 제79조 제1항), 독립당사자참가 중 권리주장참가는 원고의 본소와 참가인의 청구가 그 주장 자체에서 양립할 수 없는 관계라고 볼 수 있는 경우에 허용될 수 있고, 사해방지참가도 본소이 원고와 피고가 당해 소송을 통하여 참가인을 해할 의사를 갖고 있다고 객관적으로 인정되고 그 소송의 결과 참가인의 권리 또는 법률상 지위가 침해될 우려가 있다고 인정되는 경우에 허용된다(대법원 2005. 10. 17. 자 2005마814 결정 등 참조).

그런데 원고의 본소 청구는 소유권에 기한 건물인도청구임에 반하여(원고는 소제기 당시에는 위 청구에 더하여 피고들에 대한 유치권부존재확인 및 손해배상청구도 함께 구하였으나, 2015. 7. 17. 변론기일에서 손해배상청구 부분을 취하하고, 2015. 9.10.자 준비서면으로 유치권부존재확인청구부분을 취하하였으며, 이에 대하여 피고들과 독립당사자참가인이 동의하거나 기간 내에 이의를 제기하지 않아 소 취하에 동의한 것으로 간주되어 결국 건물인도청구만이 남게 되었다) 독립당사자참가인의 청구는 원고 및 피고들에 대한 유치권존재확인청구 및 원고에 대한 공사대금청구이므로, 원고의 본소 청구와 독립당사자참가인의 청구는 그 주장 자체에서 양립할 수 없는 관계라고 볼 수는 없다. 또한 피고들이 본소에서 독립당사자참가인을 해할 의사를 갖고 있음을 객관적으로 인정할 만한 증거도 없다. 따라서 독립당사자참가인의 참가신청은 권리주장참가 또는 사해방지참가의 어느 요건도 갖추지 못하여 부적법하다.

3. 결론

독립당사자참가인의 참가신청은 부적법하므로 각하하고, 원고의 피고들에 대한 청구는 모두 이유 있으므로 인용한다.

재판장　판사　송　혜　정

판사　최　지　아

판사　손　화　정

한 푼도 안 주고
유치권 판결 받은 유치권자를 쫓아내다.

1. 유치권의 존재를 확인하는 대전지방법원의 판결문

대전 서구 가수원동에 있는 5층 건물의 경매사건은 나로서는 취급하고 싶지 않은 물건이었다.

대전 목동신협에서 대전지방법원 2012 타경6936호 부동산임의경매사건으로 경매를 신청한 이 사건은

대전시 서구 가수원동 799-2 번지에 소재하는 대지 156평 위로 지하 1층 지상 5층의 건물이 약520평 지어져 있었고 보기에는 그럴듯한 건물이었다.

감정평가액은 1,447,845,360원 최저매각가격은 243,340,000원으로 최저매각가격은 약 6억 원에 이르는 토지의 감정가의 반도 안 되는 가격이었다.

그런데 유치권신고가 4억1,500만 원이 되어있었다.

나는 이 사건의 근저당권자이며 경매를 신청한 채권자인 목동신협에 가서 유치권신고서를 보았다.

유치권신고서에 첨부된 판결문의 주문을 보니 참으로 어이가 없었다.

"건물소유자는 유치권자인 ㈜R밴처에게 건물 공사대금 4억 원을 지급받음과 동시에 건물 1층의 점유를 소유자에게 이전하여 주라."

는 취지의 판결문이었다.

공사대금 4억 원을 지급 받음과 동시에 점유를 이전해 주라는 판결문의 의미는 유치권을 신고한 자에게 유치권을 인정한다는 뜻이 아닌가?

이후로 서울에서 나를 따르는 제자가 이 사건에 대하여 물어보는 것도, 부산에서 이 사건에 관심을 갖고 물어보는 제자에게 대전지방법원의 합의부 부장판사가 유치권이 존재한다고 판결한 것을 경매를 담당한 단독 판사가 어떻게 번복하여 유치권이 없다는 판단을 할 것인가? 하고 되물으며 전부 말리지 않을 수 없었다.

2. 하고 싶지 않은 물건, 그러나 안 할 수도 없게 된 사연

이 사건에는 유치권을 담보하는 공사대금의 양수인이 있었다.

양수인의 점유 여부가 실제 이 사건 유치권의 존부를 판가름하는 기준이 될 수도 있다.

그러나 만약 제자들의 생각이 "우리 선생님이 유치권을 없애 주겠지." 하는 생각으로 매입하려 하였다가 막상 선생인 내가 유치권을 없애지 못한다면 4억 원에 연 20%에 이르는 이자까지 보태어 유치권자에게 주게 되고, 그런 사정이 생긴다면 선생의 입장은 정말 피곤하지 않을 수 없으니, 나는 누구나 묻는 사람에게는 전부 하지 말라고 말리지 않을 수 없었다.

부동산투자란 원래 잘 되면 제 복이라고 생각하고 안 되면 남의 탓을 하는 법이다.

유치권을 가르치는 내가 유치권이 없어지겠다 하고 없애지 못한다면 그 마음의 부담은 말할 수 없이 크게 마련이니 내가 곤란을 당하지 않으려고 제자들이 하는 투자를 못하게 막은 셈이다.

2013년 8월 13일 나는 의외의 복병을 만나게 되었다.

부산에 있으며 부동산중개업을 하고 있는 제자 H군이다.

H군은 나를 찾아와서 어제 대전지방법원에 가서 바로 이 물건을 낙찰 받았노라고 한다.

그리고 유치권을 없애 달라는 주문이었다.

대부분의 제자들은 경매사건에 응찰하기 전에 물어보고 응찰을 하는데, 이 친구는 최고가매수신고인이 되고 나서 유치권을 없애 달라고 나를 찾아 온 것이다.

물론 이론적으로는 없앨 수도 있다.

그러나 없어지게 하지 못하는 경우는 어떻게 할 것인가?

하는 내 말에 H군은 간단하게 말했다.

"정 안되면 4억 원을 유치권자에게 물어주지요. 그래도 감정가의 반값인데요."

나는 한결 가벼운 마음으로 연구해서 유치권을 없애보자고 답하였고 다시 대전의 서쪽 모퉁이에 있는 가수원동 현장에 가서 유치권에 대한 점검을 하였다.

3. 판결 받았어도 없앨 수 있는 유치권

건물소유자는 유치권자 ㈜R밴처에게 건물 공사대금 4억 원을 지급받음과 동시에 건물 1층의 점유를 소유자에게 이전하여 주라는 판결이 있으니, 유치권자 ㈜R밴처는 4억 원을 받기 전에는 이 건물 1층을 유치. 점유하고 있을 권리가 있는 법이라는 점에서는 누가 감히 이견을 말할 수 없을 것이다.

그러나 유치권자가 받을 채권이 다른 사람에게 양도되었다면 그때부터 공사대금의 채권이 있는 사람은 채권이 양도되어 없어졌으므로 유치권의 권리가 없어지고 더 이상 유치권자가 될 수 없다.

채권을 양수 받은 사람은 건물의 점유와 같이 양수를 받아야지 단순히 채권만 양수 받고 동시에 점유를 양수 받지 않고서는 유치권자가 될 수 없다.

건물의 입구에는 유치권자의 연락처가 큼지막하게 붙어 있는데, 유치권자로 적혀 있는 사람은 법원에서 판결을 받은 ㈜R밴처이다.

전화를 하여 여러 가지를 물어보니, 유치권자는 기분이 좋아져서 연 20%의 판결을 받은 이자는 빼줄 수도 있다고 한다.

그리고 채권의 양도. 양수에 대하여 물어보니 자신들은 채권을 양도한 적이 없다고 한다.

만약 채권을 양도한 적이 없이 판결을 유지하고 있다면 유치권이 성립이 되는 것이고, 채권을 양도하였지만 유치권자가 계속 점유를 한다면 유치권은 성립될 수 없는 것이다.

경매를 신청한 채권자와 경매법원에 접수된 서류들을 검토한 결과 유치권자인 ㈜R밴처가 두 쪽으로 분리되어 있었다.

채권 양수인이라는 사람에게 돈을 빌려 쓰고 채권을 양도해 준 사람은 ㈜R밴처의 전 대표이사이고, 지금 채권 양도사실을 인정하지 않고 건물을 점유하고 있는 사람들은 ㈜R밴처의 현재의 집행부라는 결론에 이르게 되었다.

다시 확인할 수 있는 점은 채권의 양수인은 전혀 점유를 하지 않고 있다는 점이며, 과연 채권의 양도. 양수가 적법하게 이루어 졌는지 하는 점이 유치권의 성립 여부에 관건이 되는데, 법인등기부와 채권양.수도계약서를 검토한 결과 채권의 양도는 적법하게 된 것으로 판단된다.

그렇다면 ㈜R밴처가 주장하는 유치권은 실제로는 없어진 것이다.

전투는 바로 이 결론에서부터 시작된다.

4. 유치권자 ㈜R밴처에 대한 인도명령신청

경락부동산 인도명령신청

사　건　2012 타경 6936 부동산임의경매

신 청 인　김 ○ 숙
　　　　　부산시 해운대구 우동 1407 두산제니스 타운 102동 4300호
　　　　　010- 2500- 8xx0

피신청인　리○벤처주식회사
　　　　　대전시 대덕구 송천동 506-5 201호

신 청 취 지

1. 피신청인은 별지목록기재 부동산의 점유를 풀고 신청인에게 인도하라.
는 취지의 결정을 하여 주시기 바랍니다.

신 청 이 유

1. 신청인은 별지목록기재부동산이 귀원 2012타경 6936 부동산임의경매사건으로 계류 중이에 응찰하여 매수인이 되었고, 2013. 10. 18. 매각대금을 전액 납부하여 정당한 원시취득자가 되었습니다.

2. 피신청인은 별지목록기재부동산의 유치권자라고 주장하며 1층을 점유할 수 있는 판결문을 제시하고 있습니다.

그러나 피신청인은 유치권자가 아닙니다.

피신청인은 2013. 3. 17. 신청 외 이○경에게 채권을 양도하였다고 경매법원에 신고를 한 바 있습니다.

신청인이 제시하는 사진의 증거와 같이 피신청인은 최소한 2013. 7. 30. 까지는 별지목록 기재부동산을 점유하고 있었음을 알 수 있습니다.

2013. 3. 17. 피신청인이 신청 외 이○경에게 판결 받은 채권을 양도하였으면 그 물건에 관한 채권이 없으므로, 피신청인은 더 이상 유치권자라고 할 수 없습니다. (대법원 1972. 5. 30.선고 72 다 548 건물명도사건 참조)

피신청인은 유치권자가 아니면서도 2013. 8. 초순까지 피신청인 자신이 유치권자로 유치 권을 행사한다. 는 취지의 현수막을 걸어놓고 모든 시건장치를 걸어 잠그고 건물을 폐쇄하 는 등 불법적인 점유를 신청인이 제시하는 증거와 같이 계속하고 있습니다.

뿐만 아니라 피신청인은 공사대금을 받을 때까지 1층을 점유하라는 판결문을 받았음을 기 화로 건물 전체를 불법으로 점유하였습니다.

민법 제 320조 제 2항의 규정에는 점유가 불법행위로 인한 경우에는 유치권의 성립을 부 정하고 있습니다.

3. 피신청인은 유치권자가 아님에도 불구하고 유치권을 주장하며 신청인의 정당한 점유의 이 전 요구를 거부하고 있으므로 부득이 경락부동산인도명령을 신청하오니 귀원 소속 집행관 으로 하여금 별지목록기재부동산에서 피신청인의 점유를 풀고 신청인에게 인도하라는 취 지의 명령을 결정하여 주시기 바랍니다.

2013.　10.　18.

위 신청인(매수인)　김 ○ 숙

대전지방법원 경매 5계 귀중

이 사건에서 인도명령을 신청한 요지는 유치권자는 채권을 다른 사람에게 양
도하고 채권이 없으므로 민법 제320조 제 1항에서 규정한 그 물건에 관한 채권
이 존재하지 않으므로 유치권은 없어졌으므로 지금은 불법점유이며 불법점유자
는 소유권을 방해할 수 있는 권리가 없으니 인도명령을 결정하여 달라는 취지이
고 경매법원은 인도명령신청을 받아들여서 유치권자는 놀랍게도 간단한 인도명
령으로 처리하게 되었다.

물론 집행관이 집행하러 가면 다른 사람으로 사업자등록을 바꾸는 애교를 두
번 부리기는 했지만 결국 대전지방법원 집행관에 의해 인도집행되고 말았다.

유치권자가 채권을 양도한 경우 유치권이 소멸된다는 뜻을 담은 대법원의 판례
를 읽어보자.

대법원 1972.5.30. 선고 72다548 판결 건물명도

【판시사항】
비록 건물에 대한 점유를 승계한 사실이 있다 하더라도 전점유자를 대위하여 유치권을 주장할
수 없는 것이다.

【판결요지】
비록 건물에 대한 점유를 승계한 사실이 있다 하더라도 전점유자를 대위하여 유치권을 주장할
수는 없는 것이다.

【참조조문】 민법 제320조

【원고, 피상고인】 김재근
【피고, 상고인】 허영학 외 1명

【원심판결】 제1심 서울민사지방, 제2심 서울고등 1972. 3. 7. 선고 70나1713 판결

【주 문】

이 상고를 모두 기각한다.

상고비용은 피고들의 부담으로 한다.

【이 유】

피고들 대리인의 상고이유를 본다.

(가) 제1점에 대하여, 원심은 다음과 같은 사실을 인정하고 있다. 즉, 소외인 임범성, 홍재진은 소외인 이대휘에게 건축공사대금의 일부로서 이 사건에서 문제로 되어 있는 건물(서울 영등포구 대방동 288의28 지상시멘트 와즙 평가건 주택1동, 건평 18평 1홉)을 포함한 7동의 건물을 양도하였는데 이 약속에 위반하여 위의 건물을 원고에게 매도를 원인으로 하여 소유권이전등기를 경유하여 주었고, 원고 앞으로의 소유권이전등기는 가장 매매를 원인으로 한 것은 아니라 하였다. 기록을 정사하면서 원심이 한 위와 같은 사실인정의 과정을 살펴보면 적법하고 여기에는 논지가 공격하는바와 같은 채증법칙위반의 위법사유가 없다. 그리고 기록을 정사하여도 피고들이 사실심에서 원고가 그의 처남되는 홍재진의 배임행위를 숙지하면서 이 배임행위에 적극 가담하여 이전등기를 한 것이므로 그 등기원인이 무효라는 점에 관하여는 진술한 흔적이 없고, 또 그러한 진술을 밑받침할만한 증거도 기록상 없다. 원심이 등기원인에 무효사유가 없다고 판시한 것은 정당하고 여기에 이유의 불비나 모순의 위법사유가 없다.

(나) 제2점에 대하여,

소외인 이대휘가 이 사건 건물에 관하여 공사금 채권이 있어 이대휘가 이 건물을 점유하고 있다면 이대휘에게는 위 공사금 채권을 위하여 이 건물에 대한 유치권이 인정될 것이다. 그러나 피고들이 이대휘로부터 그 점유를 승계한 사실이 있다고 하여 피고들이 이대휘를 대위하여 유치권을 주장할 수는 없다. 왜냐하면 피대위자인 이대휘는 그 점유를 상실하면서 곧 유치권을 상실한 것이기 때문이다. 이 사건에서는 원심이 정당하게 판단하고 있는바와 같이 이대휘의 위의 공사금 채권이 피고들에게 이전된 사실도 없는 것이다.

기록에 의하면 피고들은 사실심에서 이 건물에 관한 주택부금을 피고 허영학이 대납하였으므로 이 대납채권을 위하여서도 이 사건 건물에 대한 유치권이 있는 것이라고 진술한 흔적은 없다. 그

리고 원심판결은 논지가 주장하는 것처럼 이대휘와 피고들 사이에 이 사건 건물에 대한 점유이
전이 없었다고 판시하고 있는 취지는 아니다. 설사 이대휘가 이 사건 건물에 관하여 공사금 채권
을 취득한 것으로 볼 수 없다는 원심의 사실인정에 관하여 이유모순이 있다 할지라도 위에서 보
아온 바와 같이 이것은 필경 원심판결에 영향이 미치지 아니한다.

원심판결에는 대위권행사와 점유이전에 관한 법리를 오해한 위법사유가 없다.

그렇다면 이 상고는 그 이유 없다 할 것이므로 모두 기각하고, 상고비용은 패소자들의 부담으로
한다.

이 판결에는 관여법관들의 견해가 일치되다.

대법원판사   주재황(재판장) 홍순엽 양회경 이영섭 민문기

또 필요한 참고서면도 제출하였다.

참 고 서 면

사   건   2013 타기 1600 부동산인도명령
          (원사건 2012 타경 6936부동산임의경매)

신 청 인 김   ○   숙
피신청인 리○벤쳐주식회사

위 사건에 대하여 매수인인 신청인은 다음과 같이 참고서면을 제출합니다.

다   음

1. 피신청인은 적법하지 못한 억지 주장을 하고 있습니다.

피신청인은 "2011년경 피신청인회사(당시 대표이사 임○연) 모르게 소외 이희경이 이른바 피신청인 회사(당시 대표이사 임○연)와 마치 채권양.수도 계약이 있는 것인냥 채권양.수도계약서를 위조하여 이건 경매절차에 이해관계가 있는 것인냥 채권계산서를 제출한 바 있어..."라고 주장하며 채권의 양도를 부인하는 답변서를 제출하였습니다.

그러나 을제 6호 증의 1로 제시한 피신청인이 신청 외 이희경에 대한 소장을 보면 그 2항에는 소외 김성식과 피고 이희경 간 사문서 위조 동행사죄 불법행위 라는 제목으로 2012. 8. 경 소외 김성식과 이희경이 주식회사 경인투자개발에 대한 채권을 마치 원고(피신청인 리○밴처)가 피고(신청외 이희경)에게 양도하는 것인냥 채권양.수도계약서를 만드는 등 사문서위조 행사의 불법행위를 실행하였다. 고 주장합니다.

그러나 피신청인의 이러한 주장은 법리에 어긋난 불법한 주장입니다.

2. 2012. 8. 경 김○식 임○연이 피신청인 사내에서의 지위

피신청인이 주장하는 임○연의 2012. 8.의 지위는 단독이사로 피신청인회사의 대표자였으며, 김○식은 당시에 감사의 지위에 있었고 현재도 감사의 지위를 유지하고 있음을 피신청인이 제시한 을 제 1호 증으로 알 수 있으며 당시에는 이 두 사람을 제외하고는 아무런 이사도 재직하지 않았음을 알 수 있습니다.

상법 제 389조 제 1항의 규정에는 "회사는 이사회의 결의로 회사를 대표할 이사를 선정하여야 한다. 그러나 정관으로 주주총회에서 이를 선정할 것을 정할 수 있다." 라고 규정하였음을 알 수 있습니다.

피신청인 회사는 단독이사체제의 주식회사이므로 이사회가 아니라 주주총회에서 임○연을 법인의 대표자인 단독이사로 선정하였음은 당연한 일일 것입니다.

그렇다면 피신청인은 피신청인 회사에서 대표자로 선임한 임○연의 정통성을 부정하고 역시 주주총회를 통하여 선임되어 현재까지 감사로 재직 중인 김○식과 공모하여 채권을 양도한 것이므로 회사는 이를 알지 못하고 위조된 것이므로 위법이라는 억지의 주장을 하고 있습니다.

피신청인의 이러한 주장은 피신청인 회사의 전 대표이사가 결정하여 실행한 것을 대표이사가 바뀌었으므로 인정할 수 없다는 것으로 명백히 신의칙에 위배되는 주장일 뿐이며, 이러한 피신청인의 주장을 상식적으로 납득할 사람은 아무도 없을 것입니다.

3. 피신청인은 시간끌기를 하고 있으므로 조속한 결정을 촉구드립니다.

피신청인은 쓸데없는 주장을 통하여 시간을 끌어도 아무 것도 손해가 없는 반면에 신청인은 막대한 자금을 투자하여 취득한 건물에 대하여 겨울이 오기 전에 관리를 철저히 하여 건물을 보전할 필요가 있으므로 시간이 지나갈수록 손해가 발생하게 됩니다.

2002. 7. 1. 민사집행법이 제정된 이유 중 가장 중요한 부분이 매수인의 인도를 쉽게 하여주는 인도명령결정의 적용을 확대하는 점에 역점을 두었었습니다.

피신청인의 공사대금채권의 양도는 이미 5개월이나 매각공고와 매각물건명세서를 통하여 공포되었던 사실이므로 피신청인의 신의칙을 위배한 주장만으로 지금 매각공고와 다른 점을 수용할 수 없다고 할 것입니다.

조속히 인도명령을 결정하여 주시어서 신청인이 매수인으로 불이익을 당하지 않도록 하여 주시기를 간절히 바랍니다.

2013. 11.   .

위 신청인 (매수인)   김 ○ 숙

대전지방법원 경매 5계 귀중

5. 채권양수인에 대한 인도명령 신청

이 사건에 대하여 조사를 하면 할수록 이해하기 어려운 점들이 늘어가기만 했다.

실제 채권의 양수인이 유치권자라는 ㈜R밴처에게 빌려준 돈은 몇 푼 안 되는 작은 돈이었으며, 증거를 명백하게 제시할 수 있는 금액은 겨우 2,000만 원에 불과하였다.

건물의 공사비감정평가금액이 무려 6억 원이 되었는데, 실제 공사비는 아무리 잘 보아도 2억 원을 넘지는 않았을 것으로 보인다.

그렇다면 어떻게 6억 원이 넘는 감정평가금액이 나온 것일까?

이 건물이 원래는 목욕탕 건물이었는데, 한방병원으로 사용하는 용도에 맞게 리모델링한 것인데, 2층의 경우에는 목욕탕 벽에 붙은 타일조차도 걷어내지 않고 공사를 마감하였다는 점은 곧 제대로 된 공사를 하지 않았다는 증거인 것이다.

특히 경매가 진행 중에 소송을 하였으며, 건물의 소유자는 이미 건물을 부동산 경매에서 건질 수가 없으니 차라리 유치권자가 소송에서 이겨서 유치권으로 경락인에게 돈을 받아서 같이 나누어 쓰는 것이 더 현실성이 있다고 판단하여 감정가격을 올리기에 합의했을 것이다.

그러므로 법원에서 촉탁명령에 의한 각종 감정평가서들 중에 특히 공사감정은 믿어도 되는 경우 보다는 안 믿는 편이 훨씬 나을 것이다.

공사감정을 하는 기술사 혹은 건축사들은 자신들의 경험과 직업으로 미루어 공사를 시공한 사람들의 입장에서 감정을 하고 평가를 하는 경우가 많다는 점도 결코 잊어서는 안된다.

이 사건 채권의 양수인도 대단한 욕심쟁이다.

겨우 2,000만 원을 빌려주고 4억 원을 챙기려 했으니 양심이 보통은 훨씬 넘는 사람일 것이다.

나는 채권의 양수인에게도 인도명령신청을 하였다.

부동산 인도명령신청

사　건　2012 타경 6936 부동산임의경매

신 청 인　김　○　숙
　　　　　　부산시 해운대구 우동 1407 두산제니스 타운 102동 4300호
　　　　　　010- 2500- 8xx0

피신청인　이　○　경
　　　　　　대전시 서구 청사로 000, 100동 800호 (00아파트)

신 청 취 지

1. 피신청인은 별지목록기재 부동산의 점유를 풀고 신청인에게 인도하라.
는 취지의 결정을 하여 주시기 바랍니다.

신 청 이 유

1. 신청인은 별지목록기재부동산이 귀원 2012타경 6936 부동산임의경매사건으로 계류 중
   이에 응찰하여 매수인이 되었고, 2013. 10. 18. 매각대금을 전액 납부하여 정당한 원시취
   득자가 되었습니다.

2. 피신청인은 별지목록기재부동산의 유치권자인 R벤쳐(주)로부터 4억 원의 채권을 양도 받
   은 유치권자라고 주장을 하며 신청인이 이 사건 경락대금을 전부 납부한 후에 3층을 점유
   한다는 취지의 주장을 하고 있으나 피신청인의 주장은 사실이 아닙니다.

3. 피신청인이 유치권을 양도수 받으려면 채권만 양수 받아서 되는 것이 아니라 점유도 동시에 양수를 받아야 비로써 유치권을 양도 받은 것으로 인정되는 것입니다.

   그러나 피신청인은 채권만 양수 받았다는 점을 내세워 유치권자임을 주장하는 것은 유치권의 법리를 오해한 주장입니다.

4. 이 사건의 집행관이 경매법원에 별지목록기재부동산에 대한 현황조사보고서에 따르면 피신청인이 점유하였다는 정황은 전혀 없음을 알 수 있습니다.

5. 압류의 처분금지효가 발생하기 전에 점유를 개시한 사실이 없는 피신청인이 설령 채권을 양수 받았다고 하여도 유치권이라는 권리가 존재할 수 없으며, 유치권이 부존재하므로 피신청인이 별지목록기재부동산을 점유하는 것은 어떤 점유의 근원도 찾을 수 없으므로 불법점유라고 할 것입니다.

   피신청인에게는 유치권이 존재할 수 없음이 명백하므로 별지목록기재부동산에서 피신청인의 점유를 풀고 신청인에게 별지목록기재부동산을 인도하라는 취지의 결정을 하여 주시기 바랍 니다.

2013. 11. .

위 신청인(매수인) 김 ○ 숙

대전지방법원 경매 5계 귀중

채권 양수인이므로 스스로 유치권자임을 내세워서 낙찰인이 경락대금을 납부한 후에 점유를 개시한 채권 양수인에 대한 인도명령은 변호사를 선임하고 거짓 증거를 내세우며 발악을 하는 등, 채권양수인의 격렬한 저항에 부딪히게 되었다.

그러나 진실은 감출 수 없는 법이므로 유치권의 양수인이라고 주장하는 자에게도 매수인(낙찰인)이 신청한 경락부동산 인도명령신청은 인용되는 결정이 났다.

정리를 한다면 별지목록기재부동산에 대한 전체적인 리모델링공사를 해서 공사대금의 채권이 있으므로 유치권자라고 주장하는 R밴쳐(주)에 대하여서 인도명령이 결정되었고, 1층의 임차인, 3층에서 검도장을 하는 임차인과 유치권의 양수인이라고 주장하는 자까지 전부 인도명령이 결정되었다

이제 유치권의 양수인이라고 주장하는 자에게 결정된 인도명령결정문을 보도록 하자.

대 전 지 방 법 원
결   정

사   건   2014 타기 388 부동산인도명령

신 청 인   김 ○ 숙

부산시 해운대구 우동 1400 두산제니스 타운 100동 4300호

피신청인   이 ○ 경

대전시 서구 청사로 000, 100동 800호 (○○아파트)

소송대리인   변호사 최 ○

주   문

피신청인은 신청인에게 별지목록기재부동산을 인도하라.

이   유

1. 기초사실

이 사건 기록에 의하면, 목동신용협동조합은 김시걸에 대한 대여금을 피보전권리로 하는 주식회사 경인투자개발(이하, '경인투자개발'이라 한다.) 소유의 별지 목록 기재 각 부동산에 관한 근저당권에 기하여 2014. 4. 5. 대전지방법원 2012 타경6936호로 부동산임의경매결정을 받

아 같은 날 그 기입등기가 마쳐진 사실, 리오밴쳐주식회사(이하, '리오밴쳐'라 한다.)가 2012. 6. 25. 위 경매절차에서 별지 목록 기재 각 부동산 준 건물(이하, '이 사건 건물'이라 한다.)에 대한 공사대금채권을 피보전권리로 하는 유치권신고를 한 사실, 피신청인이 2013. 3. 7. 리오밴쳐가 경인투자개발에 대하여 가지고 있는 공사대금채권을 양수받았다고 주장하면서 이 사건 건물에 관한 유치권 신고를 한 사실, 신청인은 2013. 8. 19. 위 법원으로부터 별지 목록 기재 각 부동산에 관한 매각 허가결정을 받아 2013. 10. 18. 매각 대금을 완납한 사실, 신청인이 이 사건 건물 중 3층 제 1종 그린 생활시설(의원) 294.53㎡(이하, '이 사건 부동산'이라 한다.)을 점유하고 있는 피신청인을 상대로 이 사건 부동산인도명령 신청을 한 사실이 인정된다.

2. 당사자의 주장

피신청인은 이 사건 부동산을 점유할 정당한 권원인 유치권을 보유하고 있다고 주장하는 반면, 신청인은 이 사건 건물 중 1층 부분은 별론으로 하고 피신청인에게는 이 사건 부동산에 대한 유치권이 존재하지 않는다고 다툰다.

3. 판단

유치권 성립의 요건이 되는 물건에 대한 점유라고 함은 사회통념상 그 사람의 사실적 지배에 속한다고 보이는 객관적 관계에 있는 것을 말하는 것으로서, 반드시 물건을 물리적·현실적으로 지배하는 것만을 의미하는 것이 아니라 물건과 사람과의 시간·공간적 관계와 본권관계, 타인지배의 배제가능성 등을 고려하여 사회관념에 따라 합목적적으로 판단하여야 할 것이지만, 그러한 사실적 지배에 속하는 객관적 관계가 있다고 하기 위해서는 적어도 타인의 간섭을 배제하는 면이 있어야 할 것이고 (대법원 2008. 3. 27.자 2007마1602 결정 등 참조), 특히 유치권의 취득 및 존속 요건으로서 목적물의 점유는 이 사건과 같이 다수 이해관계인의 법률관계가 불측의 손해를 방지할 수 있을 정도의 공시기능을 달성할 수 있어야 한다.
 이러한 법리에 비추어 이 사건을 보건대, 기록에 의하면,

① 위 경매법원의 명에 따라 실시된 2012. 4. 17. 자 현황보고서에 임차인 리오벤처의 감사 김성식이 공사대금 미지급을 원인으로 이 사건 건물 전체를 점유하고 있다고 진술한 사실,

② 경인투자개발과 리오벤처 사이에 진행된 건물명도단행가처분 사건과 건물명도와 공사대금 등 사건에서 리오벤처가 경인투자개발로부터 이 사건 건물의 리모델링에 지출된 공사대금을 지급받음과 동시에 이 사건 부동산을 인도하라는 취지의 결정 및 판결이 선고된 사실,

③ 피신청인이 리오벤처에 대한 대여금의 변제조로 위 공사대금채권을 양수받고 이 사건 건물의 점유를 이전받은 사실 등이 인정되나, 한편 기록에 나타난 다음 각 사정 즉,

㉮ 앞서 경인투자개발과 리오벤처 사이에 선고된 결정과 판결에서도 경인투자개발과 리오벤처 사이에 다투어지고 구체적으로 인정된 리오벤처의 점유부분은 이 사건 건물 중 1층 부분일 뿐 나머지 각 층에 관하여는 명시적인 판단이 없는 점,

㉯ 서대전 서무세장 관할 상가건물에 대한 등록사항에도 리오벤처가 이 사건 건물에 임차인으로 등록 되어 있는데 그 내용이 보증금 3,000만 원에 차임 월 200만 원이고 위치는 표기되어 있지 않으나 점유 면적은 224.70㎡로서 이 사건 건물의 1층에서 전차인 남기순이 운영하는 식당의 면적과 동일한 점,

㉰ 별지 목록 기재 각 부동산에 관하여 이미 경매절차가 진행되어 위 각 부동산을 회복할 수 없는 상태가 된 경인투자개발이 리오벤처 등을 위하여 사실과 다른 진술을 할 가능성을 배제하기 어려운 점,

㉱ 위 2012. 4. 17. 자 부동산 현황조사보고서에 따르면 리오벤처와 그 전차인 남기순이 점유하는 부분이 이 사건 건물 중 이 사건 부동산에 한정된 것으로 표시되어 있고 나아가 나머지 각 층은 내부가 미시공 상태에서 공실로 방치되어 있다고 기재되어 있는 점,

㉲ 위 현황조사보고서에 첨부된 사진과 2012. 4. 14. 자 감정평가회보서에 첨부된 사진을 보면 1층을 제외한 나머지 이 사건 부동산을 포함한 각 층이 내부공사가 이루어지지 않은 공실 상태로 방치된 채 있을 뿐 그 어디에도 시정장치가 되어 일반인의 출입을 통제하고 있다거나 유치권을 행사하고 있다는 현수막 또는 표지판 등이 존재한다는 어떤 근거도 찾아보기 어려운 점 등을 종합하여 보면, 사회통념상 이 사건 부동산이 타인의 간섭을 배제한 정도로 피신청인의 사실적 지배하에 있다가나 물권으로서의 유치권이 성립할 대외적으로 공시되는 정도의 점유를 하고 있었다고 보기 어렵다.(피신청인은 1층 출입구에 시정장치를 함으로써 이 사건

건물 전체를 점유하고 있었다고 주장하나, 위와 같은 점유사실을 소명할 수 있는 객관적인 자료를 찾아볼 수 없다.)

4. 결론

그렇다면 이 사건 부동산인도명령 신청은 이유 있어 이를 인용하기로 하여 주문과 같이 결정한다.

2014. 4. 30.

판　사　　김　성　식

제2부

성공하기 위해
NPL(담보부 부실채권)에
투자하는 방법

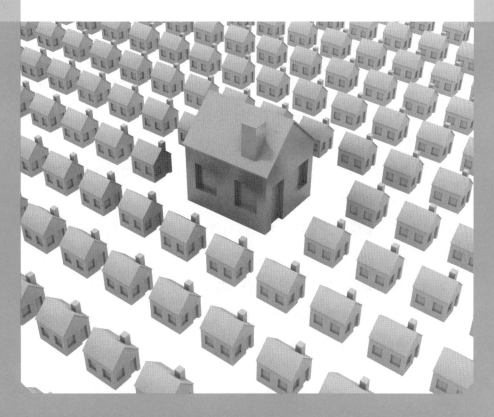

쉽게 쓴 NPL의 진행과정

1. 서점에 가서 책을 보니 한국에는 NPL고시가 있는 듯하다.

요즘 하도 NPL하며 떠드는데다가 NPL 배우겠다고 학원에 가서 사기당한 제자들이 서너명이 되고, 떼인 돈만 해도 10억원이 거뜬하여 도대체 내 제자들이 어떻게 홀려서 이런 망신을 당했는지 알아야겠다는 마음에 대형서점에 가서 소위 NPL 책을 집어 들었다.

크게 두 종류로 분류되었는데, 첫 번째 부류는 고시공부 하듯이 어렵고 힘든 말로 가득 차 아무리 들여다봐도 알 수 없는 소리뿐이었다.

또 다른 부류는 알맹이도 없이 여기저기 남의 책들을 짜깁기 하듯 급조된 책들이었다.

두 가지 모두 바람직하지 못한 현상이다. 그래서 나름대로 마음을 먹었다.

NPL에 대한 시험공부를 하는 것이 아닌, 일반대중들에게 필요한 부동산투자 지침서를 만들어서 투자활동에 도움을 주겠노라고!

어느 누구나 쉽게 알 수 있고, 쉽게 배울 수 있으며, 쉽게 투자활동을 할 수 있는 책을 만들어야겠다는 각오가 생겼다. 기왕에 유치권에 관하여 세 번째 책을 만드는 김에 뒷부분을 할애하여 NPL투자 부분을 추가했다.

이렇게 설명을 해나가면 혹시 NPL에 대하여 쥐뿔도 모르는 사람이 쓴 책이 아닌가 하는 생각이 들지도 모르겠다.

그러나 NPL투자는 부동산경매에 대하여 깊숙이 알아야 가능한 것이고, 부동산경매에 관하여서는 나보다 더 잘 할 수 있는 사람이 없을 터이니 아무 문제가 없을 거란 생각이 들었다.

막상 실제로 NPL투자를 해보니 부동산경매의 모든 과정을 최소한 말년 경매계장(경매계장은 1년 단위로 바뀌니 말년 경매계장이라면 배당을 10회 정도 해본 12월차 경매계장으로 이해하여 주시기 바란다.) 정도는 알아야 하고, 특히 배당절차와 유치권 등 특수경매에 대하여서도 반드시 알아야 한다는 것을 새삼 느끼게 되었다.

경매란 해보지 않은 사람들에게는 참 어려운 분야고 배우기가 쉽지는 않다. 더구나 경매를 정확하게 모르면서 NPL투자를 해서 돈을 벌겠다는 생각은, 현실적으로 전혀 가능성이 없다는 점을 확실히 밝혀 둔다.

어떤 사람은 "투자는 단순해야 한다."라고 말하지만, 부동산경매와 NPL투자에 있어서는 단순하면 바로 망하게 된다는 점을 절대 잊어서는 안 된다.

복잡한 여러 가지 함정이 버티고 있는 경매와 NPL투자를 단순한 사고방식으로 접근한다면 실패는 어쩌면 당연한 수순일 것이다.

그러나 이 책에서 NPL에 관하여 기술하는 부분은 독자들이 쉽게 읽을 수 있고, 쉽게 활용할 수 있도록 단순 명확화 하는데 최선을 다했다.

2. 지금 우리나라는 산업의 조정, 재편기에 들어서 있다.

나는 경제학자는 아니지만 지금 우리나라의 산업은 조정 중에 있으며, 심지어 재편기로 들어서고 있다고 생각한다.

경매 중에서도 특수한 부분인 유치권과 NPL을 공부하는 책에서 왜 거창하게 산업의 조정 및 재편에 대하여 얘기하려고 할까?

경제를 떠나서는 경매나 NPL 모두 성공할 수도 없고, 물을 떠난 고기가 된다. 따라서 전체 경제를 어느 정도 예측하고, 경제흐름의 틀 안에서 유치권이나 NPL 투자를 한다면, 오히려 성공이 배가 되는 기쁨을 누리게 될 것이다.

지금 중국과 동남아 등이 기술로 줄기차게 쫓아오는 시점에서, 우리 경제의 기조가 되는 반기술인력에 의한 생산은 더 이상 우리나라가 차지할 수 있는 몫이 아니게 되었다.

지금 우리가 직접 겪고 있는 조선산업의 몰락이 바로 그 사실을 입증하고 있으며, 세계 유수의 기술을 자랑하는 반도체까지도 위험해지고 있다.

지금 조선산업이 8조원의 적자에서 헤어 나오지 못하고 있는데, 채권단이 적자를 메워주려고 하는 이유가 과연 미래를 내다보는 안목에 의한 것인지에 대하여서는 의혹이 가지 않을 수도 없다.

조선 산업의 실패는 조선부분에서 최고 상위기술로 가는 기술력에서의 실패이기 때문에, 우리가 가지고 있는 온전하지 못한 기술력으로는 해결할 수 없을 가능성이 높다고 보인다. 즉, 우리의 모자란 기술력으로 인하여 혹독한 대가를 치르고 있는 것이다.

여기서 보태어 1베럴에 100달러가 넘었던 석유값이 20달러 대로 떨어져 버리니, 주문해 놓은 유조선을 찾아가지 않는 해프닝까지 겹친 것이다.

선박을 주문한 사람들도 기름 값이 이렇게 떨어질 줄 알았으면 아예 배를 주문하지도 않았을 것이다.

세계 랭킹의 최고봉을 차지하는 조선산업이 완벽한 기술이 아닌 반기술에 매달려 왔었던 사실이 입증되고 있으며, 산업과 경제에 대한 예측 또한 부족하였으니 그 대가를 혹독하게 치르게 되는 것은 어쩌면 당연한 결과이다.

그러나 비관할 필요는 없다.

역사는 반면의 교과서이고, 조선의 역사를 되돌아보아도 말이 안 되는 것처럼, 현대의 고 정주영 회장께서 미포만 갈대밭의 사진과 거북선이 새겨진 돈을 들고 유럽에 가서 여기에 조선소를 지어 배를 만들어 주겠다고 하여 조선수주를 받았다는 전설에서부터 겨우 40년밖에 되지 않았다.

그 짧은 시간에 세계의 조선공업을 휩쓸어 세계 최강의 조선국이 되었던 것이고, 이제는 인구가 많은 후진국에 이 노동집약산업을 물려줄 때가 된 것이다.

그러나 문제는 이렇게 넓은 조선산업의 터를 딛고, 다음에 우리가 해야 할 산업이 무엇인가 하는 것이다.

그리고 조선에 연관된 수천 개의 공장이 경매에 쏟아져 나올 경우, 공장의 가격이 얼마나 떨어질 것인가 하는 점에 대하여 항상 생각하고 계산하고 있어야 할 것이다.

조금 더 생각한다면 조선산업과 관련된 공장들의 은행채권이 부실채권이 되어 NPL 시장에 나오는 규모가 얼마나 될지 생각하고 계산하고 있다면, 그 추이를 알게 될 것이고 적어도 공장의 경매투자나 NPL투자에서 실패하지 않을 것이다.

금융도 마찬가지이다.

우리나라는 1997년 1월 재계서열 14위 한보그룹이 부도가 났고, 1997년 7월에는 재계서열 7위 기아그룹이 부도가 났다.

기업경제 뿐이 아니라 국가경제도 방만하게 운영하다보니, 대기업들에게 투입된 10조 원이 넘는 산업자금을 한 푼도 돌려받을 수 없는 이상하게 무능하기 짝이 없는 나라가 되었다. 그리고 이런 나라에 자금을 더 이상 두었다가는 위험하다는 생각으로 외국의 투자자들에 의하여 투자되었던 돈이 일시에 썰물처럼 빠져 나가게 되자, 1997년 년 말에 결제할 달러가 동이 나 버리는 사태로 IMF가 국가경제를 관리하는 수모를 겪게 되었다.

당시로는 마치 나라가 망한 것처럼 국민들의 어깨가 움츠려 들었지만, 난국을 타개하고 나라를 살리자는 취지로 금모으기 운동을 시작하자 눈물 나는 애국심으로 대부분의 국민들이 장롱에 넣어 두었던 돌 반지 하나도 남김없이 들고 나오는 모습은 차라리 감동이었다.

그러나 정부는 동화·동남·대동·충청·경기은행 등 5개 은행의 은행업 인가를 취소하였고, 경남·경일·고려·삼삼·신세계·쌍용·청솔·항도·항솔·나라·대한·신한·한화·중앙종금, 고려·동서증권, 신세기투자신탁 등 14개 종금사와 2개 증권사 및 1개 투신사에 대하여 영업정지명령을 내리고 문을 닫게 하였다.

제일·서울은행을 부실금융기관으로 결정하여 공적자금 지원요청 및 자본금 감소 명령을 내렸고, 국제·BYC·태양·고려생명보험 등 4개 생명보험회사는 퇴출하였으며, 고려증권, 동서증권, 한남투자증권, 장은증권에 대한 증권업인가를 취소하여 퇴출시켰고, 유일한 국제장사꾼인 대우그룹을 완전히 공중분해시켰다.

어떻게 보면 IMF에 밉보이지 않으려고 열심히 금융기관을 솎아낸 것이고, 다른 측면에서는 정치적 이해관계로 만행에 가까운 퇴출도 있었다.

그러나 은행을 비롯한 금융기관들이 1개 소대 병력 이상의 숫자만큼 문을 닫아도 일반 국민에게는 별다른 영향이 없었다는 점 또한 사실이었다.

그 동안 금융부실의 가장 큰 원인은 금융기관이 아니라 사실은 정부였던 것이다. 정부가 각종 특혜에 가까운 대출로 선심을 잔뜩 써놓고는 막상 문제가 생기니 전부 은행 탓으로 돌려버렸고, 가장 큰 주범인 정부는 시침을 뚝 떼고 모르쇠로 일관하며 금융기관에게만 책임을 물은 것이다.

　기업과 은행이 자빠지고 퇴출을 당하며 무지막지한 부실채권이 발생하므로 이를 자산관리공사(KAMCO) 하나로는 어쩔 수가 없어서 리먼브라더스 사태에는 UAMCO까지 설립하여 부실채권을 정리하게 만들었고, 이 때에는 부실채권이 근저당권 설정 채권최고금액의 30% 이하에도 거래가 되었으니 아마도 이때가 NPL 투자의 가장 적기였을 것이다.

　그러다 보니 KAMCO는 5,000억원의 채권을 1,500억원에 사들여서 외국계 투자은행에 2,500억원을 받고 팔고, 외국계 투자은행은 다시 세월이 조금 지난 후 이 채권을 KAMCO에 매각의뢰하여 KAMCO가 4,900억원에 매각하여 주고 서로 돈을 벌었다고 자축을 하던 때가 있었다.

　죽느니 조조군사라고 했던가?

　IMF때 이렇게 빠져나간 국력이 대체 얼마나 되었을까?

　국가와 국민이 죽을 판국인데 엉뚱한 곳에서 돈 잔치를 벌이는 서글픈 현실이었다.

　서두에 말한 바와 같이 지금은 우리나라 산업의 조정기이며 재편기이기도 하다. 산업의 조정과 재편이라는 커다란 무대가 지금 조선산업의 침몰과 더불어 막을 올리고 있는 것이다.

　경우에 따라서는 IMF 때 보다는 못하겠지만 물갈이가 되는 구산업을 중심으로 많은 공업용 부동산이 NPL시장을 점령할 것으로 보인다.

　나는 여기서 우리나라의 경제가 "위기가 곧 대단한 기회"라는 말을 사용하기에 적합해질 것이라고 믿는다.

　1997년 11월에 시작된 IMF 때, 우리는 마치 우리경제가 완전히 엎어지고 나라가 망하는 것은 아닐까 하는 걱정을 했다. 그러나 실제로 IMF는 우리에게 잃은 것보다 더 많은 것을 얻게 하였다. 그 첫 번째가 국민의 금융거래, 특히 여신거래가 보편화되는 계기가 된 것이다.

그 전에는 은행의 대출 문턱이 얼마나 높았는지 일반인에게는 가히 그림의 떡이라고 할 만했으며, 대출이라는 것 자체가 우리 국민들 중에서도 아주 특정된 특정인들의 전유물이지 일반인들에게는 아무 상관이 없는 것으로 여기지 않았던가.

그런데 막상 국가적인 위기가 닥쳐오니 정부는 모든 책임을 개별은행으로 돌렸고, 은행을 문닫게 하여 수만 명의 은행원들을 길거리로 내모는 짓을 서슴없이 했다.

이런 지독하게 아픈 역사를 교훈삼아 은행과 은행원들은 자구책을 쓸 수밖에 없었고, 대출시장의 측면에서는 오로지 은행 자신들의 책임의 범위가 미치지 않은 기업대출 보다는 개인대출, 즉 소매대출에 전념하게 된 것이다. 이렇게 은행들이 정신을 차리고 개인 대출시장을 개척하면서 온 국민이 정상적으로 은행대출의 소비자 역할을 할 수 있게 되었으니, 아마도 IMF라는 극악의 처방이 없었다면 우리나라 은행의 여신 시장은 아직도 특권층의 전유물로 남아 있을 것이다.

은행이 개인대출시장을 개척하다보니 가장 안심하고 대출금을 회수할 수 있는 시장이 곧 경매시장이라는 인식을 가지게 되었고, 대부분의 은행들이 2000년 하반기부터는 경쟁적으로 법원경매 낙찰가격의 90%까지 대출해 주는 것이 정석이 되다시피 했다. 심지어 신용도가 높은 사람들은 낙찰가격의 95%까지도 대출을 받게 되었다.

그런데 부동산경매에서 낙찰가의 90~95%까지 담보대출을 하였다면 혹시 은행에 손해가 발생하지 않았을까? 그 결과가 어떨지 궁금하다는 의견도 있을 것이다. 하지만 이런 개인소매대출에서 은행은 거의 단 한 푼도 손해를 보지 않았다는 놀라운 사실에 대하여, 일반 국민들은 물론 은행 자체에서도 인식을 하지 못하고 있다.

NPL시장에서도 개인이 은행대출 받은 것으로는 부실채권이 되지 않으므로 거의 시장참여가 없는 형편이며, 단지 금융기관이 업무를 줄이기 위한 방편과 대부분 연말에 BIS비율을 높이기 위하여 밀어내는 정도뿐이라고 해도 과장된 말은 아니다.

아직도 금융기관인지 사채업자인지 불투명한 저축은행을 제외하고는 IMF 이후에는 금융시장이 건전하게 육성되고 있는 것이다.

건전한 금융시장에서 정상적인 개인대출을 받은 물건이 부실화 되지는 않는 것이므로, NPL시장에 나온다고 하여도 예전 IMF 때처럼 채권최고금액의 30%대에 팔리는 일은 없으며 대부분 제값을 다 받고 있다.

이런 측면에서 본다면 NPL시장이 결코 수익이 많이 나는 매력적인 시장은 될 수 없을 것이다.

다시 조선산업의 붕괴와 NPL에 대하여 얘기해 보자.

우리나라의 세계 초대형 조선소 3곳에는 각각 딸린 기자재 및 배를 건조하는 사업을 2차, 3차로 지원하는 공장이 몇 개나 될까?

아마 정확하게 알지는 못해도 대형 조선소 한 곳에는 1,000개가 넘는 소규모 공장이 기대어 밥을 먹고 살아가고 있을 것이다.

만약 우리의 조선산업이 거덜나 버리면 이 공장들의 운명은 어떻게 될까? 그 대답은 간단하고 명확하다.

집안이 거덜났는데 식구들만 배불리 먹고 살 수 없으며, 특히 우리나라는 공장 사장의 사돈에 팔촌까지 같이 망하는 나라가 아닌가?

결국 조선산업에 기대어 일하는 공장들도 역시 조선소와 운명을 같이 할 수밖에 달리 길이 없으며, 그 방법은 한 가지 뿐일 것이다.

공장은 망하여 경매에 나올 것이고, 채권은행은 부실채권으로 간주하므로 이 공장들은 결국 NPL시장에 나올 수밖에 없는 운명인 것이다.

이렇듯 한 분야의 사업이 기울면 곧 기울어버린 산업자체가 매물이 되어서 NPL시장에 나오는 것으로 봐야 한다.

3. NPL 투자의 접근이 쉬워졌다.

NPL(부실채권) 매각 비즈니스도 실제로는 불황을 먹고 사는 사업 중 하나다.

글로벌 경제위기 이후 경기 침체가 이어지면서 자연스럽게 국내 부실채권 매각 시장이 급격히 커졌다.

2015년 상반기에 기업의 부실채권만 벌써 21조 6,000억원에 이르니, 앞으로도 사상 최대의 물건들이 NPL 시장으로 나오기 위해 대기하고 있을 것이다.

은행들은 부실채권 회수가 불가능하다고 판단하면 대손상각 처리하거나 시장에 내다 팔아야 하는데, 이런 부실채권을 사들이는 회사가 '자산관리회사(AMC)'다. 자산관리회사는 주로 담보가 있는 부실채권을 사들이는데, 여기서 담보라고 하는 것은 근저당권이 설정되어 있는 것을 말한다.

근저당권이 설정된 부실채권을 근저당권 실행으로 경매에 넘기거나 실수요자에게 근저당권을 다시 매각한다.

말하자면 고장난 기계를 매집해서 되파는 역할을 하며 수익을 내는 것인데, 유암코의 수익이 2014년 한해에만 1,000억원이 넘는 것으로 집계되었다.

부실채권이 자산관리회사로 넘어가서는 아주 좋은 먹거리가 되는 것이다.

이 점을 단순히 경제논리로 생각한다면 쉽게 이해할 수 없는 상황으로 연결된다. 대표적으로 한보철강의 5조원이 넘는 부실채권 등으로 인하여 IMF를 겪었고, 1999년에 모든 금융기관의 부실채권이 61조원까지 늘어나면서 국가적인 위기를 겪었었다. 그런데 부실채권을 담당하는 자산관리회사까지 만들어서 연간 1,000억원의 수익을 만들어 주는 아이러니가 발생한 것이다. 엄밀히 말해 집 위의 집이라고 할 부실채권 전담회사의 엉뚱한 입으로 불필요한 국민의 혈세를 털어 넣는 모양새다.

게다가 리먼브라더스 등이 야기한 글로벌 금융위기와 웅진, STX, 동양 등의 부도 사태를 겪으며 부실채권의 규모는 엄청나게 늘어났다.

부실채권 규모의 증가로 매각 시장의 규모 또한 커졌고, 경기침체까지 장기화되며 불황을 견디지 못한 기업들이 부실채권을 쏟아내고 있다.

기업들이 부실채권을 쏟아내고 쓰러지면, 이에 따라 개인들도 직장을 잃거나 사업 실패 등의 이유로 은행 빚을 갚지 못하는 경우가 연쇄적으로 늘어나게 된다.

그리고 그 동안 우리끼리 얼굴을 맞대고 편안하게 회계처리를 하던 관례에서 벗어나 국제회계기준(IFRS)을 도입한 것도, 부실채권 매각 시장이 커진 중요한 이유로 꼽힌다.

1973년 6월 29일 영국 런던에서 10개 국가(미국·영국·오스트레일리아·캐나다·프랑스·독일·일본·멕시코·네덜란드·아일랜드)의 회계 관련 기관이 국제회계기준위원회(International Accounting Standards Committee/IASC)를 설립하고 권고 성격의 IAS를 공표했다.

2009년 현재 전 세계 110여 개국이 국제회계기준을 수용 또는 수용할 예정이며, 2011년에는 국제회계기준 수용 국가가 150여 개국에 달했다. 미국 등 IFRS를 도입하지 않고 자국의 GAAP를 적용하는 국가도 IFRS와의 호환을 계획하고 있으며, 우리나라는 2011년부터 IFRS를 한국어로 번역한 한국채택국제회계기준(K-IFRS)을 전면 도입하였다.

2011년 IFRS 도입 전만 해도 은행이 스스로 유동화전문회사를 세우고 자산유동화증권(ABS·Asset Backed Securities)을 발행해 처리했다. 그러나 제도 도입 이후 유동화전문회사가 부실채권을 처리하지 못하면 은행 회계장부에 남아 부실채권 비율을 낮추지 못했다. 이 때문에 은행은 정부가 요구하는 BIS기준에 맞추기 위해 부실채권을 아예 자산관리회사에 매각했다. 금융감독원에 따르면 2015년 3분기 기준 은행 전체 여신 대비 부실채권 비율은 평균 1.8%였으며, 금감원은 2015년 말까지 1.49%로 낮추겠다고 밝힌바 있다. 2010년과 비교해 0.35%포인트나 낮아진 수치다.

부실채권을 사들여 어떻게 큰돈을 벌 수 있을까 의구심이 들지만, 자산관리회사가 벌어들이는 돈은 결코 적지 않다.

업계 1위인 유암코(연합자산관리회사, www.uamco.co.kr)의 당기순이익(연결재무제표 기준)은 2011년 164억원에서 2013년 기준 1,050억원으로 껑충 뛰었다. 유암코의 자기자본 대비 이익률은 14.4%로 시중은행 평균(6.17%)의 배가 넘는다.

업계 2위인 우리금융 계열사 우리F&I는 자기자본이익률이 17.4%나 된다. 대형 금융지주사들조차 저금리 기조로 자기자본 대비 이익률이 5~8%인 것과 비교해 두드러지는 성과다. 우리F&I가 시장에 매물로 나오자 한국증권금융과 증권사 등 8곳이 서로 인수하겠다고 경쟁이 붙은 바가 있다.

이렇게 자산관리회사가 높은 수익을 내는 이유는 부실채권 시장의 높은 수익성 때문이다. IMF 외환위기 때는 외국계 증권사가 부실채권으로 25% 넘는 수익률을 거두기도 했다. 지금은 10%에 다소 못 미치지만 5%대도 안 되는 주식이나 회사채수익률을 생각하면 꽤 괜찮은 이익률이다.

향후 NPL 매각 시장이 더 커질지는 미지수다.

경제가 어렵다고 보는 쪽은 부실채권 시장이 더 커진다고 주장한다. 또 저금리 기조가 장기화되며 새로운 먹거리를 찾아 나선 금융사들이 NPL 매각 시장을 키울 것이라는 논리를 편다. 부실채권 중 매각을 통해 처리하는 경우가 25%에도 미치지 못하기 때문에 성장 가능성은 있다는 것이다. 실제 많은 금융사들이 NPL에 뛰어드는 분위기다. 리스업을 주로 했던 외환캐피탈이 NPL 투자회사로 업종을 전환하기도 했다.

이 회사뿐이 아니라 다른 캐피탈 업체도 1,000억원 정도의 실탄을 준비하여 NPL 시장에 뛰어들 채비를 마쳤다는 소식을 듣는다.

경제, 금융부분에서는 하이에나 같은 존재인 신용정보회사들도 NPL 매각 시장 진입을 준비 중이다. 신용정보사들은 현재 NPL를 받아 추심 작업만 하고, 추심을 못한 채권은 은행에 반납해야 한다. 신용정보회사의 NPL 업무를 허용하는 내용의 신용정보법 개정안이 국회에 계류 중이라고 한다.

NPL시장이 성장할 것이라거나 쇠퇴할 것이라는 단적인 주장은 펼 수가 없다. 시장이 이미 성장할 만큼 성장했다는 의견도 있으며 부실 징후가 보이는 기업들은 그 동안 다 솎아졌기 때문에 부실채권이 더 이상 크게 늘어나지 않을 것이라는 주장을 하는 사람도 있다.

그러나 회사나 업체가 망한다고 미리 예고를 하고 망하는 경우는 없으니 이런 논리도 맞는 것은 아니다.

더욱이 미국의 금리인상에 온 세계의 금융이 술렁거리며 기업 전략이 왔다갔다 하는 판국에다 우리와는 수출입거래규모가 가장 큰 중국시장이 오락가락하고 있으니, 누가 정확한 미래의 경제전략을 내밀고 NPL 시장의 전망을 자신있게 내놓을 수 있겠는가?

앞에서 설명한 바와 같이 우리나라의 산업이 전환기라는 점과 어떤 산업이 쇠퇴할 것이고 어떤 산업이 일어나야 하며 또 일어날 것인지를 염두에 두고 판단해야 한다.

지금까지 우리나라 경제의 미래를 정확하게 예견한 적이 드물었으며, 전문가들의 예상이 맞아 떨어진 적도 거의 없다는 사실 또한 간과해서는 안 된다.

증권과 부동산의 경우를 보더라도 연초 전문가들의 전망과는 전혀 다른 방향으로 움직이는 시장을 우리는 항상 보고 있지 않은가.

전문가들이 오른다고 하면 내리고 내린다고 하면 오르고, 틀림없이 오른다는 종목은 내리고 확실히 내린다는 종목은 오르고 하여 돈을 날리고 패가망신한 사람이 한둘이 아닌 세상이다. 따라서 전문가 믿고 NPL에 투자 했다고 무조건 이익을 거둘 수 없는 것도 엄연한 현실이다.

4. 개인 투자자들의 NPL 시장

우리가 흔히 NPL이라고 하는 부실채권은 적게는 수백억원에서 많게는 수천억원에 이르는 채권들을 한데 묶어 대량으로 매각한다. 또한 유암코 혹은 우리 F&I 등 시장독점자가 경쟁을 불가능케 하는 높은 가격으로 낙찰 받아가 버리는 것이 현실이다.

따라서 NPL시장에서는 증권시장의 개미투자자와 마찬가지로 일반인들이 들어와서 투자활동을 하기가 사실상 불가능하다고 할 수 있다.

그럼에도 불구하고 NPL투자로 누구나 고수익을 올릴 수 있다는 그럴듯한 소문에 일반 투자자들은 '이것이 왠 블루오션인가' 싶어서 촉각을 곤두세우고 있다.

지인 중 은행 지점장으로 퇴직한 몇몇 친구들이 모여 강남역 주변에 작은 사무실을 내고 몇 년째 열심히 NPL투자를 하고 있다.

나는 궁금해서 수익률이 얼마나 되는지 물어 보았더니 평균 12~13% 정도 된다고 한다. '각자 월급은 받고 그 인건비를 제외하고 인지?' 다시 물었더니, 인건비를 포함한 금액인데, 괜찮은 수익률이라고 자랑한다. 또한 합류를 원하여 찾아오는 동료들이 꽤 많다고 한다.

요즘 같은 저금리시대에 연 12~13%의 투자수익률이라면 아주 높은 수준이라고 해야 하지 않을까?

그런데 부동산도 모르고 경매도 모르며, 특수경매분야는 아예 도통 깜깜한데다

NPL의 원리조차 이해하지 못하는 사람들이, 이 정도의 수익률을 무시하는 경우가 심심치 않게 목격된다.

현실적으로 투자수익을 2~3%도 올릴 준비가 되어 있지 못한 사람들이 투자 수익 연12~13%에 고개를 흔드는 이유가 대체 무엇일까?

돈을 벌려고 하는 것에 앞서 당신이 갖고 있는 돈부터 지키려 한다면, 우선 허황된 꿈은 버려야 한다.

NPL투자를 해서 들리는 소문만큼 떼돈을 벌었다는 사람을 나는 주변에서 전혀 본 적이 없으며, 찾을 수도 없었다.

반대로 NPL투자 한답시고 사기꾼 소리를 듣는 사람이 많다는 사실, 우리나라 경매정보지의 최고봉이라고 할 수 있는 OO옥션이 NPL투자 때문에 넘어질 단계에 도달했다는 사실, 또 NPL투자로 돈을 벌었다는 소문이 즐비한 친구는 빚 때문에 전화도 제대로 받지 못하고 있다는 사실을 먼저 현실로 받아들여야 한다.

그렇다면 NPL투자가 돈이 될 가능성이 전혀 없는 부분인가? 반드시 그렇지는 않다. 그러나 군중심리에 여기저기 쫓아다니다가는 아무런 소득도 얻을 수 없다는 점을 명심해야 한다.

투자를 설명하는데 적절한 비유일는지 모르겠지만, 김칫국부터 마시고 손도 안 대고 코를 풀 생각을 하는 사람들이 의외로 많다. 결국 엄청난 규모의 사기를 당하게 된다.

최근 제2인자를 중국에서 압송해 와서 다시 화제가 된 조희팔 사건도 3조 원인지 4조 원인지 파악도 안 되는 돈을 사기 당하는 과정 자체가 일반인들로서는 납득이 어려운 경우이다.

투자를 직접 하려고 하니 알지 못하는 일에 자신도 없고 해서 전문가에게 맡기게 되는데, 하필이면 그 전문가가 생선을 맡은 고양이가 되어서 맡긴 돈을 삼켜버리는 경우가 비일비재하다. 그렇다고 개인적으로 투자 수익 올리기가 마땅치 않다 보니 NPL이라는 부실채권을 만만한 투자처로 생각하는 사람들이 적지 않은 듯하다.

사실은 가려진 채로 '돈이 된다'는 입소문이 퍼져 NPL 시장에 뛰어든 투자자는 최소 수천 명이 넘을 것으로 추정된다.

5. 부실채권의 발생 경위

부실채권이 형성되는 경위는 이렇다.

금융권은 돈을 빌려준 뒤 대출금을 회수하지 못할 경우에 대비해 담보를 잡으며, 담보로 잡은 부동산의 등기부에 근저당권을 설정한다. 대부분의 담보물건은 건물이나 공장, 주택 등 부동산이며, 제1금융권인 은행에서는 대출금의 120%를 채권최고액으로 근저당권을 설정하고, 제2금융권에서는 130%, 일반적으로 대부업체는 150%를 채권최고액으로 하여 근저당권을 설정한다.

즉, 은행에서 10억원을 대출받았다면 채권 최고액은 12억원이나 13억원이 된다. 이 대출원금과 채권최고액의 차이가 NPL투자 수익의 중요한 기반이다.

금융권에서 대출해 준 돈의 120~130%를 채권최고액으로 근저당권을 설정하는 이유는 1년간의 연체이자와 채권을 회수하는 비용을 애초부터 감안하기 때문이다.

금융기관에서는 채권의 연체가 1~3개월 미만으로 진행된 경우에는 연체요주의채권으로, 연체가 3개월 이상이나 실제로 회수 가능하다고 판단되는 경우에는 고정연체채권으로, 연체가 12개월 미만으로 지속될 때에는 회수의문채권으로, 12개월 이상으로 지속될 때에는 추정손실채권으로 간주한다.

그러나 3개월 이상 연체가 되면 어느 금융기관이고를 불문하고, 부동산경매신청을 시작하는 것이 현실이다.

이때 요주의채권은 2%, 고정연체채권은 20%, 회수의문채권은 75%, 추정손실 채권은 100%의 대손충당금을 쌓아야 하니, 금융기관의 대출 관련자들이 이런 규정에 시달리지 않을 수 없게 되는 것이다. 요즘 같은 저금리 시대에 대손충당금을 쌓는 것은 은행을 매우 어렵게 하는 것이니 만큼, 부실채권의 빠른 처리는 사활이 걸린 중대사가 아닐 수 없다.

BIS로 인한 병폐

BIS란 국제결제은행(BIS)에서 일반은행에게 권고하는 자기자본비율 수치로, 그 목적이 은행의 건전성과 안정성을 확보하는데 있다. 또한 은행의 위험 자산에 대해 일정 비율 이상의 자기 자본을 보유하도록 하는 것을 목적으로 한다. 그리고 은행의 신용 위험과 시장 위험에 대비해 최소한 8% 이상이 되도록 권고하고 있으며, 10% 이상이면 우량 은행으로 평가 받는다.

그러나 정부에서 정한 BIS비율을 억지로 맞추다 보니, 말단 금융기관에서는 멀쩡한 이를 빼는 경우도 수없이 많다.

지난 IMF 외환위기 때 BIS 비율 8%는 은행 퇴출의 기준이 되기도 했다. BIS 기준 자기자본비율은 자기자본을 대출이나 보증 등을 포함한 위험가중자산으로 나눈 뒤 100을 곱한 수치로, 자기자본이 그대로일 경우 위험가중자산이 많을수록 비율은 떨어진다. 따라서 BIS 비율을 높이려면 부실 채권을 매각하거나 대출을 줄여 위험자산을 축소하는 것이 일반적인 방법인데, 일부 금융권에서는 BIS를 맞춘다는 핑계로 금융기관의 방계 유동화회사에 멀쩡한 채권을 매각하는 경우를 쉽게 볼 수 있다.

한 예로 거제도의 어느 단위농협에서 이자의 연체가 없는 상태인 채무자가 재산정리를 위하여 경매를 강력히 요구한 적이 있다.

은행의 채권은 7억원에 불과하고 감정평가액은 25억원, 실제 매각은 19억원에 이루어졌는데, 경매가 진행되자 단위농협은 이 채권을 부실채권으로 분류해 농협자산관리유동화회사로 넘겨버렸다.

채권최고액 전부를 받지는 못하였을 터이니, 연 17%에 이르는 연체이자 수익을 그대로 방계회사인 유동화회사로 넘겨줘 버린 것이다.

이 단위농협은 BIS비율을 맞추려고 그랬다며 항변할 것이겠지만, 실제 매월 1,000만원에 이르는 연체이자 수입을 포기함으로써 단위농협의 조합원들에게는 막대한 피해를 입히는 결과를 야기한 것이다.

결과적으로 단위농협과 유동화회사가 통모한 혐의 혹은 조합원들에 대한 배임 혐의가 짙다고 하지 않을 수 없다.

6. NPL 채권의 양도

1) 일반인과 거리가 먼 채권의 1차 양도

2013년에는 우리나라 전체로 35조 8,000억원의 NPL이 매각되었고, 이 중에 1금융권인 은행이 25조 8,000억원의 NPL을 팔았다.

그런데 이 NPL은 개인이 직접 매입할 수 없다. 개인은 이를 매입할 자금력을 가질 수도 없으며, 결국 NPL을 매입하게 되는 당사자는 유암코(UAMCO) 등 자산관리회사 내지는 이들로부터 물건을 공급받는 유동화회사들이다.

최소한 금융권에서 매각되는 NPL은 한 번에 1,000억원 대 이상으로 입찰에 부쳐지므로 개인이 이를 매입한다는 것은 거의 불가능하다. 마치 총판 자격도 없는 개인이 공장도 가격으로 물건을 산다는 것이 불가능한 이치와도 같다.

따라서 일반인은 NPL의 직접 매입이 불가능하고, 자산관리회사에서 유동화회사로 NPL이 옮겨진 이후 소매가격으로 사들이는 것이 가능할 뿐이다.

정리해 보면, 은행 등 제1금융권에서 매각하는 부실채권을 일반인이 매입하는 것은 불가능하다. 그리고 제2금융권인 신협이나 단위농협, 저축은행 등에서 매각하는 부실채권은 매입이 가능할 수도 있으나 현실은 그렇지 않다. 요즘 농협은 농협자산관리회사로, 저축은행도 자신들이 만든 자산관리회사를 통하여 부실채권을 매각하고 있는 방향으로 움직이고 있기 때문다.

부실채권의 매입 및 회수를 전문으로 하는 자산관리회사(AMC) 역시 대부업법의 규정에 따라 대부업체로 등록할 의무가 있으며, 이 같은 의무를 어길 경우 해당 업자는 동법 제19조 ①항에 따라 5년 이하의 징역 또는 5,000만원 이하의 벌금형에 처해 진다.

한때 저축은행들이 대부업체에 부실채권을 매각한다고 시끄러운 적이 있었는다. 부실채권을 매각한 업체도 이 같은 규정 때문에 어쩔 수 없이 '대부업체'로 등록돼 있을 뿐, 실제로는 자산관리회사라는 것이 저축은행의 설명이다.

저축은행이 만든 자산관리회사 외에 다른 업체들은 저축은행의 부실채권을 매입하려 하지 않는다는 것도 참고로 삼아야 한다.

상호저축은행업 감독규정 제22조의4는 저축은행 대출채권 매도거래 상대방으로 (주)KRNC(구. 정리금융공사) CAMCO, UAMCO(연합자산관리주식회사) 등 다른 법률에 의해 저축은행 매입이 금지되지 않은 법인 등을 대출채권 매도거래 상대방으로 규정하고 있다.

부실채권의 매각에 대하여서는 저축은행들은 홈페이지 공고를 통한 완전공개 매각 방식을 취하고 있다. 그러나 KRNC나 CAMCO는 관심을 보이지 않았고, 시중은행들의 연합체인 UAMCO가 저축은행의 채권을 인수하려 할리는 만무하므로 자산관리회사에게 매각할 수밖에 없었던 것이다.

따라서 저축은행까지 채권을 자산관리회사에 팔아 버린다면 일반인들이 1차 NPL을 매입할 수 있는 시장이 없어진다는 사실에 관심을 가질 필요가 있다.

2) 이제는 값싸게 쏟아져 나오는 NPL은 없다.

'채권을 30%에 매입하여 50%에 팔아넘기고...'

이런 소리를 하는 것은 '아! 옛날이여!'하고 노래를 부르는 것과 똑같다.

우리들이 확실히 기억해 둘 점이 있다. 우리가 겪은 IMF 이후 대출의 책임이 은행에서 대출을 실행하는 문서에 도장을 찍은 사람으로 변했다는 사실이다.

일반 국민에게 대출의 문은 활짝 열렸지만 대출의 부실에 대하여서는 대출을 해줄 때 대출문서의 결재란에 도장을 찍은 순서대로 책임을 져야 하므로 대출 자체에 부실이 있을 수 없는 것이다.

대출이 건전하게 이루어졌다면 부실대출이 될 이유가 있을 수 없으므로, 정상적인 대출에 대하여서는 NPL시장에 나올 수가 없다.

그러므로 은행에서 NPL로 나가는 것은 단순히 BIS비율을 맞추기 위한 것과, 기업대출에 관련된 부동산에 한정된다고 보는 것이 옳다.

3) NPL을 취급하는 자산관리회사도 전혀 손해를 보려고 하지 않는다.

NPL을 총판에서 사들여서 도매상 노릇을 하는 자산관리회사들은 행여 NPL을 취급하여 손해가 나는 경우가 있을까?

답은 '전혀 없다.'이다. 아니, 손해가 있을 수가 없다.

유동화라고 이름을 붙인 자산관리회사가 어떤 사람들이 운영하는 곳인데 NPL을 가지고 손해를 본다는 말인가!

유입하여 자신들의 물건을 만들어서 다시 가공하여 내다 팔면 팔았지 절대로 손해를 보는 경우는 상상조차도 할 수 없다.

이 정도로 얘기가 무르익으면 일반인들은 흔히 얘기하다시피 'NPL을 싸게 사서 제값을 받고 팔면 돈이 되겠다'는 허튼 꿈에서 깨어나지 않을까?

여하튼 NPL을 추종하는 분들이 생각하는 그런 물건들은 이미 이 세상의 물건들은 아니고 전설 속에 있는 물건들에 불과하다. 또 다시 이런 물건들을 만나는 방법은 국가부도 사태가 도래하여 악몽처럼 IMF의 관리를 받게 될 때 외에는 가능성이 전혀 없다.

그렇다면 처음부터 포기하든지, 아니면 만만한 NPL물건을 찾는 방법을 연구해야만 할 것이다.

7. 채권의 양도방식과 투자수익의 구조

채권의 양도방식에는 채무인수방식과 채권을 완전히 매수하여 등기상 근저당권자 명의가 채권 매입자 명의로 바뀌는 론세일(Loan Sale) 방식이 있다. 론세일 방식도 채권액 전부를 양도하는 방식과 일부 채권을 양도하는 방식, 그리고 사후정산 양도 방식 등이 있다. 여기서는 일반적으로 일반인들이 가장 즐겨 활용하고 있는 채권전부양도방식 론세일에 대해서만 언급하고자 한다.

해당 금융기관과 경매낙찰가까지 합의해야 하는 채무인수방식인 Free Sale에 대하여서는 일반적으로 해당이 없으므로 아예 생략하고, 이 책에서는 일반인들이 쉽게 이해하고 도움이 될 만한 부분만 다루었다.

그리고 금융기관이 대출채권 양도 시 매각 전후 14영업일 이내에 1회 이상 통지하고, 통지서 상 연체이자·금리·경매비용 등 채무 상세내역과 소멸시효 완성 여부를 명시하도록 했다. 기존에 금융회사는 대출채권 매각 시 채무자에게 채권 양·수도계약 완료 후 1~2회 내용증명을 우편으로 보내는 것으로 그쳤었다.

일반인의 입장에서는 부실채권으로 분류된 NPL부동산에 경매까지 동시에 진행될 때에 투자 기회가 많이 생긴다.

실제 대출금 10억원에 채권 최고액이 13억원인 아파트로, 감정평가금액과 실제 매물의 시세가 14억원인 아파트가 한 번 유찰돼 최저 응찰 가격이 11억 2,000만원까지 떨어진 경우를 살펴보자.

일반인이 11억 5,000만원의 매입가로 자산관리회사로부터 13억원의 근저당권을 사들이게 된다면, 두 가지의 수익구조가 생길 수 있다.

보편적인 방법으로는 13억원에 직접 아파트 입찰에 참가하는 경우인데, 이 때 최고가매수신고인이 된다면 11억 5,000만원을 주고 14억원 가치의 아파트를 매입했으니 2억 5,000만원의 투자수익이 생긴다.

그런데 다른 사람이 13억 5,000만원에 최고가매수신고인이 되었다면 11억 5,000만원을 들여서 매입한 근저당권으로 13억원을 배당받게 되므로 1억 5,000만원의 수익이 생기는 것이다.

요즘처럼 아파트의 낙찰가가 높은 때에 굳이 경매에 참여해서 낙찰을 받느니, 나중에 배당수익을 노리자는 생각으로 그냥 두었는데 역시 13억원에 낙찰이 되었다면 1억 5,000만원의 수익이 생기는 것이다.

물론 이 아파트의 낙찰가가 11억 5,000만원이하로 떨어지는 경우에는 손해를 피할 수 없게 된다.

다시 말해 요즘(2016년 상반기 기준)처럼 아파트의 평균 낙찰가가 95%가 넘는 시대에는 별 문제가 없지만, 낙찰가가 떨어진 경우라면 얼마든지 손실이 발생할 우려가 있으므로 조심해야 한다.

그러므로 NPL을 매입하기 전에 그 물건에 대하여 부동산적인 측면에서 철저한 기초조사가 이루어져야 한다. 그리하여 부동산을 매각할 수 있는 가격과 대체적인 낙찰가 등에 대해 충분히 파악한 후, 근저당권을 매입하는 계약을 체결해야 실패확률을 줄일 수 있다.

그러나 여기도 함정은 있다.

아파트를 매입하여 2억여 원의 투자수익이 생기든지, 배당으로 1억 5,000만원을 벌던지, 한 가지 전제되는 조건이 있어야 한다.

우선 사건 부동산에 당해세와 임금채권이 없어야 한다.

나의 경험을 돌이켜볼 때 떠오르는 사례가 있다.

모두 85억원을 주고 근저당권을 매입하는 계약을 체결하고 나서 경매기록을 살피던 중, 세무서의 교부청구를 통해 당해세가 5억 5,000만원이 숨겨져 있음을 알게 되었다. 채권을 매각한 근저당권자가 당해세가 존재한다는 사실을 미리 알려야 할 의무가 있음에도 불구하고 알리지 않은 것이다.

당해세는 경매목적부동산 자체에 부과된 조세와 가산금이다.

즉, 당해 재산을 소유하고 있다는 사실 자체에 담세력을 인정하여 부과하는 국세·지방세 및 그 가산금이 당해세이다. 이 당해세는 제3순위로 배당이 된다. 하지만 1,2순위는 집행비용과 임금채권 그리고 소액임차인우선변제금이니, 실제로는 당해세가 가장 우선순위로 배당을 받는 것이다.

국세기본법의 규정에 의한 당해세는 상속세·증여세·종합부동산세를 말하고, 지방세법의 규정에 의한 당해세는 재산세·종합토지세·도시계획세·공동시설세 등이 포함된다.

세금 중에서 당해세는 어떤 근저당권설정 보다 앞서는 것이므로, 근저당권을 매입하였다고 해도 당해세 보다 우선하여 배당을 받을 수는 없다. 만약 부동산의 소유자에게 미납된 당해세가 있다면 그 금액만큼은 배당과정에서 손실이 발생하는 것으로 판단해야 한다.

근로자의 임금채권도 임대차보호법상 우선변제 받는 채권액과 함께 중요하다. 근로기준법상 임금채권 등 최종 3개월분의 임금 및 최종 3년분의 퇴직금도 우선변제 받을 수 있다. 이러한 경우 대항력 있는 임차인이 있으면 우선 변제되는 금액을 배당하면 인수해야 할 금액이 커져 문제가 될 수 있으니, 임금채권을 신고한 경우가 있는지 주의해야 한다.

따라서 임금채권과 임대차보호법상 우선변제 받는 채권액은 전부 1순위로 배당받는 금액이며, 만일 NPL로 배당을 받는다 해도 이런 채권들이 만족을 취한 후에야 남는 금액으로 배당을 받을 수 있는 것이다.

요즘 시중에 NPL이 무엇인지를 설명하는 서적들이 아주 많이 출간되어 있다. 또 나름대로 NPL을 가르치는 학원도 우후죽순처럼 생기고 있어서 NPL투자를 하면 상당한 수익이 있을 것을 기대하는 심리로 학원을 찾는 발걸음도 부쩍 늘어나고 있는 것으로 보인다. 주변에서도 NPL을 배운다고 학원에 다니는 사람들도 제법 있다.

NPL투자에 대하여서는 머리가 별로 좋지 않은 사람도 설명을 듣고서 곰곰이 판단하여도 일리가 있는 이론이고, 손해가 발생할 염려가 전혀 없이 아주 안전한 투자로 인식될 수 있는 제도라고 할 수는 있다.

그러나 모든 투자가 마찬가지지만, NPL 투자도 역시 전문성이 필요하다.

그런데 NPL투자는 다른 투자와는 달리 부동산 경매에 대한 전문적인 지식은 물론이고, 근저당권과 부동산경매 배당에 관련된 전문적인 지식에다 추가로 근저당권에 대하여 질권을 설정하고 대출을 받는 지식까지도 필요하다. 이런 점에 대하여 제대로 알지 못하고 그냥 NPL투자만 하면 돈이 된다는 인식만으로는 매우 비싼 수업료를 지불해야 할지도 모른다.

논리적으로 그럴듯해 보이는 NPL투자를 해서 돈을 벌었다는 소식을 주변에서 들을 수 없으니, 이 점이 무척 안타까운 일이 아닐 수 없다.

그런데 환상을 갖고 강의를 쫓아다니는 사람들과 대화를 해 보면, 대부분의 경우 부동산경매에 대하여서는 알지 못하면서 NPL만 제대로 이해하면 돈이 벌어지는 것으로 착각을 하고 있음을 느끼게 된다.

제도가 제 아무리 좋고 훌륭하다고 해도, 이 제도를 잘 알고 이해하고 활용할 수 있어야 성과를 나타낼 수 있는 법이다. 그 제도를 아는 것이 귀찮다고 생각하거나 공부하고 알기를 원하지 않는다면, 활용할 방법이 없을 것이고 아무런 성과를 거두지 못하게 될 것은 당연한 일이다.

8. 투자의 원칙을 중시하자.

주변에서 NPL로 돈을 벌기는커녕 좋지 못한 소리만 자주 들리게 되어 오히려 심경이 복잡해지기까지 한다.

주식투자를 해서 돈을 벌려고 한다면 주식에 대하여서 잘 알아야 한다. 선물투자를 해서 돈을 벌려고 한다면 어느 물질을 막론하고 그 물질의 용도, 생산되는 국가 1년간의 생산량, 주로 소비하는 국가, 물질의 과학적인 특성, 실제 사용하는 부분에서의 물질의 특성, 향후의 생산과 소비성향 등을 자세하게 알아야 성공하는 법이다. 이런 기본적인 지식도 없이 돈에 대한 욕심으로만 투자를 한다면 돈을 벌 수 있는 사람은 거의 없다.

나도 주변에서 말도 안 되는 욕심으로 손해를 보고 빚까지 짊어져서 헤어 나오지 못하는 사람들을 심심치 않게 봐 왔다.

자신이 알지 못하는 일에 투자를 하려면 두 가지 방법 중에 한 가지를 선택해야 한다.

가장 좋은 방법은 더 말할 것도 없이 자신이 잘 배워서 투자를 하는 것이고, 차선책으로 잘 아는 사람에게 투자를 해달라고 부탁하는 것이다.

그런데 차선책은 그 부분에 대하여 잘 아는 사람의 도덕성이 문제가 된다.

대부분의 사람들은 자기 손에 들어온 돈은 전부 자기의 것으로 착각을 하게 된다. 자신이 투자한 돈은 당연히 자신의 것이고, 남이 투자해 달라고 맡긴 돈도 자신의 돈으로 착각을 하는 것이다.

나는 NPL학원을 하는 분들이 과연 NPL투자의 고수인가라는 점에 대하여는 부정적인 견해를 가지고 있다.

내가 그 분들이 절대 NPL투자의 고수가 아닐 것이라고 판단하는 기준은, 그 분들이 NPL투자를 하기에도 바쁠 터인데 어떻게 후학을 육성하는 일에 그렇게 전념할 수 있을까? 하는 의문을 버릴 수 없기 때문이다.

부산에서도 '한국 부동산 채권 거래소' 라는 간판을 크게 걸어놓고 사기를 친 사례가 있었다. 서울에서 NPL투자의 귀재라는 박모씨를 불러다가 NPL강의를 한답시고 사람들을 모아놓고는, 막상 NPL에 대한 강의를 하지도 않고 아무런 관련이 없는 엉뚱한 아파트 건축현장에 투자하라고 현혹했다. 여기에 속은 수강생들이 10억원이 넘는 돈을 투자했다가 고스란히 떼여서 형사고소를 하는 모습을 보고 딱해서 도와주기도 했다.

나중에 확인해 보니 건축이 중단된 아파트의 현장과 자칭 NPL강사와는 아무런 상관이 없는 순도 100%의 사기였다.

NPL 관련서적은 물론이고, 강의하는 학원도 수요자인 여러분들이 직접 점검을 해봐야 한다. 과연 그 책을 읽고 그 강의를 듣는다면 기대한 투자수익을 올릴 수 있을까?

나는 지난 한 해 동안 24억원에서 80억원에 이르는 3건의 NPL물건과 치열한 씨름을 벌였다.

그 덕분에 1년 전에 탈고하기로 한 책의 원고를 아직도 붙들고 있는 것이고, 여러 제자들과 지인들의 지속적인 강의요청을 지금도 받아들이지 못하고 있다. 한 마디로 NPL로 돈을 벌기에 바빠서 저작활동이나 강의는 하고 싶어도 시간을 도무지 낼 수가 없었다.

그런데 가만히 앉아서 NPL강의를 하는 사람들은 바쁘지도 않은가?

그 바쁜 가운데 가까스로 틈을 내어서 후학들을 위하여 헌신하고 계시는 것인가?

부동산경매를 가르치다보면 투자를 안 해본 사람들의 경우 용어나 이론이 무척이나 낯이 설어서 더욱 이해가 안 되고, 더 배우기가 힘이 든 경우를 수없이 봐왔다. 나아가 NPL투자는 기본적으로 부동산경매를 완전히 마스터해야 할 수 있으므로 우선 경매부터 제대로 공부해야 한다.

부동산경매를 모른다면 NPL에 대해서는 더욱 이해하기도 진행하기도 어렵다.

반면에 부동산경매를 잘 알고 있다면 NPL투자를 위해 특별히 더 공부를 해야 할 것이 없게 마련이다.

그렇다면 NPL투자를 잘하고 제대로 하려면 무엇을 공부해야 할런지 답이 나오지 않는가?

NPL 투자물건을 찾으려면

흔히 NPL학원 등에서는 NPL투자물건을 찾으려면, 먼저 경매정보지에서 NPL 부분을 찾아서 물건을 골라야 한다고 가르친다. 그리고 수강생들도 의례 그러려니 하고 배운다.

그 결과 제대로 된 NPL투자 한 번 못해보고 NPL투자와 작별을 고한 사람들이 1~2명이 아니고 1~2백 명도 아니며, 자그마치 1~2천 명도 넘는다는 사실에 대하여 이론을 제기할 사람은 거의 없을 것이다.

다시 말하지만 공개된 NPL물건 중에서 여러분들이 아무리 잘 골라도 먹을 만한 밥상은 절대로 차려지지 않는다.

만약 여러분들에게 NPL을 가르치는 강사가 부실채권은 근저당권설정 채권최고액의 30%를 주고 근저당권을 사서 어쩌고저쩌고 하는 사람이 있다면, 단언컨대 그곳에서 100년을 공부해도 시간 낭비하는 법 이외에는 배울 것이 없다고 봐야한다.

세상이 어떤 세상인데 근저당권을 싸게 살 수가 있다는 말인가?

30%에 근저당권을 매각한다면 그 금융기관은 바보들만 모인 곳일 테고, 또한 부실에 대한 책임은 대체 누가 진다는 말인가?

이런 점들을 생각한다면 요즘에도 18년 전의 소리를 하는 사람들은 참으로 이상한 사람들이라고 해야 할 것이다. 게다가 NPL입찰 현장에는 경쟁이 얼마나 심한가?

치열한 경쟁 끝에 NPL물건을 1,000억원어치 매입했다고 치자.

도매상에서는 소매상들 돈을 벌어주기 위해 물건을 살까, 아니면 도매상인 자기 자신이 돈을 벌기 위해 물건을 샀을까 하는 점을 생각해 보라. 먼저 도매상이 돈을 벌고 남는 것이 있어야 소매상으로도 약간의 떡고물이 떨어질 수 있다는 점을 간과해서는 안 된다.

이런 세상에서 경매정보지에 굴러다니는 몇 건의 NPL물건을 바라보고 거기서 물건을 고르라고 한다면, 할 말이 없고 될 일이 없다는 결론에 이르게 된다. 그저 쓴 웃음만 나올 뿐이다.

이렇게 소위 굴러다니는 NPL물건은, 첫째 감정가격이 수백억원이 되는 고가 상품으로 일반인이 손댈 수 없는 물건이고, 둘째 유치권 법정지상권에 지분경매까지 합하여 해결전망이 보이지 않는 물건이며, 셋째 부동산적인 측면에서 가치를 찾아보기 힘든 물건에 국한된다는 사실을 인정해야만 할 것이다. 제발 그렇지 않길 바라겠지만!

아담한 아파트 한 채 골라서 사려고 NPL투자를 했다가는, 좋은 세월 다 보내고 당신의 선택에 대하여 후회할 수밖에 없는 시간을 갖게 된다.

1. 경매물건 전체로 시야를 돌려보라.

1) 제1순위 근저당권 가액으로 추락하는 경매물건을 찾아라.

투자할만한 NPL물건도 찾지 못하였는데, 무슨 수로 NPL투자를 해서 돈을 벌 수 있을까?

독자 여러분들이 NPL로 투자할 물건을 찾으려면 경매정보지에 실린 NPL물건은 빨리 머리에서 지워버려야 한다.

그리고 경매물건 전체 중에서 제1순위 근저당권자가 손해를 볼 가능성이 도사리고 있는, 약간은 위험한 문턱에 다다른 물건을 찾아야 한다.

제1순위 채권자라고 넋을 놓고 있다가 자신이 근저당권설정을 해서 직접 경매신청을 한 물건이 두 번 정도 유찰되어 근저당권설정의 채권최고액을 위협 받는 경우라면, 마음이 결코 편하지 못할 것이다.

가령 1억 3,000만원의 채권최고액으로 근저당권이 설정된 물건이 있는데, 경매감정평가액이 2억원이 나와서 채권자는 마음을 놓고 있는 사이에 두 번 유찰되어 최저매각가격이 1억 2,400만원으로 저감되어 떨어졌다고 치자. 그러면 이 사건의 채권자는 마음이 엄청나게 불편할 것이다.

만약 원리금 이하로 떨어진 가격에 낙찰이 된다면 책임문제가 따를 것이므로 더욱 좌불안석이 될 것이다.

이 경우 대출 원금은 1억원일 것이고, 2회 유찰이 되었다면 대부분 채무자가 연체를 시작한지 1년 정도가 되는 시점일 것이다.(이런 계산은 경매를 어느 정도 알고 있다면 누구나 할 수 있는 계산이다. 가령 3개월 연체되어서 경매를 신청했고 채권자가 경매를 신청하더라도, 배당요구신청의 종기를 거쳐서 첫 경매기일까지 약 6~7개월 정도가 소요될 것이다.

거기다가 2회 유찰되었다면 이 모든 과정을 합해서 연체일로부터 1년이 지났다는 계산이 된다.)

이 금융기관의 연체이자이율이 15%라면 근저당권설정 채권최고액은 1억 3,000만원이지만 현재까지 발생한 채권은 약 1억 1,500만원이 될 것이다.

이런 경우 1억 1,000만원으로 채권의 매입이 가능하다. 그 이유는 연체이자가 아니라 기한의 이익이 살아있는 경우의 이자는 4~5%에 불과하여 연체를 배제한 실제의 채권은 1억 4~500만원 정도가 되는 것이므로, 1억1,000만원에 매각해도 실제로는 손해가 아닌 것이다. 따라서 채권자의 직원들이 더 이상 마음 조리고 경매의 결과를 바라볼 필요도 없으니, 구태여 근저당권 매각을 반대할 이유는 없는 것이다.

만약 이런 물건의 근저당권을 1억 1,000만원에 매입하였는데, 경매에서 낙찰가격이 1억 3,000만원이 넘었다고 하자. 그러면 이 사건의 근저당권 매입으로 인한 그 차액인 2,000만원을 양도소득세도 내지 않고 벌어들이게 되는 것이다.

특별히 내집마련을 목표로 NPL을 배운 경우에 이 집을 1억 5,000만원에 낙찰받았고 실제 집값이 1억 7,000만원 정도라면, NPL을 매입하여 2,000만원을 벌었고 경매에서 저감됨으로써 2,000만원을 더 벌어서 시가 2억원이 안 되는 집을 4,000만원이나 싸게 마련한 결과에 이르게 된 것으로 자랑할 만한 수확이 된다.

그런데 이런 물건의 근저당권은 아무 은행에서나 살 수 있는 것은 아니다.

제1금융권의 은행은 자신들이 만든 유암코(UAMCO) 등 자산관리회사에 매각할 것이고, 단위농협도 농협자산관리공사로 우선 매각하기 때문에 일반인의 매입이 쉽지는 않을 것이다. 그에 비해 신협, 새마을금고, 저축은행의 채권은 상대적으로 매입하기가 수월할 것이다.

물론 이 경우에도 물건 앞에서 배당을 먹어치울 가능성이 있는 당해세, 근로기준법에 의한 임금채권, 그리고 주택임대차보호법의 우선변제금 등을 당연히 확인해야만 한다.

그러나 실제로는 이런 물건들도 그다지 많은 것은 아니다.

여기서 나는 단지 예를 들어서 방법을 가르칠 뿐이다.

NPL매각물건으로 등재된 숫자는 비록 얼마 되지 않지만 막상 부동산경매를 하다보면 NPL로 연계될 수 있는 물건은 상당히 많다는 것을 알게 된다.

얼마나 요령 있게 채권자들에게 접근하며 어떤 논리로 채권자를 설득할 것이지 하는 점은, 바로 당신 스스로 짊어질 몫으로 논리적으로 가르치거나 설명하기가 어려운 부분이다.

나의 경우는 반드시 응찰하기 전에 채권자를 만나서 채권매입에 대하여 권고를 해 보고 응찰여부를 결정하는 편이다. 만약 근저당권을 매입하게 되면 근저당권 매입액에 대하여 80%에 이르는 근저당권의 질권대출이 대부분의 경우 가능하므로, 실제 20%만 부담하여 근저당권을 매입하게 된다.

따라서 경매투자보다 자금의 부담에서 자유스럽다는 이점도 있다.

2) 경매예정물건들 중에서 NPL 물건을 찾아서 추적하기 시작하라.

지금은 모든 법원에서 경매사건이 접수 후 1주일 이내에 어떤 부동산의 경매가 진행되는지 열람이 가능하다.

법원 별로 봐도 현재 경매가 진행 중인 것보다 몇 배 더 많은 사건이 경매를 진행하려고 대기하고 있다. 따라서 NPL투자로 성공하려면 이런 물건들을 뒤져서 본인이 투자하기에 좋은 물건을 찾아내야 한다.

하지만 이런 작업에는 돈과 시간이 많이 소요되는 단점이 분명히 있다.

일반적으로 현재 경매가 진행되고 있는 물건은 유료정보 혹은 무료정보로도 충분한 정보를 얻을 수 있지만, 경매예정물건은 주소밖에는 나오지 않으므로 주소를 보고 등기부를 발급 받아서 토지의 용도, 건물과 토지의 면적, 경매에 관한 정보 등을 등기부에서 일차적으로 얻어야 한다.

예를 들어 근저당권설정액을 등기부로 보면 경매를 신청한 액수를 알 수 있을 것이고, 등기부 전체를 통해 채무자의 재정상태까지 대부분 알 수 있게 된다.

여기서 주의할 점은 채무가 얼마 되지 않는 부동산을 쫓아다녀서는 안 된다는 점이다.

사람은 누구나 마찬가지로 부동산 가격에 비해 적은 빚으로 인해 경매가 나오게 되면, 당연히 무슨 수단과 방법을 강구해서라도 빚을 갚고 경매에서 해방되기 위하여 온갖 몸부림을 치게 된다.

만약 당신이 5억원에 이르는 아파트를 소유하고 있는데 1억원의 빚으로 경매가 진행되면, 다른 곳에서 빚을 내든지 아니면 집을 급매로 팔아서라도 경매를 당하지 않으려고 온갖 노력을 다할 것이다.

NPL에 투자한답시고 부동산의 가격에 비하여 아주 적은 금액의 1순위 채권을 NPL로 매입한다고 해도, 채무자가 다른 곳에서 빚을 내어 근저당권을 말소해 버리면 아무 소용없게 된다.

이런 경우는 채권자도 구태여 근저당권을 싸게 팔 이유가 없으므로, 근저당권의 차익도 당연히 얻을 수 없을 것이다.

헛농사를 지으면 시간만 속절없이 지나가고, 투자한 열정에 비하여 배우는 것도 매우 적음으로 인해 처음의 열정까지도 시들하게 된다.

그 다음으로 꼭 알아야 할 부분이 있다. 채권자를 찾아가서 궁금한 것을 물어보고 알아보는 것이다. 그러면 부족한 부분이 채워질 것이고, 현장을 답사하면 부동산의 가치 또한 알 수 있을 것이다. 그리고 실제 가치가 파악된다면 언제 어떻게 접근하여 NPL투자를 할 수 있을지 구체적인 계획이 생길 것이다.

만약 현장을 답사하였다면, 그 부동산에 대하여 자신이 평가한 액수를 반드시 체크해 두기 바란다. 후일 이 물건의 매각기일공고가 나오게 되면 자신이 평가한 금액과 감정평가사가 감정하여 평가한 금액을 비교해 보라. 그러면 의미있는 차이를 알 수 있을 것이다.

이런 과정이 계속 쌓인다면 당신의 부동산에 대한 평가능력도 몰라보게 향상될 것이다. 만약 평가능력이 자라게 된다면 부동산에 관한 예측능력까지 생기게 된다. 그리고 부동산에 관한 예측능력을 갖게 된다면, 당신의 미래는 먹고 살기에 전혀 지장이 없는 인생이 되기에 충분할 것이다.

03

경매를 정확하게 배워야
NPL도 손해 없이 투자할 수 있다.

1. 부동산경매를 알아야 NPL투자를 할 수 있다고 느낀 사람들

지금처럼 NPL투자 열풍이 불기 전에 저축은행의 근저당권만 사들여서 NPL투자를 아주 재미있게 하던 회사가 있었다.

직원이 10명 정도에 이르는 회사였는데, 회사의 사장은 30대 후반의 여성이었다.

NPL투자하는 것을 자세히 보면 저축은행에서 100억원짜리 근저당권을 사오면서 다른 저축은행에서 근저당권에 대한 질권설정을 하고 90%의 대출을 받는다. 이 회사의 사장이 바라는 것은 연체이자 수익이었다.

자신은 저축은행에 9%의 이자를 주고 돈을 빌려와서 채무자에게 연체이자로 20%씩 이자를 받는 것이다.

말하자면 연 이자 9억원을 주고 연체이자 20억원을 받으니, 그 차액만 매월 9,000만원에 이르는 것이다.

그러다가 연체이자가 잘 나오지 않으면 그때 가서 근저당권실행을 위한 경매를 신청하고, 좋은 물건인 경우에는 자신이 경락을 받아서 매입을 하는 방법을 썼다. 어떤 경우 채무자 회사가 사업이 기울어서 연체이자를 잘 내지 못하자 경매신청을 했고, 직접 낙찰을 받아서 이 토지 위에 아파트 분양을 하는 사례도 있었다.

이렇게 돈이 되는 NPL을 하려니까 당연히 부동산경매를 제대로 배워야겠다는 생각으로 남자직원들을 전부 데리고 와서 6개월 정도씩 경매강의를 이수하도록 했고, 사장 자신도 같이 2년 동안 공부를 하기도 했다. 그리고 지금까지도 열심히 왕래를 하고 모르는 것이 있으면 묻곤 한다.

이 회사 사장은 나에게 와서 공부를 하면서 특별히 유치권과 법정지상권에 대하여 관심을 가졌다. 이 부분에서 올린 성과 등으로 강남역 앞에 노른자위 땅을 매입하였고, 아마도 최소한 100억원 대의 자산가가 되었다.

그러나 부동산의 미래예측에는 어두워서 안성에 골프장을 두 곳이나 개설하였다가 회원권 분양이 안되었고, 골프장 담보대출의 부실화로 저축은행과의 문제가 생기는 통에 활동을 거의 하지 않다가 최근에야 다시 활동을 시작하고 있다.

당시 이 회사에서 NPL을 담당하였던 직원은 회사가 시키는 대로 NPL투자는 했지만, 실제로는 NPL에 대하여 잘 알지 못했었다. 그런데 요즘 NPL강사의 이름으로 NPL광고나 사람들의 입에 회자되는 것을 보게 된다.

나는 이런 사람들에게서 무한한 가능성을 읽는다.

일을 하면서 어떻게 해서든지 옳은 방향을 찾아서 배우고 옳고 바른길로 가려고 노력하면, 실패를 딛고 충분히 성공할 수 있을 것이다.

여러분들이 부동산경매라는 기초가 없이 NPL 투자를 시작한다면, 머지않아 부동산경매에 대한 지식이 아쉽게 될 것이다.

만약 부동산경매의 지식을 모름으로 인하여 이미 막대한 손해를 입었다면 정말로 비싼 수업료를 내고 배운 것이고, 미리 부동산경매를 배우고 NPL 투자에 접목하였다면 참으로 현명하고 운이 좋은 사람이라고 할 것이다.

부동산경매를 제대로 배우는 것도 요즘에는 시간만 투자하면 된다.

어느 사이트에서든지 nuriacd.co.kr을 치고 들어가면, 기초반·중급반에서 고급반과정까지 수업료 한 푼도 들이지 않고 최소한 100시간의 정확한 경매강의를 인터넷이나 모바일로 들을 수 있다.

2. 스스로의 실력이 NPL 투자를 하기에 적합한지 알아보자.

1) NPL을 매입하여 경매를 신청하는 경우, 첫 경매에 나오기까지 걸리는 시간은?

2) 부동산경매에서 수회 유찰된 물건이 경매가 변경되었다가 다시 진행하면서 감정가인 첫 번째 경매가격으로 진행되는 이유는?

3) NPL을 매입하고 경매를 신청하여 경매가 진행 중인데 유치권을 신고한 자가 있는 경우의 대처방법은?

4) NPL을 매입할 때는 몰랐는데 상당한 금액의 당해세를 세무관서에서 교부청구한 경우에는 어떻게 해야 할까?

5) 경매를 신청하여 매각되고 배당 받을 때까지 소요되는 통상의 시간은?

6) 채무자 소유의 부동산경매에서 근로자들의 임금청구가 있는 경우, 내가 받을 배당금액과 연관관계는 어떨까?

7) 부동산경매에서 배당요구의 종기란 무엇인가?

8) 배당요구의 종기까지 배당요구신청을 하지 않은 소액임차인의 보호방법은?

9) 집행관의 현황조사보고서의 세 가지 구성은 무엇인가?

10) 부동산경매에서 매각기일의 변경을 신청할 권리가 있는 자는?

11) 확정일자를 받은 임차인과 전세권등기를 마친 세입자와의 우열관계는?

12) 나는 대체적인 배당표를 작성할 능력이 있는가?

부동산경매에 대하여 이 정도는 제대로 알아야 NPL투자를 제대로 할 수 있다고 판단된다. 부동산경매도 제대로, 정확하게 배워야 한다.

대법원에서 발간하여 법원직원들이 옥조로 여기는 〈법원의 실무제요〉 중 강제집행 2권 정도는 머릿속에 꿰고 있어야, 나름대로 정확하게 제대로 부동산경매를 배웠다고 할 수 있을 것이다.

NPL에 대한 중요 판례

대법원 2014.12.18. 선고 2011다50233 전원합의체 판결

[근저당권설정등기말소등]〈물상보증인과 채무자로부터의 제3취득자 사이의 변제자대위 사건〉

【판시사항】

물상보증인이 채무를 변제하거나 담보권의 실행으로 소유권을 잃은 경우, 채무자로부터 담보부동산을 취득한 제3자에 대하여 채권자를 대위할 수 있는 범위(=구상권의 범위 내에서 출재한 전액)
및 채무자로부터 담보부동산을 취득한 제3자가 채무를 변제하거나 담보권의 실행으로 소유권을 잃은 경우, 물상보증인에 대하여 채권자를 대위할 수 있는지 여부(소극)

【판결요지】

민법 제481조는 "변제할 정당한 이익이 있는 자는 변제로 당연히 채권자를 대위한다."라고 규정하고, 민법 제482조 제1항은 "전2조의 규정에 의하여 채권자를 대위한 자는 자기의 권리에 의하여 구상할 수 있는 범위에서 채권 및 그 담보에 관한 권리를 행사할 수 있다."라고 규정하며, 같은 조 제2항은 "전항의 권리행사는 다음 각 호의 규정에 의하여야 한다."라고 규정하고 있으나, 그중 물상보증인과 제3취득자 사이의 변제자대위에 관하여는 명확한 규정이 없다.

그런데 보증인과 제3취득자 사이의 변제자대위에 관하여 민법 제482조 제2항 제1호는 "보증인은 미리 전세권이나 저당권의 등기에 그 대위를 부기하지 아니하면 전세물이나 저당물에 권리를 취득한 제3자에 대하여 채권자를 대위하지 못한다."라고 규정하고, 같은 항 제2호는 "제3취득자는 보증인에 대하여 채권자를 대위하지 못한다."라고 규정하고 있다. 한편 민법 제370조, 제341조에 의하면 물상보증인이 채무를 변제하거나 담보권의 실행으로 소유권을 잃은 때에는 '보증채무'에 관한 규정에 의하여 채무자에 대한 구상권을 가지고, 민법 제482조 제2항 제5호에 따르면 물상보증인과 보증인 상호 간에는 그 인원수에 비례하여 채권자를 대위하게 되어 있을 뿐 이들 사이의 우열은 인정하고 있지 아니하다.

위와 같은 규정 내용을 종합하여 보면, 물상보증인이 채무를 변제하거나 담보권의 실행으로 소유권을 잃은 때에는 보증채무를 이행한 보증인과 마찬가지로 채무자로부터 담보부동산을 취득한 제3자에 대하여 구상권의 범위 내에서 출재한 전액에 관하여 채권자를 대위할 수 있는 반면, 채무자로부터 담보부동산을 취득한 제3자는 채무를 변제하거나 담보권의 실행으로 소유권을 잃더라도 물상보증인에 대하여 채권자를 대위할 수 없다고 보아야 한다. 만일 물상보증인의 지위를 보증인과 다르게 보아서 물상보증인과 채무자로부터 담보부동산을 취득한 제3자 상호 간에는 각 부동산의 가액에 비례하여 채권자를 대위할 수 있다고 한다면, 본래 채무자에 대하여 출재한 전액에 관하여 대위할 수 있었던 물상보증인은 채무자가 담보부동산의 소유권을 제3자에게 이전하였다는 우연한 사정으로 이제는 각 부동산의 가액에 비례하여서만 대위하게 되는 반면, 당초 채무 전액에 대한 담보권의 부담을 각오하고 채무자로부터 담보부동산을 취득한 제3자는 그 범위에서 뜻하지 않은 이득을 얻게 되어 부당하다.

【참조조문】
민법 제341조, 제370조, 제481조, 제482조 제1항, 제2항 제1호, 제2호, 제5호

【참조판례】 대법원 1974. 12. 10. 선고 74다1419 판결(공1975, 8218)(변경)

【원고, 상고인】 원고 1 외 2인 (소송대리인 변호사 김선우)

【피고, 피상고인】 피고 (소송대리인 변호사 강문원)

【원심판결】 제주지법 2011. 5. 25. 선고 2010나2497 판결

【주 문】

상고를 모두 기각한다. 상고비용은 원고들이 부담한다.

【이 유】

상고이유를 판단한다.

1. 상고이유 제1점, 제2점에 관하여

원심은 원고들이 제출한 증거들만으로는 피고가 이 사건 대출금의 사실상 채무자라거나 소외인이 이 사건 대출금을 변제하였다고 인정하기에 부족하고, 피고가 물상보증인으로서 채무자인 소외인의 이 사건 대출금 채무를 대위변제하였다고 판단하였다.

관련 법리와 기록에 따라 살펴보면 이러한 원심의 판단은 정당하고, 거기에 논리와 경험의 법칙을 위반하여 자유심증주의의 한계를 벗어나거나 구상권 또는 변제자대위에 관한 법리를 오해한 위법이 없다.

2. 상고이유 제3점, 제4점에 관하여

민법 제481조는 "변제할 정당한 이익이 있는 자는 변제로 당연히 채권자를 대위한다."라고 규정하고, 민법 제482조 제1항은 "전2조의 규정에 의하여 채권자를 대위한 자는 자기의 권리에 의하여 구상할 수 있는 범위에서 채권 및 그 담보에 관한 권리를 행사할 수 있다."라고 규정하며, 같은 조 제2항은 "전항의 권리행사는 다음 각 호의 규정에 의하여야 한다."라고 규정하고 있으나, 그중 물상보증인과 제3취득자 사이의 변제자대위에 관하여는 명확한 규정이 없다.

그런데 보증인과 제3취득자 사이의 변제자대위에 관하여 민법 제482조 제2항 제1호는 "보증인은 미리 전세권이나 저당권의 등기에 그 대위를 부기하지 아니하면 전세물이나 저당물에 권리를 취득한 제3자에 대하여 채권자를 대위하지 못한다."라고 규정하고, 같은 항 제2호는 "제3취득자는 보증인에 대하여 채권자를 대위하지 못한다."라고 규정하고 있다. 한편 민법 제370조, 제341조에 의하면 물상보증인이 채무를 변제하거나 담보권의 실행으로 소유권을 잃은 때에는 '보증채무'에 관한 규정에 의하여 채무자에 대한 구상권을 가지고, 민법 제482조 제2항 제5호에 따르면 물상보증인과 보증인 상호 간에는 그 인원수에 비례하여 채권자를 대위하게 되어 있을 뿐 이들

사이의 우열은 인정하고 있지 아니하다. 위와 같은 규정 내용을 종합하여 보면, 물상보증인이 채무를 변제하거나 담보권의 실행으로 소유권을 잃은 때에는 보증채무를 이행한 보증인과 마찬가지로 채무자로부터 담보부동산을 취득한 제3자에 대하여 구상권의 범위 내에서 출재한 전액에 관하여 채권자를 대위할 수 있는 반면, 채무자로부터 담보부동산을 취득한 제3자는 채무를 변제하거나 담보권의 실행으로 소유권을 잃더라도 물상보증인에 대하여 채권자를 대위할 수 없다고 보아야 할 것이다. 만일 물상보증인의 지위를 보증인과 다르게 보아서 물상보증인과 채무자로부터 담보부동산을 취득한 제3자 상호 간에는 각 부동산의 가액에 비례하여 채권자를 대위할 수 있다고 한다면, 본래 채무자에 대하여 출재한 전액에 관하여 대위할 수 있었던 물상보증인은 채무자가 담보부동산의 소유권을 제3자에게 이전하였다는 우연한 사정으로 이제는 각 부동산의 가액에 비례하여서만 대위하게 되는 반면, 당초 채무 전액에 대한 담보권의 부담을 각오하고 채무자로부터 담보부동산을 취득한 제3자는 그 범위에서 뜻하지 않은 이득을 얻게 되어 부당하다.

이와 달리 담보부동산을 매수한 제3취득자는 물상보증인에 대하여 각 부동산의 가액에 비례하여 채권자를 대위할 수 있다고 한 대법원 1974. 12. 10. 선고 74다1419 판결은 이 판결의 견해에 배치되는 범위 내에서 이를 변경하기로 한다.

원심은 그 판시와 같은 이유로, 물상보증인인 피고가 채무자인 소외인의 이 사건 대출금 채무를 변제한 이상, 위 소외인으로부터 이 사건 근저당권이 설정되어 있는 이 사건 과수원 지분을 취득한 원고들에 대하여 피고가 출재한 전액의 범위에서 이 사건 근저당권을 대위행사할 수 있다고 판단하고, 원고들의 이 사건 근저당권설정등기말소 청구를 기각하였다.
앞서 본 법리와 기록에 의하여 살펴보면 원심의 이러한 판단은 정당하고, 거기에 구상권과 변제자대위에 관한 법리를 오해한 위법이 없다.

3. 결론

그러므로 상고를 모두 기각하고, 상고비용은 패소자가 부담하도록 하여, 관여 법관의 일치된 의견으로 주문과 같이 판결한다.

대법원장 양승태(재판장) 대법관 신영철 민일영 이인복 이상훈
김용덕 박보영 고영한 김창석 김신 김소영 조희대(주심) 권순일

대법원 2014.5.16. 선고 2013다202755 판결 [배당이의]

【판시사항】

수인이 시기를 달리하여 근저당권 피담보채무의 일부씩을 대위변제하여 피담보채무액을 모두 대위변제한 후 근저당권 일부이전의 부기등기를 각 경료한 경우, 근저당권 실행으로 인한 경매절차에서 배당방법 / 이때 종전의 근저당권자와 채무자의 약정에 따른 지연손해금도 대위변제자들이 안분 배당받을 금액에 포함되는지 여부(적극)

【참조조문】

민법 제278조, 제357조, 제481조, 제482조 제1항, 제483조 제1항

【참조판례】

대법원 2001. 1. 19. 선고 2000다37319 판결(공2001상, 511)
대법원 2011. 6. 10. 선고 2011다9013 판결(공2011하, 1385)

【전 문】

【원고(선정당사자), 상고인】 원고 (소송대리인 변호사 백영호)

【피고, 피상고인】 피고 1 외 1인

【원심판결】 창원지법 2013. 2. 14. 선고 2012나3757 판결

【주 문】

원심판결을 파기하고, 사건을 창원지방법원 합의부에 환송한다.

【이 유】

상고이유에 대하여 판단한다.

1. 원심은 구상권과 변제자대위권은 그 원본, 변제기, 이자, 지연손해금의 유무 등에서 내용이 다른 별개의 권리이므로, 대위변제자와 채무자 사이에 구상금에 관한 지연손해금 약정이 있더라도 이 약정은 구상금을 청구하는 경우에 적용될 뿐이고 변제자대위권을 행사하는 경우에는 적용될 수 없는데, 원고 및 선정자 2가 배당이의를 한 금액은 원고 등이 대위변제한 원금 122,739,735원에 대하여 원고 등과 채무자인 소외 1 사이의 약정에 따른 지연손해금일 뿐이고 원고 등이 변제자대위에 의하여 취득한 이 사건 대출과 관련된 근저당권자인 거제축

산업협동조합(이하 '거제축협'이라고 한다)의 채무자 소외 1에 대한 확정채권이 아니어서 이 사건 근저당권의 피담보채권이 될 수 없다고 보아, 원고 등의 배당액이 적어도 대위변제 원금에 거제축협의 연체이율인 17.6%의 비율에 의한 지연손해금을 가산한 금액을 기준으로 산정되어야 한다는 원고의 주장을 배척하였다.

2. 그러나 원심의 이러한 판단은 다음과 같은 이유로 수긍할 수 없다.

가. 채권의 일부에 대하여 대위변제가 있는 경우에 대위자는 민법 제483조 제1항에 따라 그 변제한 가액에 비례하여 종래 채권자가 가지고 있던 채권 및 담보에 관한 권리를 취득하고, 수인이 시기를 달리하여 근저당권 피담보채무의 일부씩을 대위변제하여 피담보채무액을 모두 대위변제한 후 근저당권 일부이전의 부기등기를 각 경료한 경우에 대위변제자들은 그 변제한 가액에 비례하여 근저당권 전체를 준공유하므로, 그들이 근저당권을 실행하여 배당받는 경우에는 구상채권액 범위 내에서 대위변제가 없었다면 종전의 근저당권자가 배당받을 수 있는 금액을 각 변제채권액에 비례하여 안분 배당받아야 하고, 종전의 근저당권자와 채무자 사이에 지연손해금 약정이 있었다면 이러한 약정에 기한 지연손해금 또한 근저당권의 피담보채권에 포함되어 종전의 근저당권자가 배당받을 수 있는 금액으로서 대위변제자들이 안분 배당받을 금액에 포함되어야 한다(대법원 2001. 1. 19. 선고 2000다37319 판결, 대법원 2011. 6. 10. 선고 2011다9013 판결 등 참조).

나. 원심판결 이유 및 기록에 의하면,
① 거제축협은 2004. 6. 18. 소외 1 등으로부터 이 사건 각 부동산에 관하여 채권최고액 3억 5,000만원의 근저당권을 설정 받고 소외 1에게 2억 5,000만원을 대출한 사실,
② 소외 1 등이 위 대출 원리금을 연체 중이던 2010. 2. 4. 거제축협에 선정자 원고는 122,739,736원(원금 105,761,250원 + 이자 15,654,783원 + 제비용 1,323,703원)을, 소외 2는 122,739,735원(원금 105,761,250원 + 이자 15,654,782원 + 제비용 1,323,703원)을 각 대위변제한 후 그 대위변제금액에 대하여 거제축협으로부터 각 근저당권일부이전등기를 마친 사실,
③ 피고 1은 2010. 2. 10. 거제축협에 이 사건 대출 원리금 중 나머지 15,641,124원을 대위변제하여 위 대출 원리금 전액을 변제한 후 그 대위변제금액에 대하여 거제축협으로부터 이 사건 각 부동산 중 일부에 대하여 근저당권일부이전등기를 마친 사실, ④ 선정자 원고,

소외 2, 피고 1이 위 대출 원리금을 대위변제할 당시 위 대출에 적용되던 거제축협의 연체 이율은 연 17.6%였던 사실,

⑤ 그 후 선정자 2는 소외 2가 소외 1에 대하여 가지는 위 대위변제로 인한 구상금채권을 양수하고 2011. 2. 8. 소외 2 명의의 위 근저당권에 관하여 이전등기를 마친 사실,

⑥ 이 사건 각 부동산에 관한 경매절차에서 경매법원은 실제 배당할 금액 322,925,783 원을 배당하면서, 1순위로 근저당권자인 원고 등과 피고 1에게 대위변제액인 각 122,739,735원과 15,641,124원을, 2순위로 소유자인 제1심 공동피고 2에게 잉여금으로 34,129,764원을, 교부권자인 피고 대한민국에게 1,590,320원을, 가압류권자인 피고 1에게 26,085,105원을 각 배당하는 내용으로 이 사건 배당표를 작성한 사실을 알 수 있다.

이러한 사실관계를 앞서 본 법리에 비추어 살펴보면, 원고 등과 피고 1의 대위변제가 없었 더라면 근저당권자인 거제축협이 배당기일에 배당받을 수 있었던 금액은 그들이 대위변제 한 합계 261,120,595원(122,739,736원 + 122,739,735원 + 15,641,124원)에다 대위변제한 대출 원금에 대하여 대위변제일인 2010. 2. 4. 또는 2010. 2. 10.부터 배당기일인 2011. 7. 6.까지 거제축협과 소외 1 사이의 약정에 따른 연 17.6%의 연체이율에 의한 지연손해 금을 합한 금액이 되므로, 대위변제자인 원고 등과 피고 1은 그 금액 중 그들이 대위변제한 부분이 차지하는 비율에 따라 후순위 채권자들보다 우선하여 안분 배당받을 수 있고, 따라 서 경매법원이 원고 등에게 1순위로 그들이 대위변제한 금액만을 배당하는 내용으로 배당 표를 작성한 것은 잘못이라고 할 것이다.

다. 그럼에도 원심은 이와 달리 근저당권자인 거제축협과 채무자인 소외 1 사이에 지연손해금 약정이 있었더라도 이러한 약정에 따른 지연손해금은 대위변제자들인 원고 등이 안분 배당 받을 금액에 포함될 수 없다고 보아, 경매법원이 작성한 이 사건 배당표가 정당하다고 판단 하였으니, 이러한 원심판결에는 변제자대위의 범위에 관한 법리를 오해하여 판결 결과에 영 향을 미친 잘못이 있다.

3. 그러므로 원심판결을 파기하고, 사건을 다시 심리·판단하도록 원심법원에 환송하기로 하여, 관여 대법관의 일치된 의견으로 주문과 같이 판결한다.

대법관   김신(재판장) 민일영 이인복(주심) 박보영

서울고등법원2007누4256. 2007년 08월 28일 선고

【제 목】
부실채권 담보부동산 경락대금에 포함된 이자에 대하여 과세할 수 있는지 여부

【요지】
부실채권매매를 업으로 하지 아니하는 개인이 민법상 채권양도의 방식으로 부실채권을 매수하였다가 매각함에 따라 발생한 처분이익은 과세 대상소득에 해당되지 아니함

【관련법령】 국세기본법 제14조(실질과세) 소득세법 제16조(이자소득)

주 문

1. 피고의 항소를 기각한다.
2. 항소비용은 피고가 부담한다.

청구취지 및 항소취지

1. 청구취지
피고가 2004. 12. 1. 원고에 대하여 한 2003년 귀속 종합소득세 43,178,110원의 부과처분을 취소한다.

2. 항소취지
제1심 판결을 취소한다. 원고의 청구를 기각한다.

이 유

이 법원의 판결이유는, 제1심 판결문의 기재와 같으므로, 행정소송법 제8조 제2항, 민사소송법 제420조 본문에 의하여 이를 그대로 인용한다.
그렇다면 이와 결론을 같이 한 제1심 판결은 정당하므로 피고의 항소는 이유 없어 이를 기각하기로 하여 주문과 같이 판결한다.

원심 : 서울행정법원 2006구합32702(2007.1.10)

주 문

1. 피고가 2004. 12. 1. 원고에 대하여 한 2003년 귀속 종합소득세 43,178,110원의 부과처분을 취소한다.
2. 소송비용은 피고가 부담한다.

청구취지

주문과 같다.

이 유

1. 처분의 경위

가. 원고는 2003. 10. 10. ○○시 ○○구 ○○동 ○○번지 전 263㎡(이하 '이 사건 토지'라 한다)에 관한 대구지방법원 98타경143112 부동산임의경매 사건에서 근저당권자로서 220,676,711원을 배당받았다.

나. 피고는 2004. 12. 1., 원고의 위 배당금 220,676,711원에서 배당표상 채권원금으로 기재된 9,000만원을 차감한 금액인 130.676.711원은 소득세법 제16조 제1항 제12호 소정의 비영업대금 이자소득에 해당하여 원고가 이에 대한 종합소득세 신고를 하여야 함에도 이를 누락하였다고 보아 원고에 대하여 2003년 귀속 종합소득세 43,178,110원을 결정, 고지하였다(이하 '이 사건 부과처분'이라 한다).
[인정근거] 다툼 없는 사실, 갑2호증의 1 내지 3, 을1호증의 1 내지 3의 각기재, 변론 전체의 취지

2. 이 사건 부과처분의 적법 여부

가. 당사자의 주장

피고가 위 처분사유와 관계 법령을 들어 이 사건 부과처분이 적법하다고 주장함에 대하여 원고는, ○○은행이 주식회사 ○○에게 2억원을 대출해 주면서 백○○ 소유의 이 사건 토지에 관하여 채권최고액 2억 6,000만원의 근저당권을 설정받았으나, ○○은행이 파산으로 퇴출되는 과정에서 위 대출금채권 및 근저당권에 대한 일체의 지위가 성업공사, 유동화전문회사인 ○○, 원고에게로 순차 양도되었는바, 원고가 이 사건 토지의 임의경매로 인하여 수령한 배당금 중 배당표에 이자로 표시된 130,676,711원은 채권의 매매차익이지 금전소비대차로 발생한 이자가 아니므로 소득세법상 열거된 과세대상 소득에 해당되지 아니함에도 이와 달리 보고 한 이 사건 부과처분은 위법하다고 주장한다.

나. 관계법령

○ 소득세법 제 16조 【이자소득】
① 이자소득은 당해 연도에 발생한 다음 각 호의 소득으로 한다.
    1. 국가 또는 지방자치단체가 발행한 채권 또는 증권의 이자와 할인액
    2. 내국법인이 발행한 채권 또는 증권의 이자와 할인액
    3. 국내에서 받은 예금(적금·부금·예탁금과 우편대체를 포함한다. 이하 같다)의 이자와 할인액
    4. 상호저축은행법에 의한 신용계(신용계) 또는 신용부금(신용부금)으로 인한 이익
    5. 국내에서 받은 투자신탁(대통령령이 정하는 이자부 투자신탁을 말한다. 이하 이 조에서 같다)
    6. 외국법인의 국내지점 또는 국내영업소에서 발행한 채권이나 증권의 이자와 할인액
    7. 외국법인이 발행한 채권 또는 증권의 이자와 할인액
    8. 국외에서 받은 예금의 이자와 투자신탁의 이익
    9. 대통령령이 정하는 채권 또는 증권의 환매조건부매매차익
    10. 대통령령이 정하는 저축성보험의 보험차익
    11. 대통령령이 정하는 직장공제회초과반환금
    12. 비영업대금의 이익
    13. 제1호 내지 제12호의 소득과 유사한 소득으로서 금전의 사용에 따른 대가의 성격이

있는 것

② 이자소득금액은 당해연도의 총수입금액으로 한다.

③ 제1항 각호의 규정에 의한 이자소득 및 제2항의 규정에 의한 이자소득금액의 법위에 관하여 필요한 사항은 대통령령으로 정한다.

다. 인정사실

(1) ○○은행은 1997. 8. 8. 주식회사 ○○에게 2억원을 대출하면서 위 회사의 대표이사인 백○○ 소유의 이 사건 토지에 관하여 채권최고액을 2억 6,000만원으로 한 근저당권을 설정받았다.

(2) ○○은행이 1998. 6. 29. 부실금융기관으로 퇴출되면서 금융산업의 구조개선에 관한 법률 제14조 제2항에 의한 금융감독위원회의 계약이전결정에 따라 주식회사 ○○에 대하여 가지는 2억원의 대출금채권은 원금이 1억 5,000만원으로 감액되어 근저당권과 일체로 성업공사에 양도되었다.

(3) 성업공사는 2000. 11. 23. 이 사건 대출금채권의 원금을 9,000만원으로 감액하여 근저당권과 함께 유동화전문회사인 ○○에게 양도하였고, 위 유동화전문회사는 2002. 10. 29. 원고에게 이 사건 대출금채권 및 근저당권을 9,000만원에 양도하였다.

(4) 원고는 2003. 10. 10. 이 사건 토지에 관한 대구지방법원 98타경143112 부동산 임의경매 사건에서 근저당권자로서 원금 명목으로 90,000,000원과 이자 명목으로 130,676,711원 합계 220,676,711원을 배당받았다.

[인정근거] 갑1호증의 1, 2, 갑3호증의 1 내지 3의 각 기재, 변론 전체의 취지

라. 판단

(1) 소득세법 제16조 제1항은 이자소득을 당해 연도에 발생한 다음 각호의 소득으로 한다고 하면서, 제1호(국가 또는 지방자치단체가 발생한 채권 또는 증권의 이자와 할인액) 내지 제12호(비영업대금의 이익) 및 제13호(제1호 내지 제12호의 소득과 유사한 소득으로서 금전의 사용에 따른 대가의 성격이 있는 것)를 규정하고 있다. 따라서 소득세법상 이자소득이란 금전 등을 대여하고 받은 대가로 인하여 발생하는 소득에 해당하여야 할 것이다. 그런데 이 사건에서 원고가 경매절차를 통하여 이자 명목으로 배당받은 130,676,711원이 소득세법에서 말하는 이자소

득의 실질을 갖추고 있는지에 관하여 살펴본다.

(2) 이 사건에 관하여 보건대, 위 인정사실에서 본 바와 같이

① 원고가 당초 대출 원 금액이 2억원이었으나 그 후 채권의 회수가능성이 불확실해진 이 사건 근저당권부채권을 유동화전문회사로부터 9,000만원에 양수하였는바, 위 근저당권부채권은 유동화전문회사인 ○○가 자산보유자인 ○○은행 및 ○○공사로부터 양도받은 채권·부동산 기타의 재산권으로서 자산유동화에 관한 법률 제2조 제1호의 가. 및 제3호에서 말하는 유동화자산에 해당되므로 원고와 위 유동화전문회사 사이의 양도계약의 실질은 일반적인 채권양도라기보다는 회수 여부 및 범위가 불명확한 근저당권부채권이라는 유동화자산에 관한 매매계약이라 할 것이어서 결과적으로 그 매매대금을 초과하는 이익이 발생하였다면 이는 회수불능의 위험을 부담한 매수 또는 투자에 대한 수익으로 보는 것이 사회통념상 타당하다고 보이는 점,

② 자산유동화에 관한 법률 제13조 제4호는 '유동화자산의 양수인은 양도된 자산에 관한 위험을 인수할 것'이라고 규정하고 있는바, 여기서의 '위험'에는 양도된 자산의 멸실, 훼손, 노후화 및 유동화자산의 가치하락위험 등이 포함된다고 해석되므로 유동화자산의 가치가 상승하는 경우 가치상승분 역시 유동화자산의 양수인에게 귀속함은 당연하다고 할 것인데, 유동화자산의 가치하락으로 인한 양수인의 손해를 '금전 기타 대체물의 사용의 대가로서 원금액과 사용기간에 비례하여 지급되는 금전 기타 대체물'인 '이자'의 상실로 볼 수 없는 것과 마찬가지로 유동화자산의 가치상승으로 인하여 양수인에게 발생하는 이익 또한 이자의 획득으로 볼 수 없는 점,

③ 유동화자산의 매매계약의 당사자인 유동화전문회사와 원고가 이 사건 대출금채권의 대금을 9,000만원에 결정하기에 이른 것은 이미 부실화되어 채무자로부터의 임의변제를 기대할 수 없게 된 위 대출금채권의 원금 및 이자의 획득가능성 그 자체에 대한 평가에 기초한 것이 아니라 위 매매계약 당시를 기준으로 하여 근저당권의 목적물인 이 사건 토지가 장차 경매과정에서 낙찰될 경우 그 평가액, 그로부터의 투자금액회수 및 장래수익창출 가능성 또는 위험성을 각자 나름대로 평가하여 그와 같은 금액에 관한 의사의 합치가 이루어진 것이고,

그 후 현실적으로 유동화자산 평가가치가 상승 또는 하락할 경우 그로 인한 이익 또는 손해는 원고가 부담하기로 하는 내용의 의사가 상호 합치하였다고 해석하는 것이 거래관념에 부합한다고 보이는 점,

④ 그러나 저당권이 우선변제를 받을 수 있는 범위가 원본, 이자, 위약금, 채무불이행으로 인한 손해배상, 저당권의 실행비용(민법 제360조)이므로 경매사건에서 근저당권자로서 배당절차에 참가하여야 하는 원고로서는 탕감된 채권원금 혹은 유동화자산의 매매대금을 초과하는 부분에 대하여는 기술적으로 이자 항목에 포함시켜 채권계산서를 작성, 제출할 수밖에 없고 배당법원은 근저당권자인 원고에게 채권계산서상 원금액을 초과하는 부분을 배당함에 있어 배당표상 이자로 기재할 수밖에 없는 점,

⑤ 소득세법 및 같은 법 시행령이 채권 또는 증권의 환매조건부 매매차익에 대해서만 이자소득으로 규정하고 있어 일반적인 채권의 매매차익은 이자소득으로 보지 않고 있는 점(소득세법 제16조 제1항 제9호, 같은 법 시행령 제24조 참조) 등을 종합하여 볼 때, 원고가 부동산저당채권을 유동화전문회사로부터 매수하여 그 부동산에 관한 경매절차에서 매매대금액을 초과하여 지급받은 배당금의 본질은 유동화자산에 대한 투자수익 또는 매매차익이라 할 것이지 소득세법 제16조 제1항 제12호 소정의 비영업대금으로서 이자소득에 해당된다고 볼 수는 없다(게다가, 경매사건의 배당절차에서 매각대금은 비용, 이자, 원본의 순서로 변제에 충당되는바, 만약 위 배당절차에서 원고가 유동화자산의 매매대금인 9,000만원에 미치지 못하는 배당을 받아 현실적으로 손실을 보았을 경우에도 피고의 주장대로라면 그 배당금액 전부가 이자소득으로 간주되어 그에 대하여 종합소득세를 과세하여야 하는 불합리한 결과에 이르게 될 것인바, 이 점에 비추어 보더라도 배당금의 명목만을 보고 이자소득 여부를 판정할 것은 아니다).

따라서 원고의 배당금액 중 9,000만원을 초과한 부분을 소득세법상 비영업대금으로서의 이자소득으로 본 피고의 이 사건 부과처분은 위법하다.

3. 결론

그렇다면 원고의 이 사건 청구는 이유 있어 인용하기로 하여 주문과 같이 판결한다.

05

NPL 투자에 유의할 점

1. NPL투자 하다가 망한 사람 옆에 있다가는..

1) 부동산적인 측면에서의 물건연구

부산 양정의 동의대학교 올라가는 본 도로(겨우 왕복 2차선의 좁은 길이지만 버스까지 다니고 7개 고등학교와 2개 대학교 및 대형한방병원이 다니는 길이라서 본 도로라고 부른다.)에 접한 건물이 경매에서 계속 유찰되고 있었다.

부산시 부산진구 양정동 000-0번지의 토지572㎡와 지상6층 지하2층 건물 2,186.06㎡로 이 건물은 이상하게도 1층은 전부 74평 정도의 면적인데 너덧 평 되는 점포 하나만 있을 뿐, 나머지는 주차장으로 사용 중에 있었다.

이 건물은 이상하게 도로 쪽에서부터 안쪽으로 약 35m정도를 폭 5m 정도의 길로 만들어 놓았고, 안쪽에 주차할 차들이 이 길을 통행하는 구조로 만들어져 있었다.

　이 골목 같은 건물 내의 도로를 보는 순간 머릿속에 떠오르는 것이 바로 분당구 정자동의 테라스상가였다. 지하가 250평이나 되니 주차장을 지하로 연결시키면 문제가 해결된다.

　테라스로 연결된 상가가 이국적이라 사람들이 모여드는 덕분에 경기도에서는 제일 비싼 커피 값을 유지하고 있는 사례를 벤치마킹한 것이다. 대학가이며 사람이 많이 들끓는 이곳 35m의 거리에 테라스형 점포 5~6개를 만들어 커피전문점, 호프, 경양식집 등으로 구성한다면, 당연 부산의 명소(혹은 맹소)가 될 수 있을 것으로 보였다.

　등기부를 떼어 확인해 보니 전부 31억 2,000만원의 국민은행 근저당권이 이미 몇 번 넘어가 있었다.

　최종 소지자의 주소를 보고 전화번호를 확인하여 근저당권의 매각의사를 살폈다.

2) 등기부를 보니 NPL을 사들인 사람의 형편이 보인다.

　등기부를 떼어보니 제1순위 근저당권이 25억 2,000만원이었는데, 근저당권이 벌써 4회 넘어갔다. 또한 근저당권의 질권이 맨 처음 근저당권자와 같은 금액으로 캐피탈사가 채권자로 되었다가 5회나 설정계약이 갱신되어 근저당권에 대한 질권이 이전되었음을 알 수 있었다.

　캐피탈 회사가 근저당권이전을 하였을 때 80%를 빌려주었으나 리스크가 우려되어 계속 돈을 갚으라고 다그쳤고, 여기저기서 돈을 빌려 조금씩 캐피탈회사에 질권을 갚아나간 흔적이 남아 있었다.

　비록 캐피탈 회사에는 갚아나갔지만 등기부에는 어지럽게 질권이 다섯 번이나 계속 넘어가고 있었던 것이다.

이런 사실을 통해 지금 근저당권을 이전 받은 사람의 형편과 재정상태가 무척 좋지 않은 상태이며, 질권자로부터 많은 독촉을 받고 있다는 점을 알 수 있었다.

특이하게 2015. 4. 1. 날 24억원에 경매로 팔렸던 적이 있었고, 잔금납부를 하지 않아서 지금은 재경매상태인 것이다. 이렇게 NPL물건에 대하여 경매법원에서 상계처리를 해주지 않아 재매각이 나왔다는 것은, NPL의 소유자가 업무처리를 잘못하여 경매법원으로부터 경락잔대금에 대한 상계허가를 받지 못한 것을 반증한다.

이 사건의 경우에는 근저당권자는 OO주식회사인데 엉뚱하게도 개인명의로 낙찰 받아서 경매를 진행하는 법원에 상계신청을 하니 법원에서 받아들여 주지 않았던 것이다.

이상과 같은 판단은 이 사건 물건의 등기부등본을 보고 파악할 수 있는 내용이었으며, 근저당권자의 형편이 상당히 어려운 상태일 것이므로 직접 만나서 쉽게 원하는 방향으로 이끌어 낼 수 있을 것이다.

근저당권자의 대표이사인 조OO사장을 만나니 예상했던 대로 자금뿐만 아니라 여러 가지가 다급한 상태였고, 무척이나 시달리고 있는 것으로 보였다. 감정평가금액이 32억원인 이 건물의 최저매각가격이 13억원까지 떨어져 있었고, 근저당권의 질권설정채권자들은 마치 자기들의 돈이 날아가 버릴까 봐 염려되어 계속 채권환수를 독촉했던 것이다.

우리는 채무인수가액을 21억원으로 정하였고, 이 금액에서 전 낙찰인의 입찰보증금 1억 6,372원을 빼기로 하여 전부 31억 2,000만원인 근저당권을 19억 3,628만원으로 인수하는 계약을 체결하였다. 생각 보다 쉬운 계약이었다.

우리가 계약금으로 1억원을 조OO사장의 요청에 따라 근저당권의 질권설정채권자인 제이비우리캐피탈에 지급하고, 중도금조로 1억 5,000만원을 역시 제이비우리캐피탈에 지급하였다. 하지만 그 후부터는 근저당권의 매도인인 조OO사장은 제대로 연락이 되지 않았다. 연락이 되지 않은 상태에서 7월 13일에는 근저당권에 대한 2억원의 질권을 추가로 설정하였다.

어찌되었든지 우리는 8월 19일 이 사건을 입찰법정에서 응찰하기로 하였는데, 막상 8월 19일 입찰법정에 가서는 응찰도 하지 못하고 그냥 돌아올 수밖에 없었다.

아침 일찍 조○○사장이 법원에 가서 경매신청을 취하해 버린 것이다.

근저당권의 질권설정채권자인 제이비우리캐피탈이 워낙 들볶으니 우리와 채무인수계약서를 만들고 제이비우리캐피탈에 일부 돈을 갚기는 했지만, 다른 사람에게도 돈이 워낙 쫓기다 보니 알면서도 배임행위를 서슴지 않고 해버린 것이다.

이미 중도금까지 계산이 되었으면 엄연히 우리 근저당권이지만 조○○사장이 상상도 할 수 없는 이런 짓을 저질렀을 때에는 참으로 여러 가지 비참한 생각이 들었다.

하기야 지금 NPL투자 한답시고 기대만 부풀어 올랐지 이돈 저돈 틀어막기에만 바쁜 사람들이 어디 한 두 명인가?

이렇게 불을 보고 달려드는 불나방과 같은 모습을 보면, 어설픈 기대만으로 NPL시장에 달려들었다가 조○○사장의 꼴이 되지 말라는 법이 없을 것이다.

계약금과 중도금으로 제이비우리캐피탈의 계좌로 지급한 2억 5,000만원은 제이비우리캐피탈에서 돌려받았다.

그러나 이 계약이 아무런 설명 없이 무산됨으로 인하여 우리는 상당한 손해를 볼 수밖에 없는 지경이었는데, 역시나 아무런 설명 없이 조○○사장은 근저당권을 또 제3자에게 매각하였다.

다음은 이런 경우에 손해배상을 받는 내용이 담긴 소장이다.

소 장

원 고　삼○○○스 주식회사

　　　　부산시 부산진구 부전동 505-6 한솔폴라리스 101호

　　　　대표이사 ○○○

　　　　전화 051- 000-0000　Fax 051- 000- 0000

피 고　주식회사 ○○○엠씨

　　　　경남 창원시 성산구 상남로 00, 0000호(상남동, 새롬아이포빌)

손해배상청구(기)의 소

청 구 취 지

1. 피고는 원고에게 금100,000,000원 및 이 사건 소장 송달 다음날부터 다 갚는 날까지 연 15%의 비율에 의한 지체보상금을 지급하라.
2. 소송비용은 피고의 부담으로 한다.
3. 위 제 1항은 가집행할 수 있다.
　　라는 판결을 구합니다.

청 구 원 인

1. 사 실 관 계

원고는 부동산투자회사로 투자할 부동산을 물색하던 중 부산지방법원 2013타경26233 부동산임의경매로 진행 중이던, 부산시 부산진구 양정동 000-0번지의 토지572㎡와 지상6층 지

하2층 건물2186.06㎡(이하 이 사건 건물로 표기하겠습니다.)에 대한 국민은행의 제 1순위 및 제
2순위의 근저당권을 2015. 5. 20. 부산진등기소 접수 제35346호로 계약인수 등기를 경료하
였다는 피고와 만나서 2015. 6. 19. 피고가 권리자인 근저당권을 매입하기로 계약을 하여 피
고의 요청에 따라 금20,000,000원을 피고의 근저당권에 대한 질권설정권자인 제이피 우리
케피탈의 은행계좌로 송금을 하였습니다.

원고는 피고와 이 사건 건물에 대하여 근저당권매입계약을 체결한 후, 1층 주차장과 주차장
진입로부분 약 50m에 대하여 테라스카페 등을 조성하는 대신, 지하 근린생활시설 2개층 약
250평을 주차장으로 만들기로 하는 건축설계변경계약금으로 10,000,000원을 지출한 바 있
습니다.

2. 피고의 배임행위

가. 피고의 계약내용변경

애초 원고와 피고는 이 사건 건물에 대하여 2012년9월20일 부산진등기소 접수 제53769
호 채권최고액 금2,520,000,000원의 근저당권설정과 2012년12월14일 부산진등기소
접수 제70619호 채권최고액 금600,000,000원의 근저당권을 원고가 이전 받기로 하였
습니다.

그러나 피고는 계약을 체결하고 이틀 후에 원고에게 다시 전화를 걸어서, 이 사건 건물에
대하여 피고 쪽에서 2015. 4. 1. 부동산경매에 응찰하여 24억원에 매수신청을 하여 최고
가매수신고인이 되었으므로, 163,730,000원의 입찰보증금이 배당에 합산되므로 원고가
배당 받을 수 있는 돈이 더 많아지고 피고 쪽에서는 여러 가지 사정이 어려운 점을 감안하
여 원고가 피고에게 금400,000,000원을 주면 이 돈으로 원고 명의로 매수하도록 입찰보
증금은 물론 브릿지자금과 근저당권의 질권설정을 이용한 대출금을 사용하여 잔금까지 피
고의 책임으로 이상 없이 납부하도록 하겠다고 요청을 하며 4억원에 대한 계약금으로 원
고가 피고에게 100,000,000원을 주는 것으로 계약내용을 변경하자고 요청하였습니다.

2015. 6. 23. 피고의 제안을 원고가 응낙하자 피고는 원고에게 위와 같은 내용의 계약서
를 작성하여 메일로 보내었으며, 구두로 계약을 확정하는 한편 원고는 피고에게 계약금
100,000,000원에서 6. 19. 기지급한 20,000,000원을 뺀 금80,000,000원을 피고가 인

수한 근저당권의 질권자인 제이비 우리케피탈로 송금을 하였습니다.

이후 원고는 중도금의 명목으로 피고가 지정하는 제이비 우리케피탈에 2015. 6.30. 금 150,000,000원을 송금한바 있습니다.

피고가 원고에게 와서 계약서에 날인하기로 한 약속을 지키지 않아서, 원고는 피고에게 열 번 이상 전화를 걸어서 변경된 계약에 대하여 서명날인을 요구하였으나, 피고는 원고의 사무실로 오겠다고 대답을 하였을 뿐, 지금까지 서명날인을 하지 않고 있습니다.

나. 원고와 협의 없이 피고의 추가 질권설정

이후 원고가 부동산등기부를 발급받아서 보니, 2015. 7. 13. 피고는 원고와 아무런 협의 없이 소외 권oo을 채권자로 추가로 금 2억원의 근저당권의 질권을 설정하여, 원고에 대하여 중요한 배임행위를 자행하였음을 발견하였습니다.

피고는 이 사건 근저당권을 매입하였고, 피고측의 사람이 경매입찰법정에서 최고가매수신고를 하였으나, 경락잔대금 상계신청이 받아들여지지 않으므로 형편이 상당히 어려운 점을 원고는 이해는 하겠으나, 원고에 대하여 불법한 행위를 저지른 점에 대해서는 용납할 수 없는 입장입니다.

다. 피고 임의로 경매신청을 취하하는 불법을 자행

원고는 피고가 연락이 되지 않는 상태에서 독자적으로 이 사건 건물의 경매입찰기일인 2015. 8. 19. 경매에 응찰하기 위하여 부산지방법원 입찰법정으로 갔으나, 경매를 진행하는 당일 아침 피고는 근저당권자의 자격으로 경매신청을 취하하였습니다.

피고는 원고와 이 사건 근저당권을 원고에게 이전하는 계약을 체결하였으므로 부동산경매신청을 취하하려면 당연히 원고와 협의하여야 하였을 것입니다.

결국 피고는 불법으로 배임행위를 자행하여 근저당권을 이전하는 계약을 체결한 후에도, 임의로 경매신청을 취하하여 원고에게 손해를 입힌 것입니다.

이후 피고는 원고와 상의없이 2016. 1. 4. 채권을 주식회사oo에 매각하였습니다. 피고는 계속하여 원고에 대하여 배임행위를 저질러 왔으며, 원고는 이러한 피고에 대하여 불법행위를 원인으로 하는 손해배상을 청구하는 것입니다.

원고는 피고에게 계약금으로 지급한 금250,000,000원에 대하여서는 입금당사자인 제이비우리케피탈로부터 회수하였으나, 최소한 통상적인 손해의 배상금인 계약금금 100,000,000원의 배액을 피고로부터 받아서 원고의 손해에 대하여 일부라도 채워야 할 것입니다.

3. 재판의 관할에 대한 원고의 의견

이 사건의 재판에 관할은 민사소송법 제 2조는 피고의 보통재판적으로 하는 것으로 규정되어 있습니다.

그러나 이 사건 경매가 부산지방법원에서 진행되었으며, 계쟁물건의 소재지도 역시 부산지방법원의 관할이므로 부산지방법원에서 재판을 진행하는 것이 합리적이라고 판단되며, 소의 관할에 관한 법리에도 어긋나지 않는 것으로 원고의 의견을 제출합니다.

입 증 방 법

1. 소 갑 제 1호 증 ; 토지, 건물 등기부 등본 각 1
2. 소 갑 제 2호 증 : 근저당권이전계약서
3. 소 갑 제 3호 증 : 제 1차 송금확인서
4. 소 갑 제 4호 증 : 제 2차 송금확인서
5. 소 갑 제 5호 증 : 건축설계비 영수증 사본 1

2016. 1.   .

위 원고 삼○○○스 주식회사

대표이사 ○○○

부산지방법원 귀중

2. NPL을 양도하면서 당해세 배당요구신청을 감춘 경우

대전지방법원 서산지원 2014타경5024 부동산임의경매사건의 물건은 자그마치 42만 평이나 되는 넓은 땅이다. 임야나 논, 밭이라면 42만평이 반드시 넓은 땅은 아니지만, 이 토지는 거의 잡종지 상태로 전체가 평평한 땅이었다.

원래는 염전이었는데 매립을 하여 일반토지로 바뀌었고, 세계의 모래언덕 중 가장 규모가 크다고 하는 신두리 해안사구와 바로 붙어 있었다. 또한 바다의 풍광 또한 일품으로 국립공원과 길게 맞물려 있는 곳이었다.

42만 평의 토지 중에 계획관리지역이 28만 평이고 나머지는 보전관리지역이었다. 그런데 28만 평이 계획관리지역이 된 것은 이 면적으로 골프장허가를 받았기 때문이었다.

나는 이 토지를 어떻게 개발할 것인가를 결정하기 위해 LA에 날아가서 유니버셜스튜디오도 둘러 보았고, 샌디에고의 씨월드도 가 보았다.

물론 그렇다고 이 토지를 그런 용도로 개발하기 위한 협의를 했다는 것은 아니다. 여러 가지 구상을 할 수 있는 매우 넓은 토지였는데, 더 중요한 점은 감정평가금액이 400억원에 이르는 이 토지의 최저매각가격이 67억원까지 떨어진 것이었다.

400억원 해봤자 평당 10만원이 채 안 되는 데다가, 최저매각가격은 평당 1만5천원에 불과하니 대체 말이 안 되는 가격이다.

근처에 임야도 1만5천원짜리는 고깔모자 쓴 땅(산꼭대기를 말하는 것임)이라면 몰라도 평지에서는 찾아보기 힘들다. 너무 아깝고 꼭 사고 싶어서 NPL을 매입하기로 했다.

이 토지에는 대출이 80억원, 근저당권이 104억원이 설정되어 있었는데, 근저당권자가 3곳의 신용협동조합과 1곳의 저축은행 등 모두 4곳이었다.

이 중에서 두 곳의 신용협동조합에서 일단 근저당권을 매입하기로 하고 협의에 들어가서 전체 104억원에 이르는 근저당권을 85억원의 비율에 의하여 인수하기로 하고 일부는 계약을 체결하고 계약금도 지급하였다.

 NPL투자에서 계약을 체결한 다음에는 제일 먼저 무엇을 해야 할까?

 근저당권의 양도인으로부터 경매기록을 넘겨받는 것이 제일 먼저 해야 하는 일이므로, 수백 쪽에 이르는 경매기록을 받아서 차분히 살펴보았다.

 그런데 종합부동산세의 교부청구가 약 5억 5,000만원이 있었다. 종합부동산세는 국세이며 당해세에 포함된다. 당해세의 배당순위는 주택임대차보호법상의 소액임차인 우선변제와 근로자의 임금우선변제를 제외하고는 근저당권 보다 무조건 배당 순위가 우선이다.

 그러므로 당해세가 5억 5,000만원 배당요구신청이 있다는 것은 설령 내가 근저당권을 매입한다 해도 그 금액만큼은 배당을 받을 수 없다는 의미이다. 말하자면 시골 신협 두 곳으로부터 사기를 당한 것이 된다.

 이런 경우에는 어떻게 해야 할 것인가! 먼저 계약금의 반환을 요구하고 지급명령을 신청하였다. 두 곳의 신협에서는 이의를 제기하여 소송으로 넘어가 있다.

지 급 명 령 신 청 서

·

채권자   삼○○러스 주식회사(180000- 0000000)
        부산시 부산지구 양정동 000-0 평산빌딩 3층
        대표이사 백 ○ ○
        전화 051- 000 -1533 팩스 051- 000- 1534

채무자 1 서○○앙신용협동조합(165041-0000000)
         충남 ○○시 ○○면 금천리 336번지
         이사장 백 ○
         전화 041- 000- 2811

채무자 2 ○○○신용협동조합(164941-0000000)
　　　　　충남 ○○군 ○○읍 삽교로 71
　　　　　이사장 임 ○ ○
　　　　　전화 041- 000- 4567

청 구 취 지

채무자는 채권자에게 아래 청구금액을 지급하라는 명령을 구함

1. 금276,500,000원
2. 위 1항 금액에 대하여 이 사건 지급명령정본이 송달된 다음날부터 갚는 날까지 연 20%의
   비율에 의한 지연손해금

독촉절차비용

금 159,600원 (내역 : 송달료 42,600원, 인지대 117,000원)

청 구 이 유

1. 채권 양. 수도계약의 체결

채권자와 채무자는 2015. 6. 11. 충청남도 태안군 원북면 황촌리 268-1번지 외 5필지의
토지(이하 이 사건 토지로 표기하겠습니다.)에 채무자 1이 채권최고액 금2,600,000,000원으
로 2010. 4. 30. 태안등기소 접수 제7995호로 경료한 근저당권설정과, 채무자 2가 채권최
고액 금780,000,000원으로 2010. 4. 30. 태안등기소 접수 제7995호로 경료한 근저당권
설정을 채권자에게 양도하기로 하는 채권 근저당권 양. 수도계약서(이하 계약서로 표기하겠습
니다.)를 작성히고 같은 날 계약금으로 채무자 1의 금융계좌인 신협 1310177767318로 금
276,250,000원을 입금하였습니다.
계약의 중요한 조건으로
첫째, 공동근저당권자인 주식회사 아이비케이저축은행과 추후 공동으로 양도하기

로 하며, 주식회사 아이비저축은행의 사정으로 인하여 양도가 부결된 경우 본 계약은 무효로 한다. 라는 규정을 계약서 제 6조 ②항에 기입하였습니다.

둘째, 양도인이 본 건 계약을 중대하게 위반함으로써 본 건 계약이 해지되는 경우에 양도인은 본 건 계약에 의하여 양수인으로부터 지급받은 계약금을 양수인이 지정하는 계좌에 반환하여야 한다. 라고 규정하였습니다.(계약서 제5조②항)

2. 채무자의 중대한 계약위반

가. 채무자가 선순위 당해세를 고의로 숨기고 계약을 체결하였습니다.

이 사건 토지는 현재 대전지방법원 서산지원 2014 타경 5024부동산임의경매사건으로 경매가 진행 중이며 채권자는 제 1순위 근저당권설정액인 104억원에 비하여 저렴한 가격으로 근저당권과 채권을 양수함으로 이 사건 경락이 되었을 때의 차액을 얻기 위하여 계약을 체결한 것입니다.(채권자는 전체 근저당권의 양수금액을 84억원을 기준으로 계약을 체결하였습니다.)

채무자들은 이 사건 토지에 대하여 국세청에서 550,000,000원에 이르는 당해세인 종합부동산세가 경매법원에 교부청구된 사실을 밝히지 않고 채권자와 계약을 체결하였습니다. 부동산경매의 배당절차에서 당해세는 제 1순위 근저당권자 보다 더 우선하여 배당되는 것이므로 채무자는 5억5천만원에 이르는 당해세를 고의로 숨기고 계약을 체결하므로 채권자가 같은 금액의 손해를 입을 것이 자명합니다.

그렇다면 채무자들은 계약서 제 5조 2항을 위반하였습니다.

나. 채무자들은 ㈜아이비케이저축은행과 공동으로 양도하지 못했습니다.

계약의 중요한 조건으로 공동근저당권자인 주식회사 아이비케이저축은행과 추후 공동으로 양도하기로 하였으며, 공동으로 양도하여야 계약은 효력이 있는 것으로 계약서 제 6조 2항에 규정되어 계약이 체결되어 있습니다.

그러나 2015. 7. 31. 채무자 1의 직원이며 여신팀장인 김재성 부장은 ㈜아이비케이 저축은행과 채무자들의 근저당권양수를 담보로 근저당권에 질권설정을 하고 채권자에게 양수대금의 일부를 대출해 줄 금융기관으로 부산 덕천동에 소재한 비앤케이 저축은행을 소개하여 준 바 있으며, 채권자가 비앤케이 저축은행을 방문하여 대출의 승인을 받는 중 주식회사 아이비케이저축은행은 다른 곳과 근저당권 양. 수도계약을 체결하므로 계약서에 기재된 바를 이행할 수 없다고 채권자에게 통보한 바 있습니다.

그렇다면 채무자들은 계약서 제 6조 2항을 위반한 것이 분명하므로 계약서 제5조②항에 의하여 채권자에게 계약금으로 수령한 금276,250,000원을 반환하여야 할 것입니다.

그러나 채무자들은 2015. 9. 15. 근저당권을 소외 와이제이비 건설회사에 양도하고 채권 전액을 수령하였음에도 불구하고 채권자에게 변제하여야 할 금276,250,000원을 변제하지 않으므로 채권자는 본 건 청구에 이른 것입니다.

3. 본 사건의 관할에 대하여

민사소송법은 소송의 관할을 피고의 재판적으로 규정하고 있습니다.

그러나 만약 채무자들이 본 지급명령결정에 이의를 신청하여 본안으로 진행될 경우 ㈜아이비케이 저축은행과 비앤케이 저축은행이 중요한 증인이 되어야 하며, 모두 부산에 소재하는 저축은행입니다.

은행의 직원들이 증인으로 채무자들의 재판적인 대전지방법원 서산지원에서 증언을 하려면 너무 멀어서 증인신문이 불가능할 가능성이 매우 높을 것은 충분히 예측할 수 있으므로 ㈜아이비케이 저축은행과 비앤케이 저축은행이 소재하는 부산지방법원에서 소송을 진행할 수 있게 되기를 바랍니다.

입 증 방 법

1. 소 갑 제 1호 증 : 채권 근저당권 양. 수도 계약서 사본 1
2. 소 갑 제 2호 증 : 채권자가 채무자에게 보낸 내용증명 사본 1
3. 소 갑 제 3호 증 : 채권자가 채무자에게 입금한 금융이체내역서 1
4. 소 갑 제 4호 증 : 채무자가 근저당권을 양도한 것이 입증되는 등기부
5. 소 갑 제 5호 증 : 채권자의 법인등기부 등본

2015. 10. .

위 채권자 ○○○러스 주식회사

대표이사 백 ○ 윤

부산지방법원 귀중

06

몇 가지 참고 사항

1. 무담보채권에 대하여

경남 사천시에 소재한 사천비행장 바로 앞에 ○○골프랜드가 경매에 나와 있었다. 토지가 9,000평에 이르는데 골프연습장 안에 파3가 있어서 면적도 넓고 호응도가 좋은 골프연습장이었다. 주인 되시는 분이 다른 곳에 투자를 하다가 사기를 당해서 골프연습장이 경매에 나오게 된 것이다.

국민은행의 근저당권을 파인트리가 매입한 것을 사들였는데, 파인트리도 자산관리회사 중 제법 깐깐한 회사로 분류되다 보니, 31억 5,000만원 달라고 하는 것을 5,000만원 귀퉁이 떼는 데에도 한 달이나 소요 되었다.

감정가는 43억 2,500만원 정도이고, 최저매각가는 27억 7,000만원 정도였는데, 35억 3,290만원에 낙찰을 받았다.

후일 양도소득세를 감안하여 채권최고액인 35억 1,000만원 보다 2,290만원이 더 높은 가격으로 최고가매수신고를 한 것이다. 채권최고액이 35억 1,000만원이니 근저당권인수인은 채권최고액만큼만 배당을 받게 될 것이고, 잘못 생각하면 2,290만원을 손해 본다고 생각하기 쉽다.

그러나 이 사건은 후순위 근저당권이 없으므로, 배당을 받고 남은 금액은 무담보채권이 되어서 연체이자로 근저당권의 채권최고액을 넘는 부분에 대하여서도 청구를 할 수 있었다.

그리고 배당 후 남은 금액이 소유자나 가압류채권자에게 넘어가는 걸 바라만 보고 있지 않았고, 근저당권을 인수한 채권자양수인이 채권압류 및 추심신청을 통하여 추가로 배당을 받을 수 있었다.

다음에 소개하는 채권압류 및 추심신청서는 원 채권자인 국민은행에서 당초 약정한 연체이자를 계산하여 NPL 양수인이 배당 받고, 남은 금액에 대한 추가로 배당을 요구하는 신청서의 성격으로 이해하면 이해가 아주 빠를 것이다.

채권압류 및 추심명령신청서

채 권 자 허○○
　　　　　 부산시 사하구 제석로 100, 00동 0000호
　　　　　 휴대전화 010- 0000- 0000, 팩스 051- 868-0000

채 무 자 이○○
　　　　　 경남 사천시 사천읍 구암리 1000

제 3채무자 대한민국
　　　　　 위 법률상 대표자 법무부 장관
　　　　　 김 현 웅
　　　　　 (소관 창원지방법원 진주지원 세입세출외 현금출납공무원)

신 청 취 지

1. 채무자의 제3채무자에 대한 별지 기재의 채권을 압류한다.
2. 제3채무자는 채무자에게 위 채권에 관한 지급을 하여서는 아니 된다.
3. 채무자는 위 채권의 처분과 영수를 하여서는 아니 된다.
4. 위 압류된 채권은 채권자가 추심할 수 있다.
라는 결정을 구함

청구채권 및 금액

청구금액 : 금 311,424,657원
채무자가 제3채무자에 대하여 가지는 창원지방법원 진주지원 2013타경4356

부동산임의경매사건의 배당표에 의한 배당금채권 중 청구금액에 이를 때까지의 금액

금 18,200원 (집행비용 : 신청서 첨부 인지대 4,000원, 송달료 금14,200원)

합계 금 311,442,857원

신 청 이 유

1. 채권자의 채무자에 대한 전환무담보채권

채권자는 채무자가 2011. 5. 2. 주식회사 국민은행과 여신거래약정을 맺고 채무자 소유의 경남 사천시 사천읍 구암리 0000번지외 17필지에 대하여 금3,510,000.000원의 채권최고액으로 근저당권을 설정하고 2,700,000,000원의 대출금을 수령한 근저당권을 케이알제이차유동화전문유한회사를 거쳐 순차적으로 양수하였습니다.

채무자는 기한의 이익을 상실하여 채권자는 근저당권을 실행하기 이르러 창원지방법원 진주지원 2013타경 4356 부동산임의경매사건으로 부동산경매가 진행되었으며, 경매사건의 배당절차에서 채무자는 근저당권을 양수한 채권자에게 2015. 09. 07.기준으로 3,821,424,657원의 채무를 변제하여나 채권최고액이 금3,510,000,000원이므로 채권자는 등기부상 채권최고액만 변제받기에 이르렀습니다.

(근저당권부 질권자 : 동부저축은행 2,625,789,209원

근저당권부 질권자 : 나라대부금융주식회사 769,362,328원

채권자 : 114,848,463원   합계 : 3,510,000,000원)

채권자가 변제받지 못한 금311,424,657원 전환무담보채권으로 채무자에게 채권자는 청구할 수 있는 상태에서 채무자는 별도로 36,212,816원을 배당받게 되었습니다.

2. 채권자의 채권만족이 이루어지지 않은 경우 채무자의 배당금 처리

채권자가 금311,424,657원이니 채권만족을 이루지 못한 상태에서 채무자에게 배딩금을 지급하여야 하는 점에 대하여 대법원은 2009.02.26. 선고 2008다4001 판결한 배당이의사건에서, "원래 저당권은 원본, 이자, 위약금, 채무불이행으로 인한 손해배상 및 저당권의 실행비용을 담보하는 것이며, 채권최고액의 정함이 있는 근저당권에 있어서 이러한 채권의 총액이 그

최고액을 초과하는 경우, 적어도 근저당권자와 채무자 겸 근저당권설정자와의 관계에 있어서는 위 채권 전액의 변제가 있을 때까지 근저당권의 효력은 채권최고액과는 관계없이 잔존채무에 여전히 미친다는 점(대법원 2001. 10. 12. 선고 2000다59081 판결 등 참조)을 고려할 때, 민사집행법상 경매절차에 있어 근저당권설정자와 채무자가 동일한 경우에 근저당권의 채권최고액은 민사집행법 제148조에 따라 배당받을 채권자나 저당목적 부동산의 제3취득자에 대한 우선변제권의 한도로서의 의미를 갖는 것에 불과하고 그 부동산으로서는 그 최고액 범위 내의 채권에 한하여서만 변제를 받을 수 있다는 이른바 책임의 한도라고까지는 볼 수 없으므로 민사집행법 제148조에 따라 배당받을 채권자나 제3취득자가 없는 한 근저당권자의 채권액이 근저당권의 채권최고액을 초과하는 경우에 매각대금 중 그 최고액을 초과하는 금액이 있더라도 이는 근저당권설정자에게 반환할 것은 아니고 근저당권자의 채권최고액을 초과하는 채무의 변제에 충당하여야 할 것이다 (대법원 1992. 5. 26. 선고 92다1896 판결 참조)."라고 판시하였습니다.

그렇다면 채무자는 채권자의 채권이 만족될 때까지 채무를 변제하여야 할 의무가 있으므로 채무자에게 배당표가 작성되어 귀속될 36,212,816원은 채권자가 압류 및 추심명령도 가능하다고 할 것입니다.

3. 따라서 채권자는 위 청구채권의 변제에 충당하기 위하여 채무자와 근저당권의 양도인인 주식회사 국민은행과 사이에 작성된 여신거래약정서에 기초하여 별지목록 기재 채권에 대한 압류 및 추심명령을 신청합니다.

1. 소 갑 제 1호 증 : 배당표 사본
2. 소 갑 제 2호 증 : 여신거래약정서 사본
3. 소 갑 제 3호 증 : 채권계산서
4. 소 갑 제 4호 증 : 채권 양. 수도계약서 사본

2015. 9. .
위 채권자   허 ○ ○

창원지방법원 진주지원 귀중

압류 및 추심할 채권의 표시

금 311,424,657원

채무자가 제3채무자에 대하여 가지는 창원지방법원 진주지원 2013타경
4356 부동산임의경매 배당절차사건에 관하여 채무자에게 귀속될 배당금 36,212,816원 상
당의 지급청구권임.

2. 질권대출과 브릿지 자금

때로는 상상도 할 수 없이 큰 금액의 NPL을 매입하는 것을 보면, 저 사람 돈이
어디서 나서 저런 것을 사들이지 하는 의구심이 나는 경우가 더러 있을 것이다.

현재의 시장 여건으로는 10억원의 NPL을 매입하면 대부분 7~9억원은 우리가
사들이는 근저당권을 담보로 대출을 받을 수 있다.

어디서 이런 대출을 해줄까?

여러분들이 인터넷에서 '질권대출'이라고 치면, 수도 없이 많은 업체들이 나온다.

개인 사채업체로 보이는 업체에서부터 캐피탈 저축은행까지 우리가 사들이는
NPL을 담보로 70~90%를 대출해 주는 업체는 적어도 수십 곳은 된다.

그러나 경우에 따라서는 질권 대출을 회피하는 물건도 상당히 많다.

모두 70~90%씩 대출을 해준다고 하니 의례 그렇게 대출을 받을 것이라는 생
각으로 NPL 투자를 해서는 안된다.

돈을 빌려주는 사람들의 입장에서 볼 때 바로 고개를 흔들어 버리는 경우가 많기 때문이다. 질권을 설정할 물건에 작은 흠결이라도 보이거나, 대출금을 회수할 자신이 없다거나, 경매가 되어도 경락잔금을 대출받기 어려운 정도의 물건이라고 판단되는 경우 등이 해당된다.

심지어는 토지 면적이 너무 크다고 대출을 해 주지 않는 경우도 볼 수 있다.

'질권'이란 채권자가 채권의 담보로 취득한 예금, 유가증권, 동산 등을 점유하고 있다가 채무자가 정해진 기일 내에 채무를 상환하지 않을 때는 그 담보물을 처분하여 변제받는 담보물권이다. 특정채무담보는 담보를 제공하는 대출과목, 대출금약정 등이 정해 있는 개별여신에 대하여만 담보제공의 책임을 지는 것을 말한다. 이 또한 마찬가지로 근저당권을 설정하였으나 채무를 기일에 상환하지 않을 때에는 그 담보물건을 처분하여 변제 받기 위한 것이다.

질권 설정을 마치면 채무자에게 질권 설정 사실을 통지해야 한다. 이때 질권을 설정한 원인과 날짜, 목적, 설정할 지분 등에 대하여 기록하고 작성하는 것을 질권설정통지서라고 한다.

질권 대출의 이율은 연 6%부터 9%까지, 물건의 성격이나 채권매입효율에 따라 달라진다. 하지만 이율을 정하는 규칙이란 원래 없는 것이므로, 여러 곳을 알아보고 유리한 조건의 질권 대출을 활용하는 것이 좋다.

자산관리회사와 NPL거래를 하다보면, 해당 자산관리회사에서 직접 질권 대출을 알선하여 주는 경우가 상당히 많다. 이런 경우에는 이율이 높기 마련이다. 게다가 NPL의 초보투자자라면 근저당권이 이전비용 등에서 뜻하지 않게 바가지를 쓸 가능성이 높다.

실제로 자산관리회사의 비용계산서를 보면 자신들의 근저당권이전비용까지 떠넘기려는 경우를 쉽게 볼 수 있다. 각별히 조심해야 할 부분이다.

근저당권의 이전비용은 근저당권채권최고액의 0.24%, 즉 10억원의 근저당권을 이전한다면 등록세로 240만원을 지출하는 것 이외에는 별로 돈이 들어갈 부분이 없다. 만약 법무사 사무원이 과다한 금액을 청구한다면, 법무사를 바꾸든지 아니면 제시한 비용 중 깎아야 할 부분이 많다는 점에 유의해야 할 것이다.

질권 대출을 쓰는데 가장 좋은 방법은 NPL물건을 매입하기 전에 미리 질권 대출업체를 알아보고 미리 연결을 해두는 것이다.

실제 질권 대출을 받는 규모가 그다지 충분하지 못한 편이므로, NPL 투자를 하려면 우호적이고 자금력 있는 질권 대출업체를 끼고 진행하는 것이 좋다. 만약 다른 경쟁업체에서 이자를 싸게 하여 많은 대출금을 준다면, 기존 협상 중인 업체도 상대에 비해 유리한 제안을 하려고 노력하게 된다. 그러면 자금 계획을 세우는데 있어서 훨씬 여유가 생긴다.

외환시장에서 장기차관 도입 시 자금소요시점과 자금유입시점이 일치하지 않을 경우에는 단기차입 등을 통해 필요자금을 임시로 조달하게 된다. 이것을 브릿징이라고 하고, 이를 위해 도입되는 자금을 브릿지론이라고 한다.

한편 금융시장에서 흔히 사용되는 브릿지 론이란 직거래가 어려운 기관간에 중개기관을 넣어 약정된 금리나 조건으로 자금을 거래하는 것을 지칭한다.(네이버 지식백과 NEW 경제용어사전)

어원적으로 브릿지(Bridge)란 다리나 교량을 말하는데, 다리를 살짝 건너는 것처럼 일시적이고 단기적인 자금을 브릿지론이라고 부른다.

이해를 확실하게 하기 위해 실례를 들어보자.

나는 35억원의 근저당권을 31억원에 인수하면서 28억원의 질권 대출을 받았다. 그리고 이 부동산을 35억 5,000만원에 낙찰 받았는데, 제2금융권을 합쳐서 금융기관 전체에서 경락잔금 대출을 받을 수 있는 금액이 최대 26억원 정도였다.

근저당권에 질권 설정을 하고 28억원을 빌려준 저축은행도 일단은 잔금대출을 확정지어야 28억원에 대한 상계신청에 동의할 것이며, 전액 그대로 잔금대출로 연결되지는 않는다.

그런데 만약 상계신청을 할 수 없는 경우가 생기게 된다면,

35억 5,000만원 - 입찰보증금 3억원 = 32억 5,000만원이 된다.

여기서 잔금대출을 26억원을 받게 된다면 6억 5,000만원의 잔금이 모자라게 된다.

이때 경매법원에서 35억원에 낙찰 받는 것이 확실하다면, 브릿지론으로 6억 5,000만원을 빌려서 쓸 수 있다.

그러나 브릿지론은 일시적으로 사용하는 것인 만큼 사채 수준의 이자를 감수하여야 하는 경우가 많다는 점을 염두에 둬야 한다.

질권 담보대출이나, 브릿지 자금 모두, 비용이 들어가는 일이다. 그러므로 NPL 투자를 하려면 이렇게 잡다하게 들어가는 비용을 미리 파악할 수 있을 만큼의 지식과 실력이 꼭 필요하다.

앞으로는 남을 것 같이 보이는 장사인데, 나중에 비용을 정산해 보니 손해보는 장사가 되는 경우가 당신에게 생기지 말라는 법이 없다.

반갑다 유치권,
즐겁다 NPL

초 판 1쇄 2016년 5월 10일

지은이 김화민
펴낸이 전호림   기획·제작 봄봄스토리   펴낸곳 매경출판(주)
등 록 2003년 4월 24일(No. 2-3759)
주 소 우)100-728 서울시 중구 충무로 2(필동1가) 매경별관 2층
전 화 02)2000-2647(내용 문의) 02)2000-2606(구입 문의)
팩 스 02)2000-2609   이메일 bombomstory@daum.net
인쇄제본 (주)M-print 031)8071-0961

ISBN 979-11-5542-460-5(03320)
값 25,000원